信息技术（第2版）

主　编　江兆银　林　治

副主编　刘　瑶　田永晔　王晶晶

高等教育出版社·北京

内容提要

本书是以高职高专信息技术课程标准为基础而编写的。 全书共分 6 章，主要内容包括信息技术基础、计算机硬件、计算机软件、计算机网络、多媒体技术和数据库技术等。 在内容的组织和讲述方法上由浅入深，详略得当，注重应用，充分考虑教学的需要，每章都附有例题分析和丰富的课后习题。 通过课堂教学、例题分析和课后作业 3 个环节，力图使刚开始学习计算机的读者能够较全面地掌握现代计算机基础知识。

本书是高职高专计算机基础课程教材，也可作为计算机基础知识的培训教材，还可作为希望了解计算机而又缺乏计算机基础知识者的自学用书。

图书在版编目（CIP）数据

信息技术 / 江兆银，林治主编．--2 版．--北京：高等教育出版社，2019.9

ISBN 978-7-04-052029-3

Ⅰ.①信… Ⅱ.①江… ②林… Ⅲ.①电子计算机-高等职业教育-教材 Ⅳ.①TP3

中国版本图书馆 CIP 数据核字(2019)第 098034 号

策划编辑 刘子峰　责任编辑 刘子峰　封面设计 李树龙　版式设计 于　婕
插图绘制 于　博　责任校对 高　歌　责任印制 刁　毅

出版发行	高等教育出版社	网　　址	http://www.hep.edu.cn
社　　址	北京市西城区德外大街 4 号		http://www.hep.com.cn
邮政编码	100120	网上订购	http://www.hepmall.com.cn
印　　刷	天津嘉恒印务有限公司		http://www.hepmall.com
开　　本	787 mm×1092 mm　1/16		http://www.hepmall.cn
印　　张	14.25	版　　次	2015 年 9 月第 1 版
字　　数	350 千字		2019 年 9 月第 2 版
购书热线	010-58581118	印　　次	2019 年 9 月第 1 次印刷
咨询电话	400-810-0598	定　　价	35.00 元

物 料 号　52029-00

前 言

当今，人类已经进入了信息化社会。随着通信、电子信息和计算机技术的迅猛发展，以及因特网的普及日益广泛和深入，已经被广泛应用于各个领域的计算机技术，在促进经济发展和推动社会的进步中发挥着重要作用。而掌握计算机基本知识并能够熟练运用计算机，已经成为当代人才必备的能力。最近几年，信息技术课程连续不断地进行改革，目的就是跟上计算机的发展脚步，跟上时代的发展步伐，更好地为学生服务。本书是信息技术教学系列改革的一部分，力图以一种全新的方法组织信息技术的教学。

“信息技术”系列教材分为理论知识和实训操作两部分，本书属于理论知识部分。在内容的组织方面，以信息技术基础知识为主线，穿插介绍了计算机的最新动向，同时尽量选择与计算机应用密切相关和必要的基础性知识，特别侧重于最近涌现出来的新概念、新技术的介绍，力求使本书有较强的“时间性”。在此基础上每章还配有大量习题，方便学生进一步学习和巩固，以掌握各章节的知识点。

本书由江兆银、林治担任主编，刘瑶、田永晔、王晶晶担任副主编，王剑担任主审，王睿、钱荣华、张璇、陆静、薛景、李艳会、李斌、姜文秀、沈利参与编写。

在本书的编写和出版过程中，得到了各位同事的关心和帮助，在此表示深深的谢意。

由于编者水平有限，书中疏漏和错误在所难免，恳请读者批评指正。

编　者

2019 年 5 月

目　　录

第 1 章 信息技术基础　1

任务 1.1　了解信息与信息技术 …… 2
- 1.1.1　信息 …… 2
- 1.1.2　信息技术 …… 2
- 1.1.3　信息化与信息社会 …… 3

任务 1.2　了解微电子技术的发展 … 4
- 1.2.1　微电子技术 …… 4
- 1.2.2　集成电路技术 …… 4
- 1.2.3　集成电路的应用——IC 卡 …… 5

任务 1.3　熟悉计算机的发展 …… 6
- 1.3.1　计算机的产生 …… 6
- 1.3.2　计算机的发展 …… 7
- 1.3.3　计算机的分类 …… 9
- 1.3.4　计算机的组成 …… 10

任务 1.4　掌握计算机中信息的表示与存储方法 …… 11
- 1.4.1　信息的单位 …… 11
- 1.4.2　计算机中常用的进制及其转换 …… 12
- 1.4.3　二进制的算术和逻辑运算 …… 16
- 1.4.4　计算机中数据的表示 …… 17

本章小结 …… 18
例题解析 …… 19
课后习题 …… 22

第 2 章 计算机硬件　29

任务 2.1　熟悉计算机主机的构成 …… 31
- 2.1.1　主板、芯片组与 BIOS … 31
- 2.1.2　I/O 总线与 I/O 接口 …… 34

任务 2.2　掌握 CPU 的结构与原理 …… 38
- 2.2.1　CPU 的作用与组成 …… 39
- 2.2.2　指令与指令系统 …… 40
- 2.2.3　CPU 的性能指标 …… 41

任务 2.3　掌握存储器的特性 …… 42
- 2.3.1　内存储器 …… 42
- 2.3.2　外存储器 …… 45

任务 2.4　了解输入/输出设备的功能 …… 51
- 2.4.1　常用的输入设备 …… 51
- 2.4.2　常用的输出设备 …… 59

本章小结 …… 66
例题解析 …… 66
课后习题 …… 76

第 3 章 计算机软件　85

任务 3.1　熟悉计算机软件的概念 …… 86
- 3.1.1　计算机软件的概念 …… 86
- 3.1.2　计算机软件的特性 …… 87
- 3.1.3　计算机软件的分类 …… 87

任务 3.2　掌握操作系统的原理和功能 …… 90
- 3.2.1　操作系统的概念 …… 90
- 3.2.2　操作系统的工作原理 …… 91
- 3.2.3　操作系统的主要功能 …… 92
- 3.2.4　常用操作系统介绍 …… 97

任务 3.3　了解算法和程序设计语言 …… 99
- 3.3.1　算法及算法的表示 …… 99
- 3.3.2　程序设计语言 …… 101
- 3.3.3　程序设计语言处理程序 …… 104

本章小结 …… 105
例题解析 …… 105
课后习题 …… 110

第4章 计算机网络 119

任务4.1 了解通信技术的基础知识 …… 120
4.1.1 通信的基本原理 …… 120
4.1.2 数字通信技术 …… 123
4.1.3 有线通信和无线通信 …… 124
任务4.2 了解计算机网络的组成和分类 …… 127
4.2.1 计算机网络概述 …… 127
4.2.2 计算机网络分类 …… 128
4.2.3 计算机网络提供的服务 …… 130
任务4.3 了解计算机局域网的组成原理 …… 131
4.3.1 局域网的特点与组成 …… 132
4.3.2 常见的局域网 …… 133
任务4.4 掌握因特网的组成原理 …… 135
4.4.1 网络互连协议（TCP/IP）的分层结构 …… 135
4.4.2 IP地址与域名系统 …… 137
4.4.3 接入因特网 …… 139
任务4.5 掌握因特网服务的使用方法 …… 141
4.5.1 电子邮件 …… 141
4.5.2 即时通信 …… 142
4.5.3 WWW服务 …… 143
4.5.4 远程文件传输 …… 146
任务4.6 了解如何加强网络信息安全 …… 147
4.6.1 网络信息安全 …… 147
4.6.2 计算机病毒及防范 …… 149
本章小结 …… 149
例题解析 …… 150
课后习题 …… 154

第5章 多媒体技术 163

任务5.1 掌握字符编码的方法 …… 164
5.1.1 字符编码 …… 164
5.1.2 文本媒体的分类和表示 …… 167
5.1.3 文本的编辑、排版与处理 …… 169
任务5.2 掌握数字图像的处理方法 …… 170
5.2.1 数字图像的获取 …… 171
5.2.2 数字图像的表示与编码 …… 171
5.2.3 图形的处理与应用 …… 174
任务5.3 掌握数字声音的处理方法 …… 174
5.3.1 数字波形声音的获取与播放 …… 175
5.3.2 数字波形声音的编码与压缩 …… 176
5.3.3 计算机合成声音 …… 177
任务5.4 了解数字视频和计算机动画 …… 177
5.4.1 数字视频的获取 …… 178
5.4.2 数字视频的编辑和应用 …… 178
5.4.3 计算机动画技术 …… 178
本章小结 …… 179
例题解析 …… 179
课后习题 …… 183

第6章 数据库技术 191

任务6.1 了解计算机信息系统与数据库 …… 192
6.1.1 计算机信息系统的概念 …… 192

6.1.2 数据模型 …………………… 193
6.1.3 数据库系统的相关概念 …………………… 194
6.1.4 数据库系统的应用结构 …………………… 195
任务 6.2 熟悉关系数据库 ……… 196
6.2.1 关系数据库的概念 …… 196
6.2.2 关系的相关操作 ……… 197
6.2.3 SQL 语言简介 ………… 199
本章小结 ……………………………… 201
例题解析 ……………………………… 202
课后习题 ……………………………… 205

附录
课后习题答案 213

参考文献 218

第 1 章 信息技术基础

本章学习任务：

1. 了解信息与信息技术。
2. 熟悉计算机的发展。
3. 了解微电子技术的发展。
4. 掌握计算机中信息的表示与存储方法。

随着计算机技术在各个领域的推广和普及，通信和电子信息处理技术的飞速发展，信息资源的共享和应用日益广泛与深入，操作和应用计算机，以及掌握信息处理技术已成为有效学习和胜任工作所必需的基本技能。

本章将从计算机的发明与发展开始，了解和认识计算机与信息技术，以及微电子技术，熟悉和掌握计算机信息的表示与存储的方法，为后续章节的学习与理解奠定基础。

任务 1.1 了解信息与信息技术

1.1.1 信息

1. 信息的含义

当今世界正发生着人类历史上最广泛、最深刻的变化，以信息技术为代表的高新技术突飞猛进，从而催生了许多新兴产业，人类从此也进入了信息时代。“信息”一词有着非常悠久的历史，早在两千多年前的西汉，就有“信”字的出现。“信”常可作为消息来理解，作为日常用语，“信息”经常是指“音讯、消息”的意思。那么到底什么是信息呢？简单地说，信息就是经过加工的、对人们有用的数据，它对不同的人来说具有不同的价值。但作为与物质、能量同一层次的信息，它的定义可以表达为“信息是自然界、人类社会和思维活动中一切事物运动的状态及状态改变的方式。”也就是说哪里有运动的事物，哪里就存在信息。

2. 信息与数据

数据是直接用于承载（表示）信息的载体。在现实世界中，信息与数据是两个容易被混淆的概念，但是它们之间还是有区别的。所谓数据，是指存储在某种媒体上可以加以鉴别的符号资料。它是描述客观事实、概念的一种特殊表达形式，可以是数字、图像或者声音。它是信息的素材、载体和表达形式。简单地说，信息都来源于数据，但并非一切数据都能产生信息。它们之间的关系如图 1-1 所示，数据是处理过程的输入，而信息则是输出。

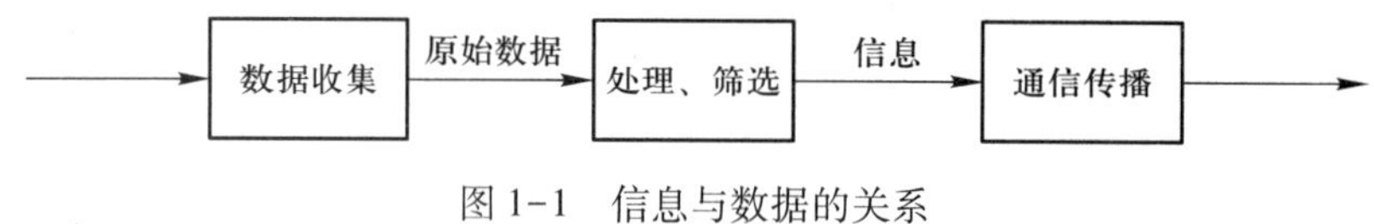

图 1-1　信息与数据的关系

1.1.2 信息技术

信息技术（Information Technology，IT）是指与信息活动有关的、以扩展人类信息器官功能为目的一类技术。人类的信息器官主要有感觉器官、神经器官、思维器官和效应器官。在认识自然、改造自然的过程中，人类的信息活动越来越复杂，人们需要不断地增强自己处理信息的能力，扩展信息器官的功能，于是各种新的信息技术应运而生。比如人的肉眼观察的范围有限，不能看到很远的东西，于是产生了信息感测技术，人类可以利用显微镜看清微小的物体，利用雷达、卫星遥感等观测到远方的信息；智能技术则可以帮助人们更好地存储和检索信息，从而解决人脑运算不快、记忆不长等问题。人类信息器官的功能及其扩展技术可见表 1-1。

表 1-1　人类信息器官的功能及其扩展技术

人类的信息器官	信息器官的功能	扩展的信息技术	应用举例
感觉器官	获取信息	感测技术	显微镜、雷达
神经器官	传递信息	通信技术	电话、电视、因特网
思维器官	加工/再生产信息	智能技术	计算机
效应器官	使用信息	控制技术	机器人

1.1.3　信息化与信息社会

进入 21 世纪后，信息技术飞速发展，多媒体计算机技术和网络通信技术成为主要标志，人们也可以更方便地获取信息并加工、再生信息。根据信息技术研究开发和应用的发展历史，可以将信息技术的发展分为以下 3 个时期。

1. 信息技术研究开发时期（20 世纪 50 年代初—70 年代中期）

在该时期，信息技术在计算机、通信和控制领域等方面的研究有了突破。计算机开始成为信息处理的工具，其中硬件方面主要是半导体与微电子等基础技术的发展，软件方面也从操作系统发展到应用软件。

2. 信息技术全面应用时期（20 世纪 70 年代中期—80 年代末期）

此时，办公自动化、工厂自动化和家庭自动化 3 方面发展较快。随着计算机性能及通信能力的提高，各种满足不同需要的计算机网络不断地被建立，各种智能设备也逐步进入人们的生活和工作中，人类获取并处理信息则更加快捷方便。

3. 数字信息技术发展时期（20 世纪 80 年代末期至今）

该时期主要以因特网（Internet）的开发和应用，以及数字信息技术为重点。随着全球信息高速公路（即信息基础设施）的建设，信息技术在数字化通信、数字化交换和数字化处理等领域中有了重大突破，它们可用来在网络环境下对不同形式的信息进行压缩、处理、存储和利用，是人类信息利用能力的质的飞跃。

人类在认识和改造世界的信息实践活动中，有许多技术是相互联系、相互影响的，一起构成了实现人类所需要的信息技术群。未来信息技术的发展趋势大致可包括如下 4 点：

① 高速、大容量。速度越来越高、容量越来越大，无论是通信还是计算机发展都是如此。

② 综合化。以现代计算机技术为核心的智能技术与通信、感测、控制等技术融合在一起，形成智能化、综合化的信息环境系统，从而有效地扩展人类的信息功能。

③ 数字化。一是便于大规模生产，降低成本；二是有利于综合。

④ 个人化。即可移动性和全球性。一个人在世界任何一个地方都可以拥有同样的通信手段，可以利用同样的信息资源和信息加工处理的手段。

任务1.2　了解微电子技术的发展

1.2.1　微电子技术

微电子技术是现代电子信息技术的直接基础，是信息技术领域的关键技术。微电子技术的飞跃发展，为电子信息技术的广泛应用开辟了广阔的道路。

微电子技术是实现电子电路和电子系统超小型化及微型化的技术，它以集成电路为核心。早期的电子技术以真空电子管为基础元件（如图1-2所示），在这个阶段产生了广播、电视、无线电通信、电子仪表、自动控制和第1代电子计算机。1948年晶体管的发明，再加上印制电路组装技术的使用，使电子电路在小型化方面前进了一大步。集成电路（IC）是在20世纪50年代出现的，它以半导体单晶片作为材料，经平面工艺加工制造，将大量晶体管、电阻和电容等元器件及互连线构成的电子线路集成在基片上，构成一个微型化的电路或系统。现代集成电路使用的半导体材料主要是硅，也可以是化合物半导体，如砷化镓等。

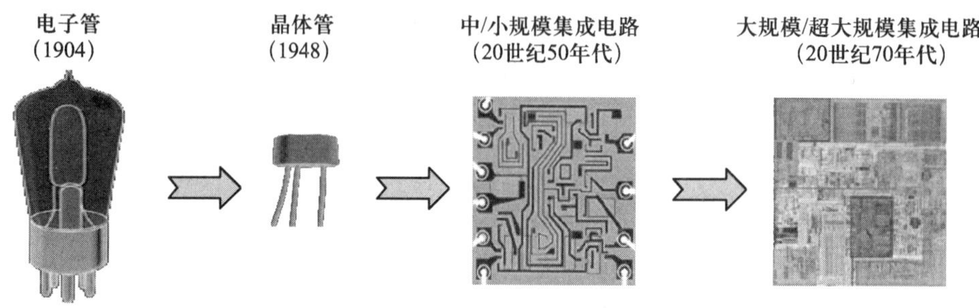

图1-2　电子元件的发展

1.2.2　集成电路技术

1. 集成电路

集成电路是一种具有特定功能的、经过封装的、包含了大量有源元件及无源元件的微型化的电子电路。有源元件是指能对电路中的电流起控制作用或对电压起放大作用的元件（如晶体二极管、三极管等）；无源元件是指对电路中的电流、电压无控制或变换作用的元件（如电阻、电容和电感等）。

现代集成电路制造技术使用平面工艺对半导体（单晶硅）晶圆切片进行加工制造，将多层电路及晶体管、电阻、电容、电感等元器件集成制作在其中的一个个单独的集成电路小片上，构成了一个微型化的电子电路或系统；再将这个小片封装在陶瓷或塑料外壳里，并把小片上蚀刻出来的引线（电路的输入、输出、电源和接地端等）连到外壳引脚上，便成为可使用的集成电路成品。通常看到的集成电路只是黑色或褐色的封装外壳。常见的封装形式有单列直插式（SIP）、双列直插式（DIP）和阵列式（PGA）。

2. 集成电路的制造材料

集成电路的制造材料是具有半导体属性的材料，现代集成电路制造中通常使用的材料主要是硅（Si），也可以是化合物半导体（如砷化镓（GaAs））等其他材料。

3. 集成电路的集成度

集成电路集成度的基本含义是指单个集成电路芯片中包含的电子元件（如晶体管、电阻和电容等）的数目。例如，Intel 公司在 1988 年推出的 Intel 80486 微处理器中包含的电子元件约为 100 万个，而在 2000 年推出的 Intel Pentium 4 微处理器中包含的电子元件约为 10000 万（1 亿）个，后者的集成度比前者提高了约 100 倍。Intel 公司创始人之一戈登·摩尔（Moore）在 1965 年预测："集成电路上可容纳的晶体管数目（集成度），平均每 18～24 个月便会增加一倍，性能也将提升一倍。"业界称其为计算机第一定律——摩尔定律（Moore 定律），实际上该定律是对一段时间内集成电路制造技术发展趋势的一种预测。

4. 集成电路的分类

常见的集成电路分类方法是按照集成度的不同将集成电路分为 5 类，即小规模（SSI）、中规模（MSI）、大规模（LSI）、超大规模（VLSI）和极大规模（ULSI）集成电路。此外，还有其他一些分类方法。例如，按照集成电路所用晶体管结构、电路和工艺的不同，将集成电路分为双极型集成电路、金属氧化物半导体集成电路和双极金属氧化物半导体集成电路 3 类；按照信号及其处理方式的不同，将集成电路分为数字集成电路、模拟集成电路和数模混合集成电路 3 类；按照用途不同将集成电路分为通用集成电路和专用集成电路两类。

1.2.3 集成电路的应用——IC 卡

IC 卡（Integrated Circuit Card，集成电路卡），有些国家和地区也称为智能卡（Smart Card）、智慧卡（Intelligent Card）、微电路卡（Microcircuit Card）或微芯片卡等。IC 卡的使用场合很多，如图 1-3 所示，一般用的公交车卡就是 IC 卡的一种。它是将一个微电子芯片嵌入

(a) 企业申报智能IC卡

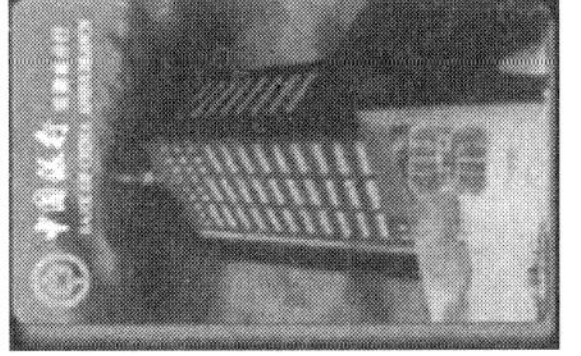

(b) 中国银行芯片IC卡

(c) 中国农业银行就餐IC卡

(d) 电话IC卡

图 1-3 IC 卡

符合 ISO 7816 标准的卡基中，制作成卡片形式。IC 卡读写器是 IC 卡与应用系统之间的桥梁，在 ISO 国际标准中称为接口设备（Interface Device，IFD）。IFD 内的 CPU 通过一个接口电路与 IC 卡相连并进行通信。IC 卡接口电路是 IC 卡读写器中至关重要的部分，根据实际应用系统的不同，可选择并行通信、半双工串行通信和 I^2C 通信等不同的 IC 卡读写芯片。

非接触式 IC 卡又称为射频卡或感应卡，采用电磁感应方式无线传播数据，成功地解决了无源（卡中无电源）和免接触这一难题，是电子器件领域的一大突破。它主要用于公交、轮渡和地铁的自动收费系统，也应用在门禁管理、身份证明和电子钱包等领域。

任务 1.3 熟悉计算机的发展

1.3.1 计算机的产生

人类所使用的计算工具随着生产的发展和社会的进步，从简单到复杂、由低级向高级发展，计算工具相继出现了如算盘、计算尺、手摇机械计算机和电动机械计算机等。直到 1946 年，世界上第一台电子数字积分计算机（ENIAC）在美国诞生。

电子计算机的诞生凝聚着人类长期研究和发展计算工具与计算机技术的心血。我国是最古老的计算工具“算筹”和“珠算盘”的发明地。而珠算直到今天仍被认为是一种简便而优良的计算工具。法国数学家、哲学家帕斯卡在 1642 年发明了一种机械计算机（如图 1-4 所示），并在 1649 年取得专利。帕斯卡的计算机采用一种齿轮系统，其中一个小轮转 10 个数字，下一个小轮便转动 1 个数字，通过齿轮系的联动，可以进行加法和减法的运算。

图 1-4　帕斯卡与机械式计算机

英国数学家图灵（A M Turing）于 1936 年提出了一种理想的计算机器的数学模型图灵机（Turing Machine），现在已成为计算机科学中可计算性理论的基础。大半个世纪以来，数学家、计算机科学家提出了各种各样的计算模型都被证明是与图灵机器等价的。这一理论已被当成公理，它不仅是计算机科学的基础，也是数学的基础之一。为纪念英国数学家图灵（1912—1954）（图 1-5）而设立的图灵奖成为计算机界的诺贝尔奖。冯·诺依曼（图 1-6）提出了在电子计算机中存储程序和程序控制的概念，确立了现代计算机的基本结构，即电子计算机由运算器、控制器、存储器、输入设备和输出设备五大部分组成，该结构一直沿用至今，所以他被誉为“计算机之父”。

图 1-5　图灵（1912—1954）

图 1-6　冯·诺依曼（1903—1957）

电子计算机是一种通过按照预先存储的程序，自动、高速、精确地进行信息处理的现代电子设备，又因为它在某种程度上延伸了人脑的功能，因此常被人们称为“电脑”。

1.3.2　计算机的发展

1946年2月，第一台电子通用计算机ENIAC诞生在美国宾夕法尼亚大学，如图1-7所示。该计算机的研制历时3年，造价48万美元，共用了18000个真空管，占地170 m^2，重达30 t，耗电140 kW，运算速度达5000次加法运算每秒、300次乘法运算每秒（据测算，人最快的运算速度仅5次加法运算每秒）。ENIAC的问世一下子缓解了当时极为严重的计算速度大大落后于实际要求的局面，解决了许多军事上的难题，同时也揭开了电子计算机发展和应用的序幕。

图1-7　第一台电子通用计算机ENIAC

在这之后的半个多世纪中，计算机经过了几次较为重大的技术革命。人们根据计算机所使用的电子器件的不同，将计算机发展划分成4代。

第一代（1946—1958）是电子管时代，逻辑元件是电子管。软件方面使用机器语言和汇编语言编写程序。该时期的计算机主要用于军事目的和科学研究，代表机型有ENIAC、IBM 650（小型机）和IBM 709（大型机）等。

第二代（1959—1964）是晶体管时代，逻辑元件是半导体晶体管。软件方面使用各种计算机高级语言。该时期的计算机主要用于数据处理、自动控制等方面，代表机型有IBM 7090、IBM 7094和CDC 7600等。

第三代（1965—1970）是集成电路时代，逻辑元件是中小规模集成电路。在软件方面，高级语言数量增多，操作系统、数据库管理系统等普遍使用，同时出现了并行处理、多处理机、虚拟存储系统，以及面向用户的应用软件。该时期的计算机和通信密切结合，广泛地应用到科学计算、数据处理、事务管理和工业控制等领域，代表机型有IBM 360系列、富士通F230系列等。

第四代（1971年至今）是超大规模集成电路时代，逻辑元件是大规模、超大规模集成电路。软件方面则发展了数据库管理系统、通信软件等。该时期的计算机的类型除小型机、中型机和大型机外，开始向巨型机和微型机两个方面发展，计算机开始深入到各行各业中，家庭和个人也开始使用。

20世纪90年代开始，计算机发展更加迅猛，市场竞争大大加剧，学术界和工业界大多已不再沿用“第X代计算机”的说法。计算机技术是世界上发展最快的科学技术之一，产品不断升级换代。计算机本身的性能越来越优越，应用范围也越来越广泛，从而使计算机成为工作、学习和生活中必不可少的工具。当前计算机正朝着广度、深度和高度等方向不断发展。

1. 广度发展

如今，个人计算机已席卷全球，但由于计算机应用范围不断扩大，对巨型机和大型机的需求也稳步增长，巨型机、大型机、小型机和微型机各有自己的应用领域，形成了一种多极化的形势。如巨型计算机主要应用于天文、气象和航天等尖端科学技术领域和国防事业领域，它标志着一个国家计算机技术的发展水平。近年来计算机不断向各个领域渗透，工厂生产、商业销售、家庭生活和休闲娱乐中处处都有计算机的身影，人们可以随时使用计算机相互交流信息。所以有人预言，未来计算机可能会成为一种最常用的日用品。

2. 深度发展

“深”度方向发展，即向计算机智能化发展。智能化使计算机具有模拟人的感觉和思维过程的能力，使计算机成为智能计算机。这也是目前正在研制的新一代计算机要实现的目标。目前计算机“思维”的方式与人类思维方式有很大区别，人机之间的间隔还很大，人类还很难以自然的方式，如语言、手势、表情与计算机直接打交道。随着Internet的普及，普通老百姓使用计算机的需求日益增长，这种强烈需求将大大促进计算机智能化方向的研究和发展。

智能化的研究包括模式识别、图像识别、自然语言的生成和理解、博弈、定理自动证明、自动程序设计、专家系统、学习系统，以及智能机器人等。目前，科学家已研制出多种具有人的部分智能的机器人，未来这一趋势还将得到进一步发展。

3. 高度发展

性能越来越高，速度越来越快，是计算机发展的又一大方向。计算机向高的方面发展不仅是芯片频率的提高，而且是计算机整体性能的提高。一个计算机中不只用一个处理器，而是用几百个几千个处理器，这就是所谓的并行处理。

自从1965年摩尔定律提出后，该趋势一直延续至今，但这种发展也同样带来了问题。

首先是复杂性的问题。一个芯片的晶体管有上亿甚至几十亿个，这个数目已和大脑里的神经元的数目一样多，如何保证这样一个复杂的系统能够正常地工作而不出现错误，这已不只是一般的测量能够解决的问题了。

另外一个问题就是功耗。功耗越大，放热量越高。现在一个芯片可能释放的热量相当于一两百瓦的灯泡发出的热量，可以用风扇来散热，但放热量再翻一倍，相当于一个电炉散发的热量了，这时的散热就十分困难了。所以，如何在提高性能的同时不增大功耗甚至减小功耗是当前计算机科学发展的重大问题。同时人们也提出了一些未来计算机的设想，如量子计算机、神经网络计算机、生物计算机和光子计算机等，这些都是计算机科学发展的重大课题。

1.3.3 计算机的分类

计算机的分类有多种，常用的分类方法有：按处理信号分类，可分为电子模拟计算机和电子数字计算机，一般所指的是电子数字计算机；按用途分类，可分为专用计算机和通用计算机两种，一般所指的都是通用机；按计算机字长分类，可分为 8 位机、16 位机、32 位机和 64 位机，以及更高位的机器。

按照 1989 年由 IEEE 科学巨型机委员会提出的运算速度分类法，可分为巨型机、大型机、小型机、工作站和微型计算机。

1. 巨型机

巨型机有极高的速度和极大的存储容量，可用于国防尖端技术、空间技术、大范围长期性天气预报及石油勘探等方面。目前这类机器的运算速度可达每秒百万亿次。这类计算机在技术上朝两个方向发展：一是开发高性能器件，特别是缩短时钟周期，提高单机性能。二是采用多处理器结构，构成超并行计算机，通常由 100 台以上的处理器组成超并行巨型计算机系统，它们通过同时解算一个课题来达到高速运算的目的。

2. 大型机

这类计算机具有很强的综合处理能力和很大的性能覆盖面。在一台大型机中可以使用几十台微机或微机芯片，用以完成特定的操作，可同时支持上万个用户，可支持几十个大型数据库。主要应用在政府部门、银行、大公司和大企业等。

3. 小型机

小型机的机器规模小、结构简单、设计试制周期短，便于及时采用先进工艺技术，软件开发成本低，易于操作和维护。它们已被广泛应用于工业自动控制、大型分析仪器、测量设备、企业管理，以及大学和科研机构等，也可以作为大型与巨型计算机系统的辅助计算机。近年来，小型机的发展也十分引人注目。

4. 工作站

工作站是一种新型计算机系统，是微型化的高性能计算机，它综合了微型机和大型机的优点，既具有速度快、内存容量大、易联网和适于复杂的科学计算机等大型计算机的特点，又具有独立处理、小巧灵活、使用方便及价格便宜等优点，应用领域十分广阔。

5. 微型计算机

微型计算机又称个人计算机（Personal Computer，PC），简称微机，其技术在近年内发展速度迅猛，平均每 2~3 个月就有新产品出现，1~2 年产品就更新换代一次。平均每两年芯片的集成度可提高一倍，性能提高一倍，价格降低一半，目前还有加快的趋势。微机已经被应用于办公自动化、数据库管理、图像识别、语音识别、专家系统和多媒体技术等领域，并且开始成为城镇家庭的一种常规电器。

6. 嵌入式计算机

通俗地讲，嵌入式技术就是“专用”计算机技术，这个“专用”是指针对某个特定的应用，如针对网络、针对通信、针对音频、针对视频或针对工业控制等。从学术的角度来看，嵌入式系统是以应用为中心，以计算机技术为基础，并且软硬件可裁剪，适用于应用系统对功能、可靠性、成本、体积及功耗有严格要求的专用计算机系统。它一般由嵌入式微处理器、外围硬件设备、嵌入式操作系统和用户的应用程序等4个部分组成。

嵌入式系统促使计算机的形态和性能更加小型化、多功能、低功耗。嵌入式系统使计算机由以往的冯·诺依曼结构发展成为多处理器并行计算，大大提高了运行效率及稳定性。嵌入式系统已成为计算机技术的一个主要分支，它的发展已成为当今计算机技术发展的一个重要标志。

1.3.4 计算机的组成

计算机系统由硬件系统和软件系统所组成。硬件系统是计算机系统中一切看得见、摸得着的有固定物理形式的部件，是计算机工作的物质基础；软件系统是在计算机中执行某种操作任务的程序、数据及文档的集合，是计算机的灵魂，它包括系统软件和应用软件两大类。

计算机硬件在逻辑上主要有以下几个部件组成：中央处理器（简称CPU）、内部存储器（简称“内存”）、外部存储设备（简称外存）、输入设备和输出设备（简称I/O设备），这些部件通过总线相互连接。每一种外部存储设备、输入设备和输出设备又包括设备自身和设备控制器两部分，设备和设备控制器通过输入/输出接口（简称I/O接口）相互连接。通常称CPU、内存和总线为主机，称外存和I/O设备为外部设备（简称外设）。

1. 中央处理器

处理器是指能解释和执行指令以实现运行程序完成数据处理任务的部件，负责对数据进行算术和逻辑运算，并对程序所规定的指令进行分析，控制并协调输入、输出操作或对内存的访问。处理器能高速执行指令，完成二进制数据的算术、逻辑运算和数据传送等操作，它的结构很复杂。一台计算机中往往有多个处理器，它们各有不同的任务，有的用于绘图，有的用于通信。其中承担系统软件和应用软件运行任务的处理器称为中央处理器（CPU），它是任何一台计算机必不可少的核心组成部件。

过去，大多数计算机只包含一个CPU。现在，为了提高处理速度，计算机也可以包含2个、4个、8个甚至几百个、几千个CPU。使用多个CPU实现超高速计算的技术称为并行处理，采用这种技术的计算机系统称为多处理器系统。

2. 内存储器

内存储器主要用来存放计算机正在使用的程序和数据，又称为主存储器。

内存储器中常用的两类存储器器件如下。

随机存储器（RAM）：既可读又可写，使用方便灵活。其缺点是切断电源后RAM中的信息将丢失。

只读存储器（ROM）：只能读不能写，其优点是切断电源后 ROM 中的信息保持不变。又称为非易失性存储器。

3. 外存储器

外存储器主要用来存放用户所使用的所有程序和数据，是可较长时间保存信息的部件。

内存和外存的区别在于能否被中央处理器（CPU）直接访问。CPU 不能直接执行外存中的程序数据，但可以直接执行内存中的程序数据。一般来说，内存容量小，外存容量大；每存储单元内存价格高，外存价格低；内存存取速度快，外存存取速度慢。

4. 输入设备

输入设备是用于从计算机外部向内部输入信息的设备。根据输入信息形式的不同，输入设备有多种类型，如键盘、扫描仪和麦克风等。无论信息的原始形态如何，输入到计算机中的信息都使用二进位来表示。

5. 输出设备

输出设备是用于从计算机内部向外部输出信息的设备。根据输出信息形式的不同，输出设备也有多种类型，如显示器、打印机和绘图仪等。

输入设备和输出设备统称 I/O 设备，这些设备是计算机与外界联系和沟通的桥梁，用户或外部世界通过 I/O 设备与计算机系统相互通信。

6. 总线

总线是连接 CPU、内存、外存设备控制器、输入设备控制器和输出设备控制器，并在各部件之间传送信息的部件，总线包括一组公用信号线和控制电路。有些计算机把用于连接 CPU 和内存的总线称为 CPU 总线（或前段总线），把连接内存和 I/O 设备（包括外存）的总线称为 I/O 总线。为了方便地更换与扩充 I/O 设备，计算机系统中的 I/O 设备一般都通过 I/O 接口与各自的控制器连接，然后由控制器与 I/O 总线相连。

任务 1.4　掌握计算机中信息的表示与存储方法

1.4.1　信息的单位

信息处理的基本单位是“比特”，其英文为 bit，即 binary digit 的缩写，中文译为“二进制数字”或“二进位”，一般简称为“位”，用小写字母 b 表示。比特只有两种状态：0 或 1，它们不分大小，是组成数字信息的最小单位。

为了表示数据中的所有字符（字母、数字及各种专用符号），一般需要用 7 位或 8 位二进制数，因此，人们选定 8 位为一个字节（英文用 Byte 表示，简写为 B）。字节是计算机中用来表示存储空间大小的最基本的容量单位。除此之外，还可以用千字节（KB）、兆字节（MB）及十亿字节（GB）等表示存储容量，它们之间存在下列换算关系：

B：1B = 8 b

KB：1 KB = 2^{10} B = 1 024 B（千字节）

MB：1 MB = 2^{20} B = 1 024 KB（兆字节）

GB：1 GB = 2^{30} B = 1 024 MB（吉字节、千兆字节）

TB：1 TB = 2^{40} B = 1 024 GB（太字节、兆兆字节）

1.4.2 计算机中常用的进制及其转换

1. 进位计数制

数制又称为计数法，是人们用一组规定的符号和规则来表示数的方法。在日常生活和计算机中采用的都是进位计数制。在日常生活中最常用的是十进制，即按照逢十进一的原则进行计数。但有时也会遇到其他进制的数。例如，六十进制（钟表计时 60 秒为 1 分钟，60 分钟为 1 小时）、十六进制（古代计重单位 16 两为 1 斤）、二进制（两只鞋为一双）和十二进制（12 只信封为 1 打）等，而在计算机中一般采用二进制。

在进位计数制中有数位、基数和位权 3 个要素。数位是指数码在一个数中所处的位置；基数是指在某种进位计数制中，每个数位上所能使用的数码的个数；位权是指在某种进位计数制中，每个数位的大小，一般是基数的若干次幂。以十进制数为例，如果用 a_i 表示某一位的不同数码，对任意一个十进制数 A，可用式 1-1 表示。

$$A = a_{n-1}\times10^{n-1}+\cdots+a_1\times10^1+a_0\times10^0+a_{-1}\times10^{-1}+\cdots+a_{-m}\times10^{-m} \quad （式 1-1）$$

式中，a_i 只能使用 0~9 这 10 个数码，所以十进制的基数是 10；而 10^{n-1} 是指该数位的大小，也就是位权。例如十进制数 734.56，用式 1-1 表示则是 $734.56 = 7\times10^2+3\times10^1+4\times10^0+5\times10^{-1}+6\times10^{-2}$，$10^2$ 就表示权值，与 7 相乘也就是表示数码 7 在百位上所代表的数值大小。

根据十进制数的基数、位权和数位之间的关系，可以得到如下几个特点：

① 每一位可使用 10 个不同的数字来表示（0、1、2、3、4、5、6、7、8、9）。

② 低位与高位的关系是：逢 10 进 1。

③ 各位的权值是 10 的整数次幂（基数是 10）。

④ 十进制数标志：尾部加 D 或省略不写。

2. 计算机中常用的几种进制

（1）二进制

计算机的硬件基础是数字电路，所有的器件只有两种状态，考虑到经济、可靠、易实现、运算简便和节省器件等因素，计算机中的数多用二进制表示。与十进制相似，二进制有如下几个特点：

① 每一位可使用两个不同数字表示（0、1）。

② 低位与高位的关系是：逢 2 进 1。

③ 各位的权值是 2 的整数次幂（基数是 2）。

④ 二进制数标志：尾部加 B 或直接在下标处注明。

例如：$(101.01)B = 1\times2^2+0\times2^1+1\times2^0+0\times2^{-1}+1\times2^{-2}=5.25$

由于二进制数的阅读与书写很不方便，人们又常用八进制或十六进制来等价地表示二进制数。

（2）八进制

同样的道理，八进制的特点如下：

① 每一位可使用 8 个不同数字表示（0、1、2、3、4、5、6、7）。

② 低位与高位的关系是：逢 8 进 1。

③ 各位的权值是 8 的整数次幂（基数是 8）。

④ 八进制数标志：尾部加 Q 或直接在下标处注明。

例如：$(365.2)_8 = 3\times8^2+ 6\times8^1+ 5\times8^0+ 2\times8^{-1}=245.25$

（3）十六进制

十六进制的特点如下：

① 每一位可使用 16 个不同数字表示（0、1、2、3、4、5、6、7、8、9、A、B、C、D、E、F）。其中，A 表示 10，B 表示 11，C 表示 12，D 表示 13，E 表示 14，F 表示 15。用这种方法主要是与十进制计数法相区别。

② 低位与高位的关系是：逢 16 进 1。

③ 各位的权值是 16 的整数次幂（基数是 16）。

④ 十六进制数标志：尾部加 H 或直接在下标处注明。

例如：$(F5.4)H=15\times16^1+ 5\times16^0+ 4\times16^{-1}=245.25$

综合上述分析可以看出，各种进位计数制的基本道理有共同之处，只因在日常生活中有些进制并不常用，所以不太熟悉而已。表 1-2 给出了几种常用进位制数的对照表示。

表 1-2　不同进位制数的比较

	十进制	二进制	八进制	十六进制		十进制	二进制	八进制	十六进制
零	0	0000	0	0	捌	8	1000	10	8
壹	1	0001	1	1	玖	9	1001	11	9
贰	2	0010	2	2	拾	10	1010	12	A
叁	3	0011	3	3	拾壹	11	1011	13	B
肆	4	0100	4	4	拾贰	12	1100	14	C
伍	5	0101	5	5	拾叁	13	1101	15	D
陆	6	0110	6	6	拾肆	14	1110	16	E
柒	7	0111	7	7	拾伍	15	1111	17	F

3. 各种进制之间的转换

计算机内部使用的是二进制数，然而，人们习惯用十进制数，要把它输入到计算机中参加运算，必须将其转换成二进制数。计算机运算的结果输出时，又要把二进制数转换回十进制数来显示或打印。这种数制之间的相互转换过程在计算机内部频繁地进行着。当然，计算机中有专门的程序可自动进行这些转换工作，但仍有必要了解数制转换的基本步骤。

（1）非十进制数转换成十进制数

这种转换比较方便，简单地说就是把各个非十进制数按权展开求和，也就是把 n 进制数写成 n 的各次幂之和的形式，然后计算其结果。

【例 1-1】 将二进制数 1101.101 转换成十进制数。

$$
\begin{aligned}
(1101.101)_2 &= 1\times2^3+1\times2^2+0\times2^1+1\times2^0+1\times2^{-1}+0\times2^{-2}+1\times2^{-3} \\
&= 8+4+0+1+0.5+0+0.125=(13.625)_{10}
\end{aligned}
$$

【例 1-2】 将八进制数 456.12 转换成十进制数。

$$
\begin{aligned}
(456.12)_8 &= 4\times8^2+5\times8^1+6\times8^0+1\times8^{-1}+2\times8^{-2} \\
&= 256+40+6+0.125+0.03125 \\
&= (302.15625)_{10}
\end{aligned}
$$

【例 1-3】 将十六进制数 32CF.48 转换成十进制数。

$$
\begin{aligned}
(32CF.48)_{16} &= 3\times16^3+2\times16^2+12\times16^1+15\times16^0+4\times16^{-1}+8\times16^{-2} \\
&= 12288+512+192+15+0.25+0.03125 \\
&= (13007.28125)_{10}
\end{aligned}
$$

（2）十进制数转换成非十进制数

将十进制数转换为非十进制数的方法是：将十进制数的整数部分用“除基数逆序取余法”；小数转换用“乘基数顺序取整法”。

【例 1-4】 将十进制 29.6875 转换成二进制数。

整数部分 29 的转换如下。

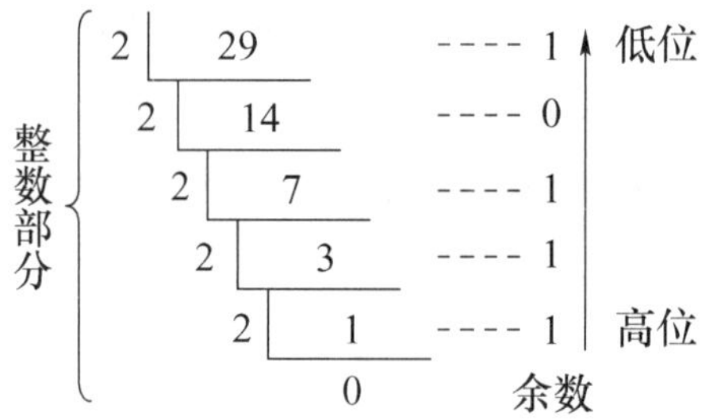

```
整数部分
2 | 29    ---- 1  ↑ 低位
  2 | 14  ---- 0
   2 | 7  ---- 1
    2 | 3 ---- 1
     2 | 1 --- 1    高位
         0      余数
```

整数部分一直除到商为 0 为止，每次得到的余数即二进制数码，先得到的余数排在低位，后得到的余数排在高位。整数部分 $(29)_{10}=(11101)_2$

小数部分 0.6875 逐次乘 2 取整，转换过程如下。

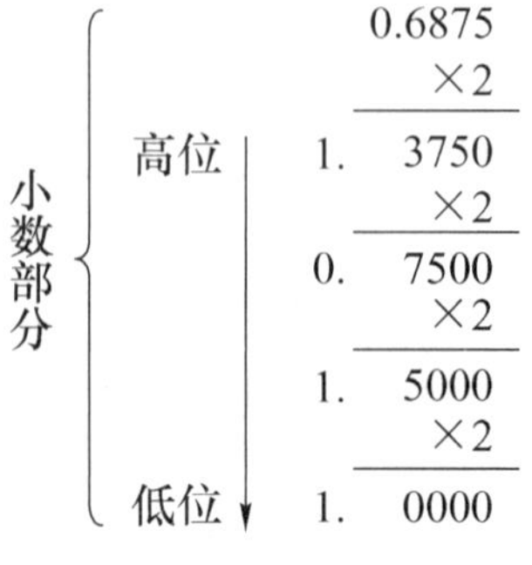

```
小数部分
            0.6875
               ×2
高位 |  1.  3750
               ×2
     |  0.  7500
               ×2
     |  1.  5000
               ×2
低位 ↓  1.  0000
```

故$(29.6875)_{10}=(11101.1011)_2$

在上面的实例中，小数部分经过有限次乘 2 取整过程即告结束。但也有许多情况可能是无限，这就要根据精度的要求在适当的位数上截止，一般可采用 0 舍 1 入的方法进行处理。

十进制数转换为八进制数或十六进制数的方法与二进制相似，分别采用除 8 取余法（对小数部分为乘 8 取整法）、除 16 取余法（对小数部分为乘 16 取整法）。注意，在进行十进制数转换成十六进制数的过程中，对于采用除 16 取余法得到的余数和采用乘 16 取整法得到的整数，若为 10~15 之间的数值，最后要分别用字符 A、B、C、D、E、F 代替。

（3）二进制数与八进制数之间的转换

因为 $2^3=8$，所以 3 位二进制数位相当于一个八进制数位，它们之间存在简单直接的关系，见表 1-3。

表 1-3　二进制与八进制的关系

八进制数	二进制数	八进制数	二进制数
0	000	4	100
1	001	5	101
2	010	6	110
3	011	7	111

将二进制数转换成八进制数时，以小数点为界，分别向左、右两个方向进行，将每 3 位合并为一组，不足 3 位的以 0 补齐（注意：整数部分在前面补 0，小数部分在末尾补 0），然后每 3 位二进制数用相应的八进制码（0~7）表示。将八进制数转换成二进制数则是逆过程，即是将每一位八进制数码用 3 位二进制数码代替。

【例 1-5】 将 $(1101001110.11001)_2$转换成八进制数。

首先以小数点为中心，分别向左右两个方向每 3 位划分成一组（以逗号作为分界符）：1，101，001，110.110，01

从上面的分组情况可以看到：小数点的左边，有一组“1”不足 3 位，应该补两位 0，0 的位置应补在最左边，即“001”，小数点的右边，有一组“01”不足 3 位，应该在最右边补 0，即“010”。补 0 后的分组情况为：001，101，001，110.110，010，然后，每 3 位用一个相应八进制数码代替，即得：$(1101001110.11001)_2=(1516.62)_8$。

【例 1-6】 将$(2467.32)_8$ 转换成二进制数。

将八进制数的每位数码依次用 3 位二进制数代替，即得：

$$\begin{aligned}(2467.32)_8&=(010100110111.011010)_2\\&=(10100110111.01101)_2\end{aligned}$$

（4）二进制数与十六进制数之间的转换

因为 $2^4=16$，因此 4 位二进制数与一位十六进制数是完全对应的，它们之间的关系见表 1-4，它们之间的转换原则同二进制数与八进制数的转换，即一位十六进制数转换为 4 位二进制数。

表 1-4　二进制与十六进制的关系

十六进制数	二进制数	十六进制数	二进制数
0	0000	8	1000
1	0001	9	1001
2	0010	A	1010
3	0011	B	1011
4	0100	C	1100
5	0101	D	1101
6	0110	E	1110
7	0111	F	1111

【例 1-7】 将（35A2. CF）H 转换成二进制数。

将十六进制数的每位数码依次用 4 位二进制数代替，即得：

(35A2. CF)H＝(11 0101 1010 0010. 1100 1111)B

【例 1-8】 将$(1101001110.110011)_2$转换成十六进制数。

首先以小数点为中心，分别向左右两个方向每 4 位划成一组，不足 4 位的需要补 0，即得：

(11 0100 1110. 1100 11)B＝(0011 0100 1110. 1100 1100)B

＝(34E. CC)H

1.4.3　二进制的算术和逻辑运算

1. 二进制算术运算

与十进制数一样，二进制数也有自己的运算规则。二进制数算术运算包括加法、减法、乘法和除法，其中基本运算是加法和减法运算。两个 1 位二进制数加法和减法的基本运算规则如图 1-8 所示。

被加数	加数	和	进位
0	0	0	0
0	1	1	0
1	0	1	0
1	1	0	1

(a) 加法规则

被减数	减数	差	借位
0	0	0	0
0	1	1	1
1	0	1	0
1	1	0	0

(b) 减法规则

图 1-8　二进制加减运算规则

例如：

```
  0101        1001
+0100       -0100
-----       -----
 1001        0101
```

2. 二进制逻辑运算

计算机中的信息是以二进制数来表示的，有 1 和 0 两种可能的值。如果把二进制码的“1”

和“0”表示成“有”和“无”、“是”和“非”、“真”和“假”，那么这种变量称为逻辑变量。实现逻辑变量之间的运算称为逻辑运算。逻辑运算有 3 种基本运算：逻辑加法（又称逻辑**或**运算，用符号 OR、∨或+表示）、逻辑乘法（又称逻辑**与**运算，用符号 AND、∧或·表示）和逻辑否定（又称逻辑**非**运算，用符号 NOT 或¯表示）。它们的运算规则如下。

逻辑**或**：　$F=A\vee B$

A：	0	0	1	1
B：	∨ 0	∨ 1	∨ 0	∨ 1
F：	0	1	1	1

逻辑**与**：　F=A·B

A：	0	0	1	1
B：	∧ 0	∧ 1	∧ 0	∧ 1
F：	0	0	0	1

逻辑**非**：　F=NOT A

A：	NOT 0	NOT 1
F：	1	0

两个多位的二进制信息进行逻辑运算时，按位独立进行，即每一位都不受其他位的影响。

【例 1-9】 两个二进制数 0110 和 1010 进行逻辑**或**运算。

A：		0 1 1 0
B：	∨	1 0 1 0
F：		1 1 1 0

【例 1-10】 两个二进制数 0110 和 1010 进行逻辑**与**运算。

A：		0 1 1 0
B：	∧	1 0 1 0
F：		0 0 1 0

1.4.4 计算机中数据的表示

计算机中的数据信息分成整数和实数两大类。整数又称“定点数”，是指不使用小数点或者说小数点始终隐含在个位数的右面的数。计算机中的整数分为两类：无符号整数（此类一定是正整数）和有符号整数（此类既可表示正整数，又可表示负整数）。

1. 无符号整数

无符号整数一般表示地址、索引等正整数，它们可以是 8 位、16 位甚至更多位。8 位二进制表示的正整数其取值范围是 0~255（2^8-1），16 位二进制表示的正整数其取值范围是 0~65535（$2^{16}-1$），n 位二进制表示的正整数取值范围是 $0\sim2^n-1$。

2. 带符号整数

带符号的整数必须用一个二进位作为其符号位，一般是最左面的一位。人们规定用 0 表示正号，用 1 表示负号，其余各位则用来表示数值的大小。例如 01011010=+90，10101011=-43。

8 位二进制数表示的带符号整数其取值范围是−127～+127(-2^{7+1}～$+2^{7-1}$)，n 位二进制数表示的带符号整数其取值范围是$-(2^{n-1}-1)$～$+2^{n-1}-1$。

3. 原码和补码

在计算机中，一个数可以采用原码或补码表示，上面讲到的正数与负数表示法即为原码表示法。对于正数而言，原码与补码是相同的，而负数的表示就不同了。

负数使用补码表示时，符号位也是“1”，但绝对值部分的表示却是对原码的每一位取反后再在末位加“1”所得到的结果。例如：

$(-43)_{原}=10101011$

绝对值部分每一位取反后为：11010100

末位加“1”得到：$(-43)_{补}=11010101$

在计算机中，由于加法运算与减法运算的规则不统一，需要分别使用不同的逻辑电路来完成，从而就会增加 CPU 的成本。为此，数值为负的整数在计算机内一般采用补码的方法进行表示，采用补码表示负数后，加法和减法运算就可以统一使用加法器来完成。

值得一提的是，采用 n 位原码表示整数 0 时，有“1 000…00”与“0 000…00”两种表示形式。而在 n 位补码表示法中它仅能表示为“0 000…00”，而“1 000…00”却被用来表示整数-2^{n-1}。因此，相同位数的二进制补码可表示的数的个数比原码多一个，见表 1-5。所以 8 位二进制数表示的带符号补码其取值范围是−128～+127(-2^7～$+2^7-1$)，n 位二进制数表示的带符号补码其取值范围是$-(2^{n-1})$～$+2^{n-1}-1$。

表 1-5　整数的 3 种表示方法的比较

8 位二进制编码	不带符号整数的值	带符号整数的值（原码）	带符号整数的值（补码）
00000000	0	0	0
00000001	1	1	1
⋮	⋮	⋮	⋮
01111111	127	127	127
10000000	128	0	−128
10000001	129	−1	−127
⋮	⋮	⋮	⋮
11111111	255	−127	−1

本章小结

本章主要介绍了信息与信息技术的基本概念和发展趋势，论述了计算机的发展历程、特点及分类，介绍了微电子技术的发展，重点讲解了计算机中各种数制的表示和转换。

信息是进行加工后对人们有用的数据，信息技术是与信息活动有关的以扩展人类信息器官功能为目的的一类技术，信息技术经过了研究开发、全面应用和技术发展 3 个时期。

根据所使用的电子器件的不同，计算机的发展可划分成 4 代：电子管时代、晶体管时代和集成电路时代和超大规模集成电路时代。

计算机中常用的进制有二进制、八进制、十进制和十六进制等，它们之间可通过一定的规则进行相互转换。由于使用二进制更加经济、可靠、易实现、运算简便和节省器件，所以使用以比特为核心的数字技术是信息技术发展的一种必然趋势。

例题解析

一、选择题

1. 信息是一种________。

A. 物质　　　B. 能量　　　C. 资源　　　D. 知识

分析：信息不是物质，不是能量，也不同于知识。信息所表达的是个别的、具体的事物的运动状态和变化方式；知识所表达的是事物运动状态的变化规律，具有普遍性和抽象性，是对事物运动和变化规律的认识和经验的总和，知识来源于信息，对信息进行必要的处理可以达到认知的目的。

答案：C。

2. 使用现代信息技术可以帮助扩展人的信息器官功能，例如，使用________可以帮助扩展人的神经系统功能。

A. 感测与识别技术　　　B. 通信技术

C. 计算与存储技术　　　D. 控制与显示技术

分析：本题应掌握基本的信息技术与人们的信息器官功能之间的关系。

答案：B。

3. 下列关于计算机硬件组成的描述中，错误的是________。

A. 计算机硬件包括主机与外设

B. 主机通常指的就是 CPU

C. 外设通常指的是外部存储设备和输入/输出设备

D. 一台计算机中可能有多个处理器，它们都能执行指令和进行算术逻辑运算

分析：计算机系统由硬件和软件两部分组成，而计算机硬件主要包括 CPU、内存储器、外存储器和输入/输出设备等，它们通过总线相互连接。CPU、内存和总线等构成“主机”，外存和输入/输出（I/O）设备简称“外设”。

答案：B。

4. 集成电路主要包括的电子元件是________，根据它的数目可以分为小规模、中规模、大规模和超大规模集成电路。

A. 电子管　　　B. 硅　　　C. 晶体管　　　D. 小集成电路块

分析：集成电路主要包含晶体管、电阻和电容等电子元件。注意不能与集成电路使用的半导体材料相混淆。

答案：C。

5. 下面关于比特的叙述中，错误的是________。

A. 比特是组成信息的最小单位

B. 比特只有“0”和“1”两个符号

C. 比特既可以表示数值和文字，也可以表示图像或声音

D. 比特“1”大于比特“0”

分析：数字系统中大部分情况下，“0”和“1”两个符号仅仅表示两种状态，不具有大小的含义。

答案：D。

6. 下列4个不同进位制的数中，最大的数是________。

A. 十进制数73.5　　B. 二进制数1001101.01

C. 八进制数115.1　　D. 十六进制数4C.4

分析：十进制数转换为非十进制数时整数部分除以基数取余，余数逆序书写，小数部分乘以基数取整数；非十进制数转换为十进制数时是将每一位数乘上其对应的权值，然后累加起来即可。另外，整数部分的转换还可通过计算器中的科学型来完成。本题关键就是只要将它们变为同一进制（如十进制数）就可进行比较。

答案：B。

7. 采用补码表示法，整数“0”只有一种表示形式，该表示形式为________。

A. 1000…00　　B. 0000…00　　C. 1111…11　　D. 0111…11

分析：采用 n 位原码表示整数“0”时，有“1 000…00”与“0 000…00”两种表示形式。采用 n 位补码表示时仅能表示为“0 000…00”，因为“1 000…00”被用来表示整数 -2^{n-1}。

答案：B。

8. 将十进制数89.625转换成二进制数表示，其结果是________。

A. 1011001.101　　B. 1011011.101　　C. 1011001.011　　D. 1010011.100

分析：将十进制数转换为二进制数的方法是：将十进制数的整数部分用“除2逆序取余法”；小数转换用“乘2顺序取整法”。

答案：A。

9. “两个条件同时满足的情况下，结论才能成立”相对应的逻辑运算是________运算。

A. 加法　　B. 逻辑加　　C. 逻辑乘　　D. 取反

分析：逻辑运算有3种基本运算：逻辑加法（又称逻辑**或**运算）、逻辑乘法（又称逻辑**与**运算）和取反（又称逻辑**非**运算）。“两个条件同时满足的情况下，结论才能成立。”说的就是逻辑乘法的运算规则。

答案：C。

10. 集成电路是现代信息产业的基础。目前PC中CPU芯片采用的集成电路属于________。

A. 小规模集成电路　　B. 中规模集成电路

C. 大规模集成电路　　D. 超（极）大规模集成电路

分析：按计算机的发展，从1971年至今是第四代，也就是超大规模集成电路时代，逻辑元件是大规模、超大规模集成电路。

答案：D。

二、判断题

1. 包含了多个处理器的计算机系统就是“多处理器系统”。

分析：多处理器系统是指包含了多个中央处理器（CPU）的计算机系统。处理器和中央处理器是有区别的。一台计算机中往往会有多个处理器，每个处理器各自承担不同的信息处理任务。例如，网卡上的处理器负责网络通信，显卡上的处理器负责绘图，声卡和视频卡上的处理器分别负责声音的图像信号处理的编码/解码。但只有担当系统程序和应用程序运行任务的处理器才是中央处理器。

答案：错。

2. 第一台电子通用计算机是在 20 世纪 40 年代诞生的。发展至今，计算机已成为信息处理系统中最重要的一种工具。

分析：1946 年 2 月，ENIAC 的问世揭开了电子计算机发展和应用的序幕。

答案：对。

3. 整数在计算机中的表示常用最高位作为其符号位，用“1”表示“+”（正数），用“0”表示“-”（负数），其余各位则用来表示数值的大小。

分析：计算机中的整数分为两类：无符号整数和有符号整数。带符号的整数必须用一个二进位作为其符号位，一般是最左面的一位。规定用“0”表示正号，用“1”表示负号，其余各位则用来表示数值的大小。

答案：错。

4. 计算机存储器中将 8 个相邻的二进制位作为一个存储单位，称为字节。

分析：信息处理的最小单位是位，8 位为一个字节（英文用 Byte 表示，简写为 B）。字节是计算机中用来表示存储空间大小的最基本的容量单位。

答案：对。

5. 公交 IC 卡利用无线电波传输数据，属于非接触式 IC 卡。

分析：IC 卡按使用方式分为接触式 IC 卡和非接触式 IC 卡。后者又称射频卡或感应卡，采用电磁感应方式无线传播数据，主要用于公交、轮渡、地铁等自动收费系统及身份验证等场合。

答案：对。

三、填空题

1. 二进制信息最基本的逻辑运算有 3 种，即逻辑加、取反及________。

分析：逻辑运算有 3 种基本运算：逻辑加（又称逻辑**或**运算，用符号 OR、∨或+表示）、逻辑乘（又称逻辑**与**运算，用符号 AND、∧或・表示）和取反（又称逻辑**非**运算，用符号 NOT 或‾表示）。

答案：逻辑乘

2. 十进制数-31 使用 8 位（包括符号位）补码表示时，其二进制代码为________。

分析：先将 31 用“除 2 逆序取余法”转成二进制数，接着写出-31 的 8 位原码，最左面的一位用“1”表示负号符号，最后除符号位外对原码的每一位取反后再在末位加“1”得到-31 的补码。

答案：11100001

3. 摩尔定律指出，单块集成电路的________平均每18~24个月翻一番。

分析：熟记有名的摩尔定律：单块集成电路的集成度平均每18~24个月翻一番。

答案：集成度

4. 十进制数205.5的八进制数表示为________。

分析：有两种方法，一种直接将十进制数转换为八进制数，按照整数部分用“除8逆序取余法”和小数转换用“乘8顺序取整法”；一种先将此十进制数转换为二进制数，即整数部分用“除2逆序取余法”和小数转换用“乘2顺序取整法”，接着将求得的二进制数进行二—八进制转换，即每3位二进制数用相应的八进制码表示。

答案：315.4

5. 用4个二进位表示无符号整数时，可表示的十进制整数的数值范围是0~________。

分析：无符号整数一般表示地址、索引等正整数，n位二进制表示的无符号整数取值范围是$0\sim2^n-1$。

答案：15

课后习题

一、判断题

1. 非接触式IC卡利用电磁感应方式给芯片供电，实现无线传输数据。（ ）

2. 公交IC卡利用无线电波传输数据，属于非接触式IC卡。（ ）

3. 计算机的分类方法有多种，按照计算机的性能和用途来分类，台式机和便携式计算机均属于传统的小型计算机。（ ）

4. 计算机虽然具有强大的计算和存储能力，但始终不能模拟或替代人的智能活动，哪怕是低级的智能。（ ）

5. 计算机硬件中不仅使用二进制表示数据，也经常使用十六进制。（ ）

6. 接触式IC卡必须将IC卡插入读卡机卡口中，通过金属触点传输数据。（ ）

7. 目前，PC中的CPU、芯片组、图形处理芯片等都是集成度超过百万甚至千万晶体管的超大规模和极大规模集成电路。（ ）

8. 任意二进制小数都能准确地表示为有限位十进制小数。（ ）

9. 所谓集成电路，是指在半导体单晶片上制造出含有大量电子元件和连线的微型化的电子电路或系统。（ ）

10. 现代信息技术涉及众多领域，如通信、广播、计算机、微电子、遥感遥测、自动控制、机器人等。（ ）

11. 信息技术是指用来取代人的信息器官功能，代替人们进行信息处理的一类技术。（ ）

12. 信息是人们认识世界和改造世界的一种基本资源。（ ）

13. 信息系统的感测与识别技术可替代人的感觉器官功能，但不能增强人的信息感知的范围和精度。（ ）

14. 在八进制数中，每一位数的最大值为8。（ ）

15. 在半导体存储器中，可以使用电容的充电状态和未充电状态分别表示比特的“1”或“0”，从而实现比特的存储。 (　　)

16. 30 多年来，集成电路制造技术大体遵循着摩尔定律在发展。 (　　)

17. 比特可以用来表示数值和文字，但不可以用来表示图像和声音。 (　　)

18. 对二进制数进行算术运算时，必须考虑进位和借位的处理；对二进制数进行逻辑运算时同样必须考虑相邻位之间的关系。 (　　)

19. 集成电路按用途可以分为通用型与专用型，存储器芯片属于专用集成电路。 (　　)

20. 计算机存储器中将 8 个相邻的二进制位作为一个存储单位，称为字节。 (　　)

二、填空题

1. ________计算机大多包含数以百计、千计甚至万计的 CPU，它的运算处理能力极强，在军事和科研等领域有重要的作用。

2. ________计算机是内嵌在其他设备中的计算机，它广泛应用于数码相机、手机和 MP3 播放器等产品中。

3. 带符号整数使用________位表示该数的符号，“0”表示正数，“1”表示负数。

4. 二进位数 0110 与 0101 进行算术加法运算后，结果是二进位数________。

5. 二进位数进行逻辑运算 1010 AND 1001 的运算结果是________。

6. 二进制数 10100 用十进制数表示为________。

7. 若 A=1100，B=0010，A 与 B 运算的结果是 1110，则其运算可以是算术加，也可以是逻辑________。

8. 用 8 个二进位表示无符号整数时，可表示的十进制整数的数值范围是 0~________。

9. 用原码表示的 8 位带符号整数的数值范围是________~127。

10. 与八进制数 377.2 等值的二进制数是________。

11. 与十六进制数 FF 等值的二进制数是________。

12. 在计算机内部，8 位带符号二进制整数可表示的十进制最大值是________。

13. 在计算机内部，带符号二进制整数是采用________码方法表示的。

14. 在计算机系统中，处理、存储和传输信息的最小单位是________，用小写字母 b 表示。

15. 在描述数据传输速率时，常用的度量单位 Mb/s 是 kb/s 的________倍。

16. 个人计算机分为台式机和便携式计算机两类，前者在办公室或家庭中使用，后者体积小、便于携带。________又有笔记本电脑和手持式计算机两种。

17. 十进制算式 2×64+2×8+2×2 的运算结果用二进制数表示为________。

18. 二进制信息最基本的逻辑运算有 3 种，即逻辑加、取反以及________。

19. 按使用的主要元器件分，计算机的发展经历了 4 代。它们所使用的元器件分别是________、晶体管、中小规模集成电路、大规模及超大规模集成电路。

20. 集成电路的工作速度与组成逻辑门电路的晶体管的尺寸大小有密切关系，尺寸越小其极限工作频率越________。

三、选择题

1. 存储在 U 盘和硬盘中的文字、图像等信息，都采用________代码表示。

A. 十六进制　　B. 十进制　　C. 二进制　　D. 八进制

2. 对于下列技术：①微电子技术②机械制造技术③通信技术④计算机和软件技术，其中，________均为现代信息技术。

A. ①③④　　B. ②③④　　C. ①②③　　D. ①②④

3. 二进制数01与01分别进行算术加和逻辑加运算，其结果分别为________。

A. 01、10　　B. 01、01　　C. 10、01　　D. 10、10

4. 关于带符号整数在计算机中表示方法的叙述中，________是错误的。

A. 负数的符号位是“1”

B. 正整数采用补码表示，负整数采用原码表示

C. 正整数采用原码表示，负整数采用补码表示

D. 数值“0”使用全0表示

5. 集成电路是现代信息产业的基础。目前PC中CPU芯片采用的集成电路属于________。

A. 小规模集成电路　　B. 中规模集成电路

C. 大规模集成电路　　D. 超（极）大规模集成电路

6. 计算机是一种通用的信息处理工具，下列是关于计算机信息处理能力的叙述：

① 它不但能处理数值数据，而且还能处理图像和声音等非数值数据。

② 它不仅能对数据进行计算，而且还能进行分析和推理。

③ 它具有相当大的信息存储能力。

④ 它能方便而迅速地与其他计算机交换信息。

上面这些叙述中，正确的是________。

A. 仅①、②和④　　B. 仅②、③、④　　C. 仅①、③和④　　D. ①、②、③和④

7. 计算机在进行以下运算时，高位的运算结果可能会受到低位影响的是________操作。

A. 两个数作“逻辑加”　　B. 两个数作“逻辑乘”

C. 对一个数作按位“取反”　　D. 两个数“相减”

8. 将十进制数25.25转换成二进制数表示，其结果是________。

A. 11001.01　　B. 11011.01　　C. 11001.11　　D. 10011.00

9. 近30年来微处理器的发展非常迅速，下面关于微处理器发展的叙述中，不准确的是________。

A. 微处理器中包含的晶体管越来越多，功能越来越强大

B. 微处理器中cache的容量越来越大

C. 微处理器的指令系统越来越标准化

D. 微处理器的性能价格比越来越高

10. 某计算机内存储器容量是2 GB，则它相当于________MB。

A. 1024　　B. 2048　　C. 1000　　D. 2000

11. 若10000000是采用补码表示的一个带符号整数，该整数的十进制数值为________。

A. −127　　B. −128　　C. 0　　D. 128

12. 若A=1100，B=1010，A与B运算的结果是1000，则其运算一定是________。

A. 算术加　　B. 算术减　　C. 逻辑加　　D. 逻辑乘

13. 若在一个非零的无符号二进制整数右边加两个零形成一个新的数，则其数值是原数值

的________。

A. 4 倍　　B. 2 倍　　C. 1/4　　D. 1/2

14. 3 个比特的编码可以表示________种不同的状态。

A. 3　　B. 6　　C. 8　　D. 9

15. 十进制算式 7×64+4×8+4 的运算结果用二进制数表示为________。

A. 111001100　　B. 111100100　　C. 110100100　　D. 111101100

16. 实施逻辑乘运算：11001010∧00001001 后的结果是________。

A. 00001000　　B. 11000001　　C. 00001001　　D. 11001011

17. 下列不同进位制的 4 个数中，数值最小的是________。

A. 二进制数 1100010　　B. 十进制数 65

C. 八进制数 77　　D. 十六进制数 45

18. 下列不属于个人计算机范围的是________。

A. 台式计算机　　B. 便携式计算机

C. 平板电脑　　D. 刀片式服务器

19. 下列关于 IC 卡的叙述中，错误的是________。

A. IC 卡按卡中镶嵌的集成电路芯片不同可分为存储器卡和 CPU 卡

B. IC 卡按使用方式不同可分为接触式 IC 卡和非接触式 IC 卡

C. 手机中使用的 SIM 卡是一种特殊的 CPU 卡

D. 现在许多城市中使用的公交 IC 卡属于接触式 IC 卡

20. 下列关于比特（二进位）的叙述中，错误的是________。

A. 比特是组成数字信息的最小单位

B. 比特只有“0”和“1”两个符号

C. 比特既可以表示数值和文字，也可以表示图像或声音

D. 比特通常使用大写的英文字母 B 表示

21. 下列关于集成电路的说法中，错误的是________。

A. 集成电路是现代信息产业的基础之一

B. 集成电路大多使用半导体材料制作而成

C. 集成电路的特点是体积小、重量轻、可靠性高

D. 集成电路的工作速度与其晶体管尺寸大小无关

22. 下列十进制整数中，能用二进制 8 位无符号整数正确表示的是________。

A. 201　　B. 257　　C. 312　　D. 296

23. 下列说法中，比较合适的是：“信息是一种________”。

A. 资源　　B. 知识　　C. 能量　　D. 物质

24. 下列说法中，错误的是________。

A. 集成电路是微电子技术的核心

B. 硅是制造集成电路常用的半导体材料

C. 现代集成电路使用的是超导材料

D. 微处理器芯片属于超大规模和极大规模集成电路

25. 下列 4 个不同进位制的数中，数值最大的是________。

A. 十进制数73.5
B. 二进制数1001101.01
C. 八进制数115.1
D. 十六进制数4C.4

26. 信息技术可以帮助扩展人们信息器官的功能，例如，使用________最能帮助扩展大脑的功能。

A. 计算与存储技术
B. 显示技术
C. 通信技术
D. 控制技术

27. 信息技术是指用来扩展人们信息器官功能、协助人们进行信息处理的一类技术，其中________主要用于扩展手、眼等效应器官的功能。

A. 计算技术
B. 通信与存储技术
C. 控制与显示技术
D. 感知与识别技术

28. 以下选项中，数值相等的一组数是________。

A. 十进制数54020与八进制数54732
B. 八进制数136与二进制数1011110
C. 十六进制数F4与二进制数10110100
D. 八进制数73与十六进制数73

29. 在个人计算机中，带符号整数中负数是采用________编码方法表示的。

A. 补码　B. 反码　C. 移码　D. 原码

30. 在数码相机、MP3播放器中使用的计算机通常称为________。

A. 工作站
B. 小型计算机
C. 手持式计算机
D. 嵌入式计算机

31. 在网络上传输的文字、图像、声音等信息，都采用________代码表示。

A. 十进制　B. 八进制　C. 十六进制　D. 二进制

32. 整数“0”采用8位二进制补码表示时，只有一种表示形式，该表示形式为________。

A. 10000000　B. 00000000　C. 11111111　D. 01111111

33. 诞生于20世纪40年代的第一代计算机主要应用于________领域。

A. 数据处理　B. 工业控制　C. 人工智能　D. 科学计算

34. Intel公司的创始人之一戈登·摩尔曾预测，单块集成电路的集成度平均每________左右翻一番。

A. 半年　B. 1年　C. 1年半　D. 两年半

35. 计算机内存储器容量的计量单位之一是GB，它相当于________字节。

A. 2的10次方　B. 2的20次方　C. 2的30次方　D. 2的40次方

36. 若十进制数“-57”在计算机内表示为11000111，则其表示方式为________。

A. ASCII码　B. 反码　C. 原码　D. 补码

37. 下列关于信息的叙述中，错误的是________。

A. 信息是指事物运动的状态及状态变化的方式
B. 信息是指认识主体所感知或所表述的事物运动及其变化方式的形式、内容和效用
C. 信息、物质与能量是客观世界的三大构成要素
D. 信息并非普遍存在，只有发达国家和地区才有可能利用信息

38. 现代信息技术的主要特征是：以________为基础、以计算机及其软件为核心、采用电

子技术（包括激光技术）进行信息的收集、传递、加工、存储、显示与控制。

A. 数字技术　B. 模拟技术　C. 光子技术　D. 量子技术

39. 已知 X 的补码为 10011000，若它采用原码表示，则为________。

A. 01101000　B. 01100111　C. 10011000　D. 11101000

40. 在表示计算机内存储器容量时，1 MB 为________字节。

A. 1024×1024　B. 1000×1024　C. 1024×1000　D. 1000×1000

41. 小规模集成电路（SSI）的集成对象一般是________。

A. 存储器芯片　B. 芯片组芯片　C. 门电路芯片　D. CPU 芯片

42. 银行使用计算机和网络实现个人存款业务的通存通兑，这属于计算机在________方面的应用。

A. 科学计算　B. 数据处理　C. 辅助设计　D. 自动控制

43. 关于定点数与浮点数的叙述中，错误的是________。

A. 同一个数的浮点数表示形式并不唯一

B. 长度相同时，浮点数的表示范围通常比定点数大

C. 整数在计算机中用定点数表示，不能用浮点数表示

D. 计算机中实数是用浮点数来表示的

44. 集成电路制造工序繁多，从原料熔炼开始到最终产品包装大约需要________道工序。

A. 几　B. 几十　C. 几百　D. 几千

45. 扩展人们眼、耳、鼻等感觉器官功能的信息技术中，一般不包括________。

A. 感测技术　B. 识别技术　C. 获取技术　D. 存储技术

46. 逻辑运算中的逻辑加常用符号________表示。

A. ∨　B. ∧　C. -　D. ·

47. 下列有关信息化和信息社会的叙述中，错误的是________。

A. 从生产力和产业结构演进的角度看，人类社会正从工业社会向信息社会转型

B. 信息社会中，信息将借助材料和能源的力量产生重要价值而成为社会进步的基本要素

C. 信息化就是利用信息技术解决贫富不均等社会矛盾，实现世界共同发展、共同繁荣

D. 我国的信息化建设道路，既要充分发挥工业化对信息化的基础和推动作用，又要使信息化成为带动工业化升级的强大动力

48. 下列关于个人计算机的叙述中，错误的是________。

A. 个人计算机中的微处理器就是 CPU

B. 个人计算机的性能在很大程度上取决于 CPU 的性能

C. 一台个人计算机中通常包含多个微处理器

D. 个人计算机通常不会由多人同时使用

49. 下列有关信息技术和信息产业的叙述中，错误的是________。

A. 信息技术与传统产业相结合，对传统产业进行改造，极大提高了传统产业的劳动生产率

B. 信息产业专指生产制造信息设备的行业与部门，不包括信息服务业

C. 信息产业已经成为世界范围内的朝阳产业和新的经济增长点

D. 我国现在已经成为世界信息产业的大国

50. PC 中带符号整数有 4 种不同的长度，十进制整数 128 在 PC 中使用带符号整数表示时，至少需要用________个二进位表示。

A. 64　　B. 8　　C. 16　　D. 32

51. 日常所说的“IT 行业”一词中，“IT”的确切含义是________。

A. 制造技术　　B. 交互技术　　C. 控制技术　　D. 信息技术

52. 数字通信系统的数据传输速率是指单位时间内传输的二进位数目，一般不采用________作为它的计量单位。

A. KB/s　　B. kb/s　　C. Mb/s　　D. Gb/s

53. 就计算机对人类社会的进步与发展所起的作用而言，下列叙述中不够确切的是________。

A. 增添了人类发展科学技术的新手段

B. 提供了人类创造和传承文化的新工具

C. 引起了人类工作与生活方式的新变化

D. 创造了人类改造自然所需要的新物质资源

54. 微处理器是很多设备的关键部件。下列部件中一般没有微处理器的是________。

A. 手机　　B. SD 卡　　C. 键盘　　D. 显卡

55. 冯·诺依曼计算机是按照________的原理进行工作的。

A. 操作系统控制　　B. 存储程序控制

C. 集成电路控制　　D. 电子线路控制

第 2 章 计算机硬件

本章学习任务：

1. 熟悉 PC 主机的构成，了解 I/O 操作、I/O 总线和 I/O 接口。
2. 掌握芯片组、BIOS 和 CMOS 的作用。
3. 掌握 CPU 的结构与原理，了解指令的执行过程。
4. 掌握存储器的分类及作用。
5. 了解各种常用的输入/输出设备的功能和性能指标。

一个完整的计算机系统组成如图 2-1 所示，包括硬件系统和软件系统两大部分。硬件系统一般指计算机系统中所有物理设备的总称；软件系统一般指为运行、管理和维护计算机而编制的程序，以及其处理的数据和相关文档的总和。硬件是计算机系统的基础，软件是计算机系统的灵魂。通常，人们把不安装任何软件的计算机称为裸机。计算机的硬件和软件二者缺一不可，否则将不能工作。计算机的硬件逻辑组成主要包括 CPU、内存储器、外存储器、输入设备和输出设备五大部件，它们通过总线互相连接。本章先介绍 PC 主机的物理构成，再详细介绍计算机硬件各逻辑部件的作用及工作原理。

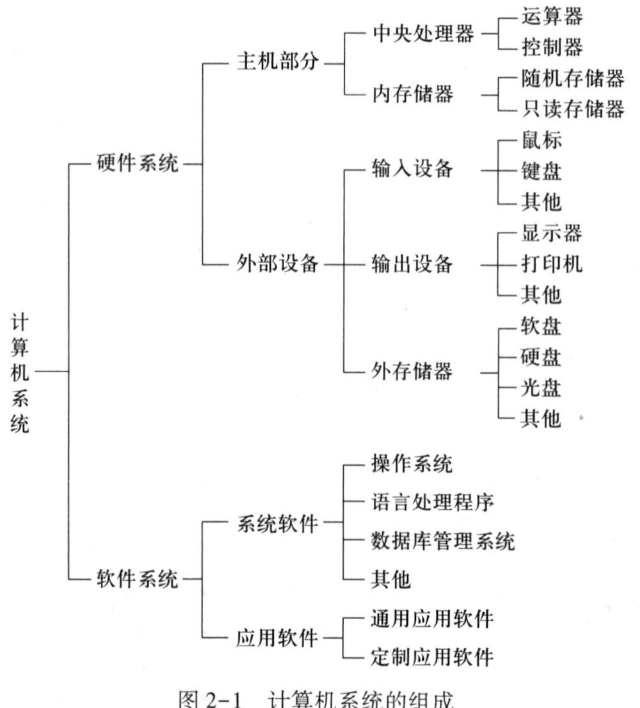

图2-1　计算机系统的组成

任务 2.1　熟悉计算机主机的构成

用户看到的台式 PC，通常由机箱、显示器、键盘、鼠标器和打印机等组成。机箱内有主板、硬盘、光驱、电源和风扇等，其中主板上安装了 CPU、内存、总线和 I/O 控制器等部件，它们属于主机部分（PC 主机与外围设备往往组装在一起，并不完全分开），图 2-2 所示为台式 PC 的物理组成。下面对 PC 主机的主要部件进行简单介绍。

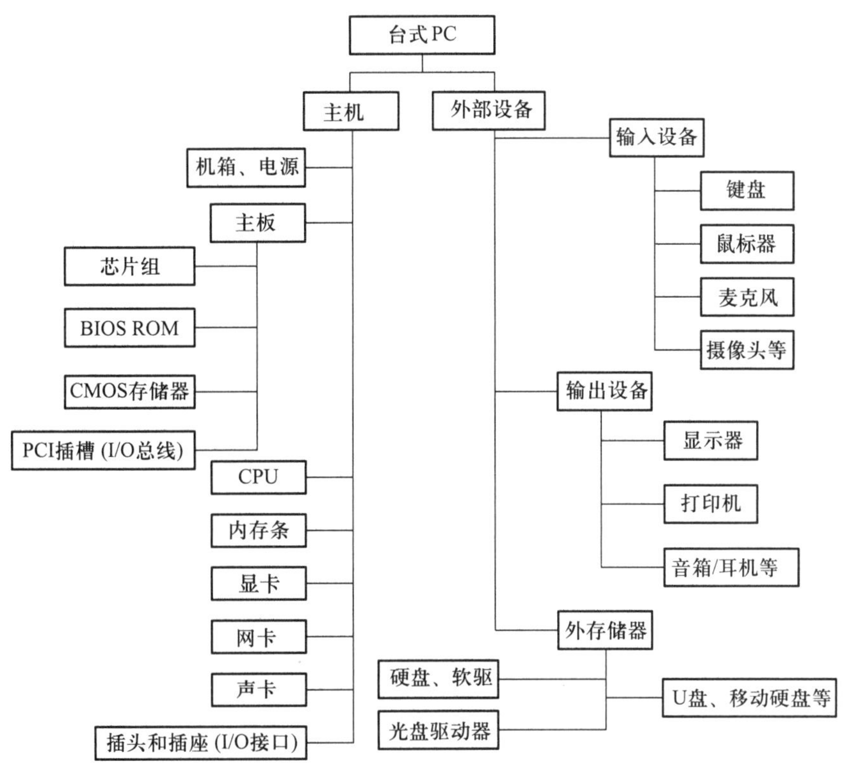

图 2-2　台式 PC 的物理组成

2.1.1　主板、芯片组与 BIOS

1. 主板

主板又称主机板、系统板或母板（Motherboard），它安装在机箱内，是计算机最基本的也是最重要的部件之一。在主板上通常安装有 CPU 插座、芯片组、存储器插槽、扩充卡插槽、显卡插槽、BIOS ROM、CMOS 存储器、辅助芯片，以及若干用于连接外围设备的 I/O 插口，如图 2-3 所示。

CPU 芯片和内存条分别通过主板上的 CPU 插座和存储器插槽安装在主板上。PC 常用外围设备通过扩充卡（如声音卡、显示卡等）或 I/O 接口与主板相连，扩充卡借助卡上的印刷插头插在主板上的 PCI 总线插槽中。随着集成电路的发展和计算机设计技术的进步，许多扩充卡

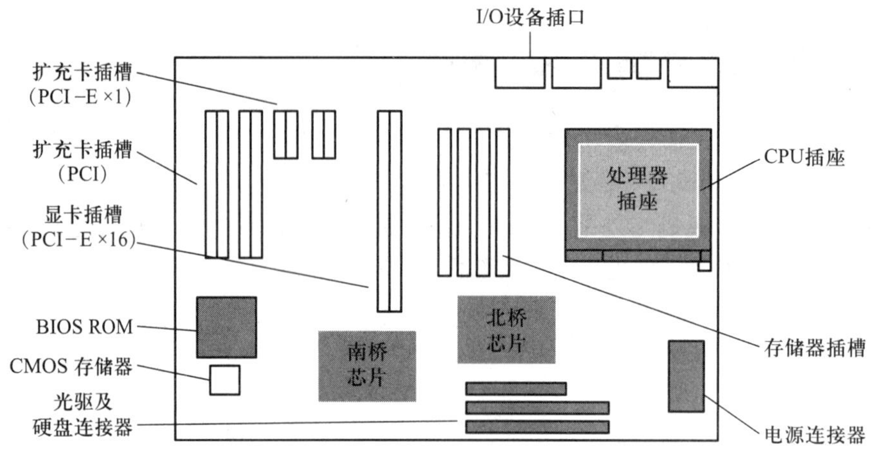

图 2-3　台式 PC 主板示意图

的功能可以部分或全部集成在主板上（如串行口、并行口、声卡和网卡等控制电路）。

主板上还有两块特别有用的集成电路：一块是闪烁存储器（Flash Memory），其中存放的是 BIOS；另一个集成电路芯片是 CMOS 存储器。

（1）BIOS

BIOS 的中文名是基本输入/输出系统，它是存放在主板上 ROM（只读存储器）中的一组机器语言程序，是 PC 软件中最基础的部分，没有它机器就无法启动。由于存放在 ROM 中，即使机器关机，它的内容也不会改变。

BIOS 具有以下几个功能：

① 诊断计算机故障。

② 启动计算机工作。

③ 控制基本外设的输入/输出操作（键盘、鼠标、磁盘读写和屏幕显示等）。

BIOS 主要包含 4 个部分的程序：加电自检程序、系统主引导记录的装入程序（系统自举程序）、CMOS 设置程序和基本外围设备的驱动程序。加电自检程序（POST）用于检测计算机硬件故障；系统自举程序（Boot）用于启动计算机工作，加载并进入操作系统运行状态；CMOS 设置程序用于设置系统参数；基本外围设备的驱动程序（Driver）用于实现对键盘、显示器、软驱和硬盘等常用外部设备输入/输出操作的控制。

（2）CMOS

CMOS 芯片中保存的不是程序，而是与计算机系统相关的一些参数（称为“配置信息”），包括当前的日期和时间、开机口令、已安装的光驱和硬盘的个数及类型等，用户可以在启动操作系统的过程中按下键盘上一个特定的热键运行 CMOS 设置程序，修改 CMOS 芯片中存储的一些参数。CMOS 芯片是一种易失性存储器，它使用电池供电，以确保在机器断电后其中的信息不会丢失。

2. 芯片组

芯片组（Chipset）是 PC 各组成部分相互连接和通信的枢纽，存储器控制和 I/O 控制功能几乎都集成在芯片组内，它既实现了 PC 总线的功能，又提供了各种 I/O 接口及相关的控制。

没有芯片组，CPU 就无法与内存、扩充卡及外设等交换信息。

芯片组一般由两块超大规模集成电路组成：北桥芯片和南桥芯片。北桥芯片是存储控制中心，用于高速连接 CPU、内存条和显卡，并与南桥芯片互连；南桥芯片是 I/O 控制中心，主要与 PCI 总线槽、USB 接口、硬盘接口、音频编解码器、BIOS 和 CMOS 存储器等连接，并借助 Super I/O 芯片提供对键盘、鼠标、串行口和并行口等的控制。CPU 的时钟信号也由芯片组提供。

芯片组通常是与 CPU 芯片同步发展的。有什么样功能和速度的 CPU，就需要使用什么样的芯片组（特别是北桥芯片）。芯片组还决定了主板上所能安装的内存最大容量、速度，以及可使用的内存条的类型。此外，随着显卡、硬盘等设备性能的提高，芯片组中的控制接口电路也要相应变化。

由于集成电路集成度越来越高，为降低系统成本，芯片组中集成了越来越多的功能，包括网卡、显卡、声卡等功能；而由于 CPU 芯片越来越复杂，功能越来强大（如 Core i3/i5/i7），有些已将北桥芯片的存储器控制器和图形控制器功能集成在 CPU 芯片之中，其他功能则合并至南桥芯片，因此主板上北桥芯片已经消失，只需要一块南桥芯片（称为单芯片的芯片组）即可完成系统所有硬件的连接。目前广泛使用的 Core i7/i5/i3、赛扬、奔腾等 CPU 芯片都是如此。如图 2-4 所示是芯片组与主板上各部件互连的示意图。

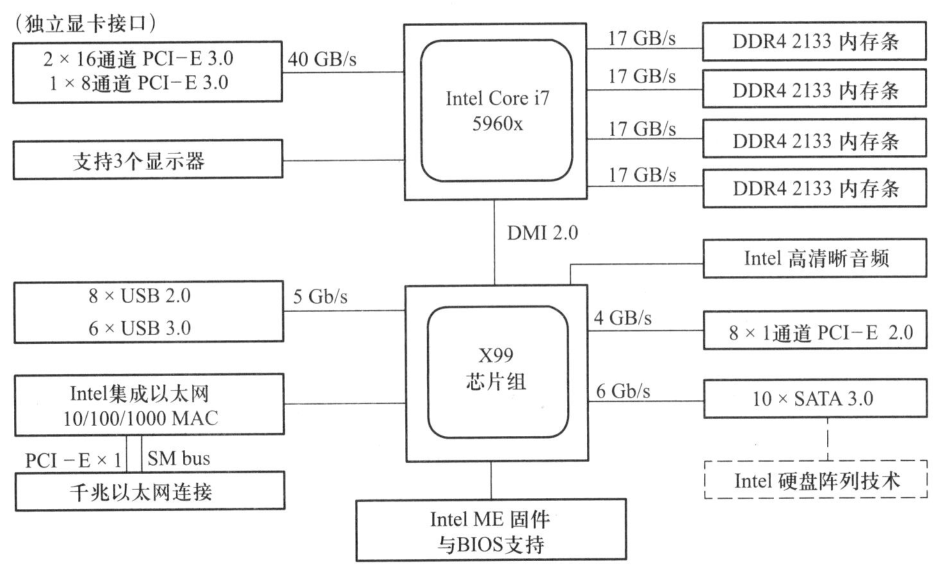

图 2-4　CPU、芯片组与主板其他部件的连接

从图 2-4 可以看出，CPU 芯片使用高速通路直接连接内存储器和独立显卡，并通过 DMI 与单芯片的芯片组 X99 连接。DMI 2. 0 是一种 PCI-E 总线，它采用点对点的通信方式，提供 4 条通路，每条通路传输速率达 2 GB/s，总带宽达到 8 GB/s。X99 芯片中包含有 PCI-E、USB、SATA 等控制电路，借助 I/O 接口和扩充插座连接各种外围设备，起着重要的交通枢纽作用。

需要注意的是，智能手机的主板上并没有芯片组，扩展功能有限，外设接口很少，控制电路主要集成在 SoC 芯片中。

2.1.2 I/O 总线与 I/O 接口

1. I/O 操作和 I/O 控制器

输入/输出设备（又称 I/O 设备或外设）是计算机系统的重要组成部分，没有 I/O 设备，计算机就无法与外界（包括人、环境及其他计算机等）交换信息。

I/O 操作的任务是将输入设备输入的信息送入内存的指定区域，或者将内存指定区域的内容送出到输出设备。通常，每个（类）I/O 设备都有各自专用的控制器（I/O 控制器），它们的任务是接受 CPU 启动 I/O 操作的命令后，独立地控制 I/O 设备的操作，直到 I/O 操作完成。

I/O 控制器是一组电子线路，不同设备的 I/O 控制器的结构与功能不同，复杂程度相差也很大。有些设备（如键盘、鼠标和打印机等）的 I/O 控制器比较简单，它们已经集成在主板上的芯片内。有些设备（如音频、视频设备等）的 I/O 控制器比较复杂，且设备的规格和品种也比较多样，这些 I/O 控制器就制作成扩充卡（也称适配卡或控制卡），插在主板的 PCI 扩充槽内。随着芯片组电路集成度的提高，越来越多原先使用扩充卡的 I/O 控制器，如声卡、网卡等，也已经包含在芯片组内，这既缩小了机器的体积，提高了可靠性，也降低了机器的成本。

大多数 I/O 设备都是一个独立的物理实体，它们并不包含在 PC 的主机箱里。因此，I/O 设备与主机之间必须通过连接器（也称插头或插座）实现互连。主机上用于连接 I/O 设备的各种插头及插座统称为 I/O 接口。为了连接不同的设备，PC 有多种不同的 I/O 接口，它们不仅外观形状不同，而且电气特性及通信规程也各不相同。图 2-5 所示为 PC 中 I/O 设备、I/O 接口、I/O 控制器和 I/O 总线等相互关系的示意图。

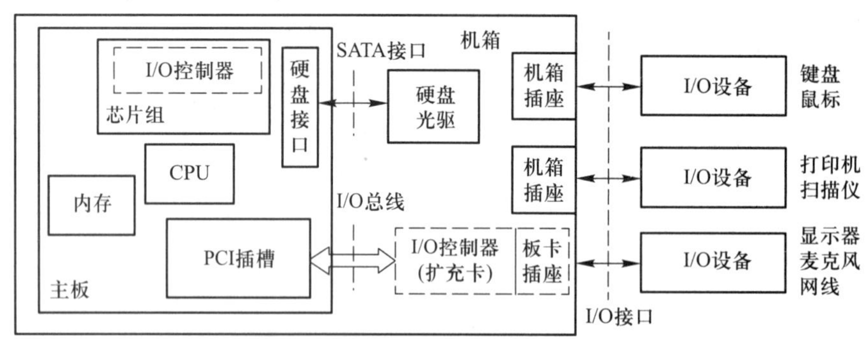

图 2-5 I/O 总线、I/O 控制器、I/O 接口与 I/O 设备的连接方式

2. I/O 总线

总线是指计算机部件之间传输信息的一组公用的信号线及相关控制电路，主要用于在 CPU、内存、外存和各种输入/输出设备之间传输信息并协调它们工作。总线有 3 种类型：CPU 总线（前端总线 FSB）、存储器总线和 I/O 总线（目前使用的是 PCI 和 PCI-E 两种）。计算机中用于在 I/O 设备与内存之间传输数据的部件（传输线路及其控制器）称为 I/O 总线。

I/O 总线的最重要的性能指标是它的数据传输速率，也称为总线的带宽，即单位时间内总线上可传输的最大数据量。总线带宽的计算公式如下：

$$总线带宽(MB/s) = (数据线宽度/8) \times 总线工作频率(MHz) \times 每个总线周期的传输次数$$

假如总线的数据线宽度为 16 位，总线的工作频率为 133 MHz，每个总线周期传输一次数据，则其带宽=16÷8×133×1 MB/s=266 MB/s。

PC 使用的 I/O 总线经历了 3 次演变，从第 1 代的 ISA 总线、EISA 总线发展为第 2 代的 PCI 总线、PCI-X 总线，再到现在广泛使用的第 3 代 PCI-Express 总线，带宽越来越高，性能越来越好。

20 世纪 90 年代初开始，PC 一直采用一种称为 PCI 的 I/O 总线，它的工作频率是 33 MHz，数据线宽度是 32 位（或 64 位），传输速率达 133 MB/s（或 266 MB/s），可以用于挂接中等速度的外部设备，但性能已经跟不上实际使用要求。

PCI-Express（简称 PCI-E 或 PCIe）是 PC 上 I/O 总线的一种新标准. 它采用高速串行传输以点对点的方式与主机进行通信。PCI-E 包括×1、×4、×8 和×16 等规格，分别包含 1、4、8 和 16 个传输通道，每个通道的数据传输速率为 250 MB/s，n 个通道可使传输速率提高 n 倍，以满足不同设备对数据传输速率的不同需求。例如，PCI-E ×1（250 MB/s）已经可以满足主流声卡、网卡和多数存储器对数据传输带宽的需求，而 PCI-E ×16 可提供高达 12 GB/s 的带宽，能更好地满足独立显卡对数据传输的需求。

除了数据传输速率高的优点之外，由于是串行接口，PCI-E 插座的针脚数目也大为减少，这样就降低了 PCI-E 设备的体积和生产成本，如图 2-6 所示。另外，PCI-E 也支持高级电源管理和热插拔。目前 PCI-E ×1 和 PCI-E ×16 已经成为 PCI-E 的主流规格。

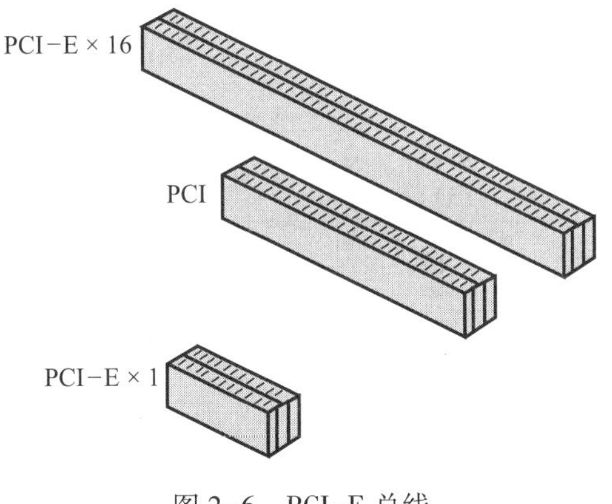

图 2-6　PCI-E 总线

3. I/O 设备接口——USB 接口

I/O 设备与主机一般需要通过连接器实现互连，计算机中用于连接 I/O 设备的各种插头、插座，以及相应的通信规程及电器特性，就称为 I/O 设备接口，简称 I/O 接口。

PC 可以连接许多不同种类的 I/O 设备，所使用的 I/O 接口分为多种类型。从数据传输方式来看，有串行（一位一位地传输数据，一次只传输 1 位）和并行（8 位或者 16 位、32 位一起进行传输）之分；从数据传输速率来看，有低速和高速之分；从是否能连接多个设备来看，有总线式（可串接多个设备，被多个设备共享）和独占式（只能连接 1 个设备）之分；从是否符合标准来看，有标准接口与专用接口之分。表 2-1 所示为 PC 常用 I/O 接口的一览表及其性能的对比。

表 2-1 PC 常用 I/O 接口及性能对比

名称	数据传输方式	数据传输速率	标 准	插头/插座形式	可连接的设备数目	通常连接的设备
串行口	串行双向	50~19 200 b/s	EIA-232 或 EIA-422	DB25F 或 DB9F	1	鼠标、MODEM
并行口（增强式）	并行双向	1.5 MB/s	IEEE 1284	DB25M	1	打印机、扫描仪
USB（1.1）	串行双向	1.5 MB/s（全速）	USB-IF	A 型、B 型	最多 127	键盘、鼠标、数码相机、移动盘等
USB（2.0）	串行双向	60 MB/s（高速）	USB-IF	A 型、B 型、Mini 型	最多 127	外接硬盘、数字视频设备、扫描仪等
USB（3.0）	串行双向	5 Gb/s（高速）	USB-IF	A 型、B 型、MircoAB	最多 127	外接硬盘、数字视频设备、扫描仪等
IEEE 1394a IEEE 1394b	串行双向	50 MB/s、100 MB/s、200 MB/s	FireWire (i. Link)		最多 63	数字音视频设备
IDE	并行双向	66 MB/s 100 MB/s 133 MB/s	Ultra ATA/66 Ultra ATA/100 Ultra ATA/133	(E-IDE)	1~4	硬盘、光驱、软驱
SATA	串行双向	150 MB/s 300 MB/s	SATA 1.0 SATA 2.0	7 针插头/插座	1	硬盘
显示器输出接口	并行单向	200~500 MB/s	VGA	HDB15	1	显示器
PS/2 接口	串行双向	低速	IBM		1	键盘、鼠标
红外线接口（IrDA）	串行双向	115 000 b/s 或 4 Mb/s	红外线数据协会	不需要	1	键盘、鼠标、打印机等

需要特别加以说明的是 USB 接口。USB 是英文 Universal Serial Bus（通用串行总线）的缩写，它是一种可以连接多个设备的总线式串行接口，现在除了显示器、硬盘有专用接口外，其他设备几乎全部使用 USB 接口进行连接。USB 接口所使用的连接器的标识和引脚如图 2-7 所示。

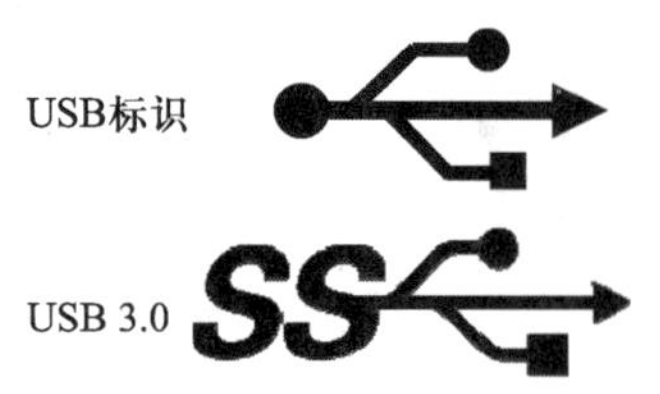

引脚	信号	名称	导线颜色
1	VCC	电源	红
2	-DATA	数据 -	白
3	+DATA	数据 +	绿
4	GND	地	黑

图 2-7 USB 连接器的标识和引脚

在USB接口中，数据的高速串行传输是使用差分信号来实现的。USB 1.0和USB 1.1用于连接中低速设备，现在已很少使用。现在广泛使用的USB 2.0的最高数据传输速率可达480 Mb/s（60 MB/s），用来连接硬盘等高速设备。性能更好的USB 3.0最高传输速率可达5 Gb/s（625 MB/s），已被广泛使用。最新的USB 3.1版最高传输速率可达10 Gb/s（1.25 GB/s），苹果公司的MacBook便携式计算机、华为的P20智能手机均开始采用。

USB 2.0接口使用4线连接器（有A型、B型和Mini型之分），如图2-8所示，其微型B连接器（Micro-B）已经逐步替代Mini连接器，几乎已成为智能手机等便携式设备的标配。USB接口使用的连接器比较小，不用螺钉连接，可方便地进行插拔。它符合“即插即用”（PnP）规范，在操作系统的支持下，用户无须手动配置系统就可以插上或者拔出使用USB接口的外围设备，计算机会自动识别该设备并进行配置，使其正常工作。同时USB接口还支持热插拔，即在计算机运行时就可以插拔设备。表2-2所示为USB接口的版本及常用连接器类型。

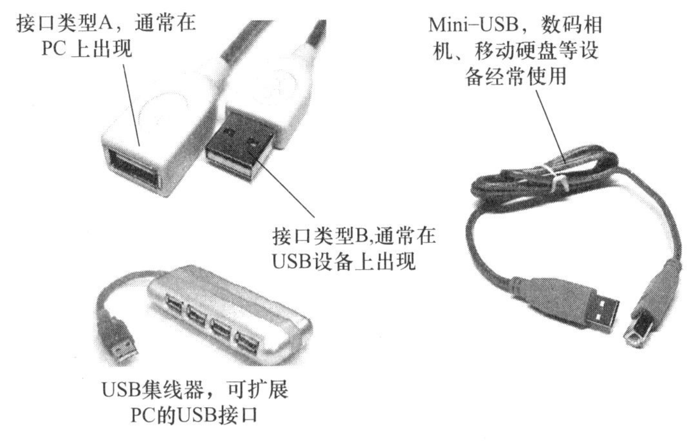

图2-8　USB接口的3种类型

表2-2　USB接口的版本及常用连接器类型

版本	USB 2.0				USB 3.0		USB 3.1
特点	带宽：480 Mb/s；供电：4.4～5.25 V，100～500 mA				带宽：5 Gb/s；供电：+5 V，150～900 mA		带宽：10 Gb/s
类型	标准A	标准B	小型B	微型B	标准A	微型B	USB-C
插头	4 3 2 1 Type A	1 2 4 3 Type B	5 4 3 2 1 Mini-B	54321 Micro-B	5 6 7 8 9 4 3 2 1	109876 54321 0.05mm	Type-C
插座	1 2 3 4 Type A	2 1 3 4 Type B	1 2 3 4 5 Mini-B	12345 Micro-B			Type-C
说明	PC主机使用	PC外设使用	数码产品	手机等移动终端	PC主机使用	外置硬盘、U盘、蓝光光驱等	各种设备的通用连接器

借助“USB 集线器”可以扩展机器的 USB 接口数目，一个 USB 接口理论上能连接 127 个设备。它们以主从方式进行工作，通常主机作为主设备，外设作为从设备，主设备主动发起数据传输操作，从设备负责应答。带有 USB 接口的 I/O 设备可以有自己的电源，也可以通过 USB 接口由主机提供电源（+5 V，100~500 mA）。

由于 USB 接口的上述优点，它的使用已经非常普遍。目前不论是台式 PC 还是便携式 PC，几乎没有不具备 USB 接口的。为了便于将使用传统接口（如串行口和并行口）的 I/O 设备连接到 USB 接口，市场上有多种转接器销售，如 USB 串口转接器、USB 并口转接器及 USB-PS/2（标准键盘和鼠标端口）转接器等。

与 USB 3.1 版一起推出的一种新型连接器称为“Type-C（USB-C）”，在智能手机中的应用日趋广泛。大多数智能手机类的移动设备虽然使用了 Type-C 连接器，但仍然采用 USB 作为它们的 I/O 接口，以从设备的身份与 PC 机主设备相互连接，实现数据传输与软件下载安装等。近年来，智能手机使用较多的是 USB 2.0 OTC 接口，这种接口扩展了 USB 2.0 的功能，使得智能手机具有双重身份：它们既可作为从设备连接到 PC（主设备），由 PC 对其控制、访问、数据传输和充电，又可以让智能手机作为主设备，去连接 U 盘、打印机、鼠标等外设（从设备），以达到扩充外存、方便输入/输出的目的。需要特别注意的是，苹果公司的 iPhone、iPad 没有 USB 接口，它使用闪电（Lightning）接口，借助数据线连接 PC 和各种外设以扩充功能。

除了上述 USB 接口或 Lightning 接口之外，几乎所有的智能手机都配置了无线传输方式的 I/O 接口，如蓝牙、NFC 等，它们可以连接耳机、键盘、鼠标、智能手机、数码相机等外设，为移动终端设备提供较好的扩展性。

任务 2.2 掌握 CPU 的结构与原理

计算机中负责对输入信息进行各种处理的部件称为“处理器”。处理器能高速执行指令，完成二进制数据的算术、逻辑运算和数据传送等操作，它的结构很复杂。大规模集成电路的出现，使得处理器的所有组成部分都可以制作在一块大小仅为几平方厘米的半导体芯片上。因为体积很小，这样的处理器又称为“微处理器”。

一台计算机中往往有多个处理器，它们各有其不同的任务，其中承担系统软件和应用软件运行任务的处理器称为“中央处理器”（简称 CPU），它是任何一台计算机必不可少的核心组成部件。Intel 公司生产的 CPU 如图 2-9 所示。

Intel 4004 Chip

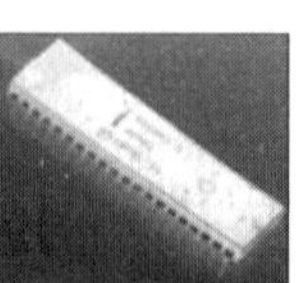

Intel 8080 Chip

图 2-9　Intel 公司生产的 CPU

2.2.1 CPU的作用与组成

自计算机问世以来，人们所使用的计算机大多是按照冯·诺依曼提出的“存储程序控制”的原理工作的，即一个问题的解算步骤（程序）连同它所处理的数据都使用二进位表示，并预先放在存储器中；程序运行时，CPU从内存中一条一条地取出指令和相应的数据，按照指令操作码的规定，对数据进行运算处理，直到程序执行完毕为止，如图2-10所示。

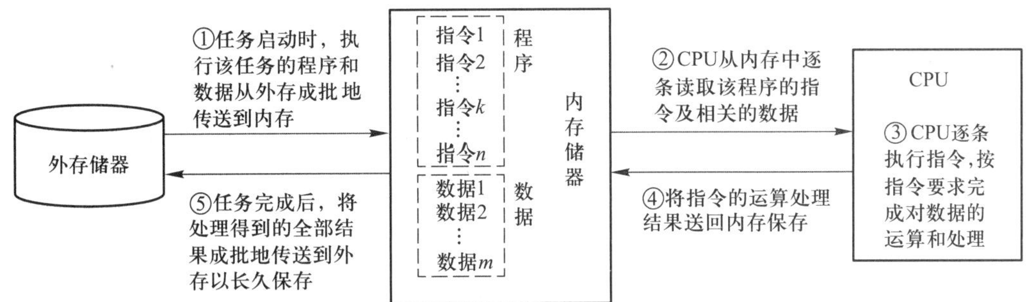

图2-10　程序在计算机中的执行过程

计算机的工作过程就是CPU执行程序的过程。“程序控制”是指由当前在CPU中所执行的指令来决定计算机的各硬件部件如何运作以完成特定的信息处理任务。

CPU的具体任务是执行指令，它按照指令的要求完成对数据的基本运算和处理。CPU的结构如图2-11所示，它主要由以下3部分组成：

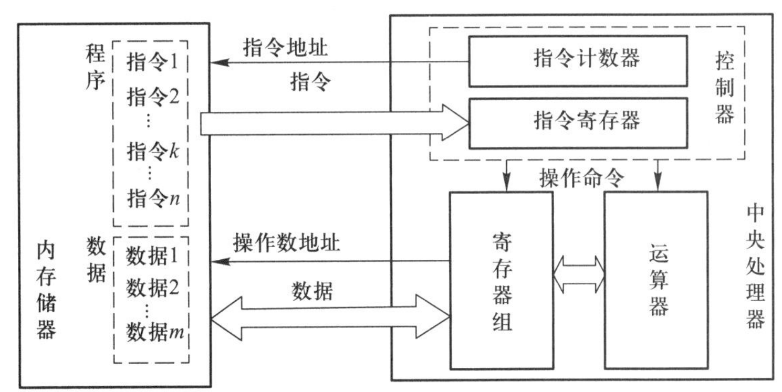

图2-11　CPU的组成及其与内存的关系

① 寄存器组。它由十几个甚至几十个寄存器组成。寄存器的速度很快，它们用来临时存放参加运算的数据和运算得到的中间（或最后）结果。需要运算器处理的数据总是预先从内存传送到寄存器；运算结果不再需要继续参加运算时就从寄存器保存到内存。

② 运算器。用来对数据进行加、减、乘、除等各种算术运算，以及与、或、非等各种逻辑运算，所以也称为算术逻辑部件（ALU）。通常，参加运算的数据来自寄存器，运算结果也送回寄存器保存。如图2-12所示为D寄存器内容与F寄存器内容相加并把和写入B寄存器的示意图。为了加快运算速度，运算器中的ALU可能有多个，有的负责完成整数运算，有的负

责完成实数（浮点数）运算，有的还能进行一些特殊的运算处理。

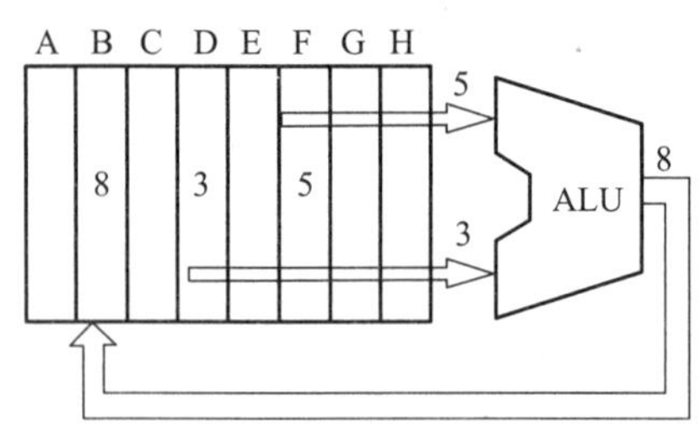

图 2-12　算术逻辑部件与寄存器组

③ 控制器。控制器是 CPU 的指挥中心，用于对输入的指令进行分析，并统一控制计算机的各个部件完成一定任务的部件。它一般由指令寄存器、状态寄存器、指令译码器、时序电路和控制电路组成。计算机的工作方式是执行程序，程序就是为完成某一个任务所编制的特定指令序列，各种指令操作按一定的时间关系有序安排，控制器产生各种最基本的不可再分的微操作的命令信号，即微命令，以指挥整个计算机有条不紊地工作。其中指令计数器通常用来存放 CPU 正在执行的指令的地址，CPU 将按照该地址从内存读取所要执行的指令；指令寄存器则用来保存当前正在执行的指令；指令译码器解释指令寄存器中指令的含义，控制运算器的操作，记录 CPU 的内部状态等。当计算机执行程序时，控制器首先从指令计数器中取得指令的地址，再根据地址从存储器中取出指令，由指令译码器对指令进行译码后产生控制信号，用以驱动相应的硬件完成指令操作。

2.2.2　指令与指令系统

要使用计算机完成某个任务，必须运行相应的程序。在计算机内部，程序是由一连串指令组成的，指令是构成程序的基本单位。指令采用二进位表示，它用来规定计算机执行什么操作。大多数情况下，指令由两个部分组成，如图 2-13 所示。

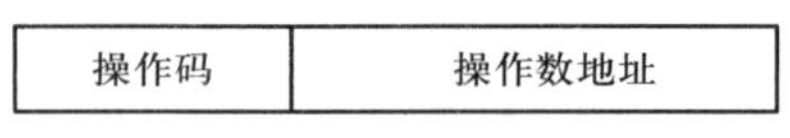

图 2-13　指令的格式

① 操作码：用于指出计算机应执行何种操作的一个命令词，如加、减、乘、除、取数和存数等，每一种操作均有各自的代码，称为操作码。

② 操作数地址：用于指出该指令所操作（处理）的数据或者所在的位置。操作数地址可能是 1 个、2 个甚至多个，这需要由操作码决定。

尽管计算机可以运行非常复杂的程序，完成多种多样的功能，而执行程序又归结于逐条执行指令，任何复杂程序的运行总是由 CPU 一条一条地执行指令来完成的。CPU 执行每一条指令都还要分成若干步，每一步仅仅完成一个或几个非常简单的操作（称为微操作）。指令的执行过程大体如下。

① 取指令：CPU 根据指令计数器中提供的地址，从存储器中读取一条指令，并送到指令寄存器暂存。

② 分析指令：由指令译码器对保存在指令寄存器中的指令进行分析，译出该指令对应的微操作，以决定该指令应进行何种操作、操作数在哪里。

③ 执行指令：根据操作数地址取出操作数，运算器按照操作码的要求，对操作数完成规定的运算，并根据运算结果修改或设置处理器的一些状态标志，再把运算结果保存到指定的寄存器，需要时将结果从寄存器保存到内存单元，即完成指令规定的各种操作。

④ 最后，修改指令计数器，决定下一条指令的地址，以保证整个过程循环执行。

不同指令的操作要求不同，被处理的操作数类型、个数和来源也不一样，执行时的步骤和复杂程度可能会相差很大。特别是当 CPU 需要通过总线去访问存储器时，指令执行过程就会复杂一些。

一台计算机所能执行的全部指令的集合称为计算机的指令系统。指令系统决定了一台计算机硬件的主要性能和基本功能。每一台计算机或每一种 CPU 均有自己特定的指令系统，其指令内容和格式有所不同。

指令系统按照功能来分，包括以下几大类。

① 数据传送类指令：包括寄存器之间、寄存器与主存储器之间的传送指令等。

② 运算类指令：包括算术运算指令、逻辑运算指令、移位指令和比较指令等。

③ 程序控制类指令：主要用于控制程序的流向。包括条件转移指令、无条件转移指令和转子程序指令等。

④ 输入/输出类指令：简称 I/O 指令，这类指令用于主机与外设之间交换信息。包括各种外围设备的读、写指令等。有的计算机将输入/输出指令包含在数据传送指令类中。

⑤ 状态管理指令：包括诸如实现存储保护、中断处理等功能的管理指令。

每一类指令（如数据传送类、算术运算类）又按照操作数的性质（如是整数还是实数）、长度（16 位、32 位、64 位或 128 位等）等区分为许多不同的指令。

不同公司生产的 CPU 各自有自己的指令系统，它们未必互相兼容。例如，现在大部分 PC，包括苹果公司生产的 Macintosh 都使用 Intel 公司的微处理器作为 CPU，而一些大型机、平板电脑和智能手机使用的是其他类型的微处理器，它们的指令系统差别很大。因此 PC 上的程序代码不能直接在大型机、平板电脑或智能手机上运行，反之也是如此。但有些 PC 使用 AMD 公司的微处理器，它们与 Intel 处理器的指令系统一致，因此这些 PC 互相兼容。

下面对 Intel 公司生产的 CPU 进行一些说明。

① Intel 公司生产的 CPU 主要产品发展过程为：8088（8086）→80286→80386→80486→Pentium→Pentium PRO→Pentium II→Pentium III→Pentium 4→奔腾 D→奔腾至尊→酷睿→酷睿 2→Core i3/i5/i7。

② 为解决软件兼容性问题，采用“向下兼容方式”开发新的处理器，即所有新处理器均保留老处理器的全部指令，同时还扩充功能更强的新指令。

2.2.3 CPU 的性能指标

计算机的性能在很大程度上是由 CPU 决定的。CPU 的性能主要表现为程序执行速度的快慢，那么如何衡量 CPU 的性能呢？多年来，度量 CPU 性能使用的指标有 MIPS（百万条定点指令/秒）、MFLOPS（百万条浮点指令/秒）和 TFLOPS（万亿条浮点指令/秒）。

CPU 的性能指标主要有以下几方面：

① 字长（位数）。字长是 CPU 最重要的一个性能指标，即 CPU 可以同时处理的二进制数据的位数，也是 CPU 中整数寄存器和定点运算器的宽度（即二进制整数运算的位数）。由于存储器地址是整数，整数运算是由定点运算器完成的，因此定点运算器的宽度也就大体决定了地址码位数的多少。地址码的长度决定了 CPU 可访问的存储器最大空间，这是影响 CPU 性能的一个重要因素。多年来，个人计算机使用的 CPU 大多是 32 位处理器，现在 64 位处理器的 CPU 也越来越普及。洗衣机、微波炉、数码相机等中低端嵌入式计算机大多是 8 位、16 位或 32 位的 CPU，中高端的智能手机如华为 Mate、苹果 iPhone 等使用 64 位 CPU。

② 主频（CPU 时钟频率）。主频是指 CPU 中电子线路的工作频率，它决定着 CPU 芯片内部数据传输与操作速度的快慢。一般而言，主频越高，执行一条指令需要的时间就越少，CPU 的处理速度就越快。

③ CPU 总线速度。CPU 总线（前端总线）的工作频率和数据线宽度决定着 CPU 与内存之间传输数据的速度快慢，总线速度越快，CPU 的性能将发挥得越充分。

④ 高速缓存（Cache）的容量与结构。高速缓存是为了解决 CPU 和系统总线速度差异问题而出现的一种容量较小但速度很快的存储器，分为一级缓存（即 L1 Cache）和二级缓存（即 L2 Cache）。在程序运行过程中，高速缓存有利于减少 CPU 访问的次数。通常，Cache 容量越大、级数越多，其效用就越显著。

⑤ 指令系统。指令的类型和数目、指令的功能等都会影响程序的执行速度。

⑥ 逻辑结构。CPU 包含的定点运算器和浮点运算器数目、是否具有数字信号处理功能、有无指令预测和数据预测功能，以及流水线结构和级数等都对指令执行的速度有影响，甚至对某些特定应用有很大的影响。

⑦ CPU 核的数目。为提高 CPU 芯片性能，现在 CPU 中往往包含有 2 个、4 个、6 个甚至更多 CPU 核，每个核都是一个独立的 CPU，有各自的 1 级、2 级 Cache，共享前端总线和 3 级 Cache。在操作系统支持下，多个 CPU 核并行工作，核越多，CPU 芯片性能越高。需要说明的是，由于算法和程序的原因，n 个核的 CPU 性能不是单核 CPU 的 n 倍。

总之，要提高 CPU 性能有三大关键措施：一是改进 CPU 结构；二是提高 IC 速度（主频）；三是增加 CPU（核）的数目。

任务 2.3　掌握存储器的特性

冯·诺依曼提出的“存储程序”思想是指将可以由计算机执行的一个指令序列预先存储在计算机的存储器中。存储器是计算机系统中具有记忆存储功能的设备，负责程序、数据信息的存储和管理。按照用途来分，存储器可以分为主存储器（内存储器，简称“内存”）和辅助存储器（外存储器，简称“外存”）。

2.3.1　内存储器

内存储器由称为存储器芯片的半导体集成电路组成，其特点是存取速度比较快，与 CPU 直接相连，用来临时存放正在运行的程序和正在处理的数据，但容量小，价格相对贵。

1. 概述

半导体存储芯片按照是否可以随机进行读写，可以分为两大类：随机存取存储器（RAM）和只读存储器（ROM）。半导体存储器的类型如图 2-14 所示。

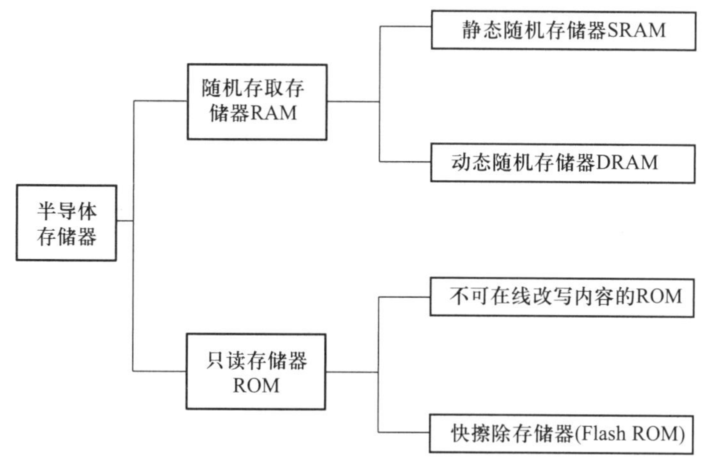

图 2-14　半导体存储器的类型

（1）随机存储器

随机存储器（Random Access Memory，RAM）也称为可读写存储器，可以对其进行读写操作，是一种易失性存储器，在机器关闭或断电后其中的信息会全部丢失。

RAM 目前多采用 MOS 型半导体集成电路芯片制成，根据其保存数据的机理又可分为以下两种：

① DRAM（动态随机存取存储器）。该芯片电路简单、集成度高、功耗小、成本较低，适用于内存储器的主体部分。但它速度比 CPU 慢得多，因此出现了不同的 DRAM 结构来改善其性能。

② SRAM（静态随机存取存储器）。与 DRAM 相比，它的电路较复杂，集成度低，功耗较大，制造成本高，价格贵，但工作速度很快，适合用做高速缓冲存储器 Cache，目前大多与 CPU 集成在同一芯片中。

（2）只读存储器

只读存储器（Read Only Memory，ROM），一般情况下，对其只能进行读取操作，不能进行写操作，是一种非易失性存储器，能够永久或半永久地保存信息，在机器关闭或断电后，保存在 ROM 中的信息也不会丢失，所以也称为非易失性存储器。ROM 根据内容是否可以在线改写，分为不可在线改写内容的 ROM（如 PROM、EPROM 等）和可在线改写的 Flash ROM（快擦除 ROM，或闪烁存储器，简称为闪存，这是一种新型的非易失型存储器，在低电压情况下，存储在其中的信息可读不可写，充当 ROM 使用，在高电压下，存储在其中的信息可以被修改或删除，又可充当 RAM 使用，因此，Flash ROM 被广泛地应用于数码相机和 U 盘中，在 PC 中也用于存储 BIOS 程序）。

2. 主存储器

主存储器在逻辑结构上包含大量的存储单元，每个存储单元可以存放1个字节（8个二进位）。每个存储单元有一个编号，称为内存地址，CPU按地址对存储器进行访问。

衡量存储器的性能指标主要有以下几个。

① 存储器的存储容量：指存储器所包含的存储单元的总和，单位是MB或GB。计算机中的地址线数目决定了CPU可直接访问的存储空间大小，假设计算机地址线数目为32，则能访问的存储空间大小为2^{32} B=4 GB。

② 存储器的存取时间：指从CPU给出存储器地址开始到存储器读出数据并送到CPU（或者是把CPU数据写入存储器）所需的时间。主存储器存取时间的单位是ns（1 ns=10^{-9} s）。人们平时习惯用存取时间的倒数来表示速度，比如6 ns的内存实际频率为1/6 ns=166 MHz（如果是DDR就标DDR333，如果是DDR2就标DDR2 667）。

主存储器在物理结构上由1~4个内存条组成，内存条是将若干DRAM芯片焊装在一小条印制电路板上制成的，如图2-15所示。内存条必须插在主板上的内存条插槽中才能使用，目前流行的是DDR3和DDR4内存条，均采用双列直插式（DIMM），其触点分布在内存条的两面。PC主板中一般都配备有2个或4个DIMM插槽。

图2-15　内存条

由于CPU的速度越来越高，而DRAM芯片组成的主存储器速度比CPU要慢一个数量级以上，从主存储器取数或存数时，CPU必须停下来等待，这显然难以发挥CPU的高速特性。解决这个矛盾通常采取以下3个措施：

① 采用Cache存储器。Cache是将SRAM存储电路直接制作在CPU内的一种小容量高速缓存，其存取速度几乎与CPU一样快。计算机在启动执行程序时，预先将数据和指令从主存成批读出存入Cache，当CPU需要读取数据与指令时，先检查Cache中有没有，若有，就直接从Cache中读取，而不用访问主存，这就大大提高了CPU的效率。

② 改进存储器芯片的结构和控制。DRAM存储电路很难提高，考虑到CPU芯片中内置有Cache存储器，运行程序时，只有当CPU在Cache找不到相应数据与指令时才需要访问DRAM存储器，因此CPU对DRAM的访问大多以Cache的一行约64个字节为单位进行突发式读写，因此DRAM存储器的结构可采取多个存储阵列交叉并行工作，设置内部缓冲，进行多位预取等，使这种突发式读写操作能高速进行。

③ 改进CPU与主存芯片的连接，加快CPU与主存之间的数据传输。例如Intel CPU芯片中都集成了存储器控制电路，使CPU与主存直接连接，不再需要北桥芯片转接。此外，CPU与存储器之间的数据传输方式为64位并行，从而使CPU与主存储器之间的最高传输速率可达每秒几十GB。

另外，智能手机等移动终端主存储器也是由 DDR SDRAM 芯片构成，而且受体积限制，智能手机的存储芯片都直接焊接在主板上，一般不能更换并扩充内存容量。

2.3.2 外存储器

外存与内存相比，存取速度慢而容量相对较大，不与 CPU 直接相连，可以永久性地保存计算机中几乎所有的信息。计算机传统的外存储器有软盘、硬盘和磁带等，它们已经使用了几十年。近十多年来，各种光盘、U 盘、移动硬盘和存储卡的普及应用，为大容量信息存储提供了更多的选择。以下是各种常用的外存储器。

1. 软盘

软盘是一种涂有磁性物质的聚酯塑料薄膜圆盘（现基本上已经退出应用）。为了防止软盘被损伤，将盘片封装在一个方形保护套中。软盘的尺寸有多种，目前常见的是 3.5 英寸软盘。在软盘上有两个重要的部分：一是读写窗口，软盘驱动器的读写磁头通过此完成数据的读写操作；二是写保护口，这是软盘上的一个数据保护装置，主要用于防止数据被误删除或病毒的侵入。

软盘盘片表面由里向外分成许多同心圆，称为磁道，每个磁道都有对应的编号，称为磁道号，最外道为 0 磁道，磁道号从外向内越来越大；每条磁道还被分割成若干扇形，称为扇区，每个扇区的容量通常为 512 B。而磁道和扇区的划分是在对磁盘格式化时完成的，以产生固定大小的磁盘容量。目前，软盘在出厂时就已经格式化完成，其架构图如图 2-16 所示，一般划分为 80 个磁道，每个磁道有 18 个扇区，有正反两面，其容量为 1.44 MB。软盘的特点是携带方便，价格便宜，用低成本即可实现存储及交换数据的目的，但容量小、易损坏、读取速度慢，现已基本淘汰。

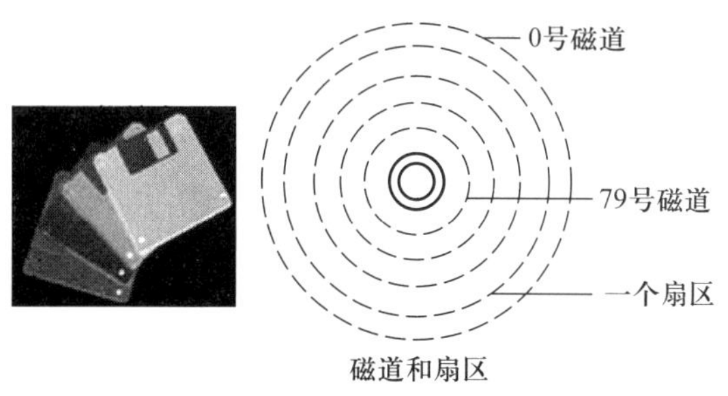

图 2-16 软盘架构图

2. 硬盘存储器

（1）组成与原理

硬盘存储器（Hard Disc Drive）简称为硬盘，也称为温彻斯特盘（简称温盘）。硬盘是计算机最重要的外存储器，现代的计算机都可以安装有一个或多个硬盘。硬盘由磁盘盘片、磁头、主轴与主轴电机、移动臂、磁头控制器、数据转换器、接口，以及缓存等几部分组成。硬盘盘片与驱动器的组成如图 2-17 所示。

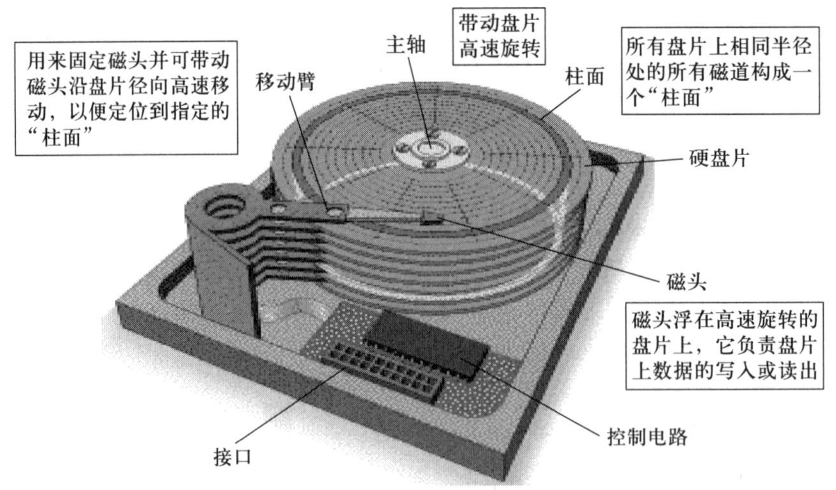

图 2-17　硬盘盘片与驱动器的组成

硬盘的盘片由铝合金（最新的硬盘盘片采用玻璃材料）制成，盘片的上下两面都涂有一层很薄的磁性材料，通过磁性材料粒子的磁化来记录数据。磁性材料粒子有两种不同的磁化方向，分别用来表示记录的是“0”还是“1”。盘片表面由外向里分成许多同心圆，每个圆称为一个磁道，盘面上一般都有几千个磁道，每条磁道还要分成几千个扇区，每个扇区的容量一般为 512 B。盘片两面都记录数据。磁盘的磁道和扇区如图 2-18 所示。

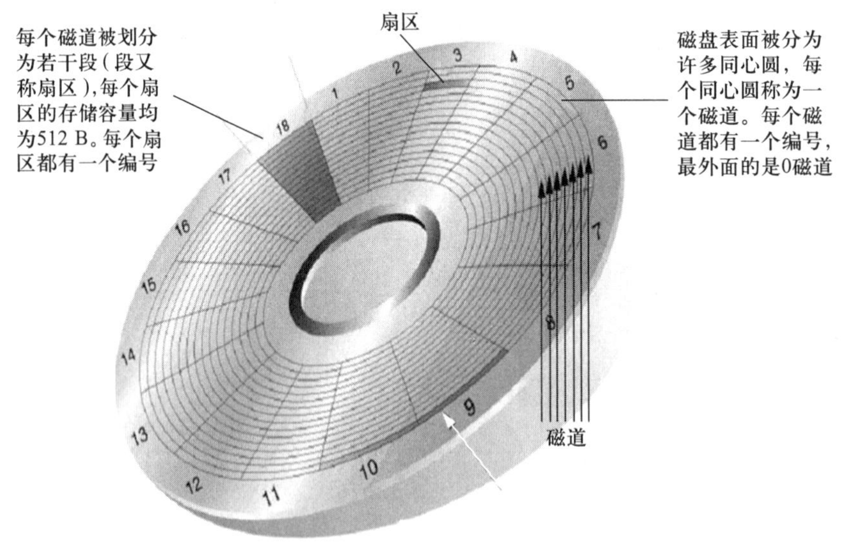

图 2-18　磁盘的磁道和扇区

通常，一块硬盘由 1~5 张盘片组成，所有盘片上相同半径处的一组磁道称为“柱面”。所以，硬盘上的数据需要使用 3 个参数来定位：柱面号、扇区号和磁头号。所有的盘片都固定在一个旋转主轴上，主轴底部有一个电机，当硬盘工作时，电机带动主轴，主轴带动盘片以每分钟数千转到上万转的速度高速旋转。而所有盘片之间是绝对平行的，在每个盘片的存储面上都有一个磁头，磁头与盘片之间的距离比头发丝的直径还小，它负责盘片上数据的写入或读出。

移动臂用来固定磁头，并带动磁头沿盘片的径向高速移动，以便定位到指定的磁道，这样磁头就能对盘片上的指定位置进行数据的读写操作，这就是硬盘的基本组成和工作原理。由于硬盘是精密设备，灰尘对其损害很大，所以必须完全密封。因此，硬盘的盘片、磁头和驱动机构全部密封在一起构成了一个密封的组合件，这最早是由 IBM 公司开发的，称为温彻斯特（Winchester）硬盘。

（2）主要性能指标

衡量硬盘性能的主要技术指标有以下几个：

① 存储容量。目前 PC 硬盘单碟容量大多在 100 GB 以上，硬盘中的存储碟片一般有1~4片，其存储容量为所有单碟容量之和。作为 PC 的外存储器，硬盘容量自然是越大越好。但限于成本和体积，总容量相同时碟片数目宜少不宜多，因此提高单碟容量是提高硬盘容量的关键。

存储容量可按下列公式计算： $C=n\times K\times S\times b$ （式 2-1）

式（2-1）中，n 为存储信息的盘面数（或者磁头数，每个盘面都有一个读/写磁头，一个盘片有两个盘面，都记录信息），K 为盘面上的磁道数，S 为每一磁道上的扇区数，b 为每个扇区的容量（一般为 512 B），由于硬盘容量较大，一般用 GB 或 TB 表示。

② 平均存取时间。硬盘存储器的平均存取时间由硬盘的旋转速度、磁头的寻道时间和数据的传输速率决定。硬盘旋转速度越高，磁头移动到数据所在磁道越快，对于缩短数据存取时间越有利。目前，这两部分时间大约在几 ms 至几十 ms 之间。

③ 数据传输速率。数据传输速率分为外部传输速率和内部传输速率。外部传输速率（接口传输速率）是指主机从（向）硬盘缓存读出（写入）数据的速度，它与采用的接口类型有关，现在采用的 SATA 接口一般为 150~300 MB/s。内部传输速率是指硬盘在盘片上读写数据的速度，通常远小于外部传输速率。一般而言，当单碟容量相同时，转速越高，内部传输速率也越快。

④ 缓存容量。高速缓冲存储器能有效地改善硬盘的数据传输性能，理论上讲，Cache 越快越好，越大越好。目前硬盘的缓存容量大多已经达到 8 MB 以上，缓存的大小与速度直接影响到硬盘的传出速度。

⑤ 与主机的接口。硬盘与主机的接口用于在主机与硬盘驱动器之间提供一个通道，实现主机与硬盘之间的高速数据传输。PC 使用的硬盘接口多年来大多采用 Ultra ATA100 或 Ultra ATA133 接口（并行 ATA 接口，PATA），传输速率分别为 100 MB/s 和 133 MB/s。近些年来开始流行一种串行 ATA（简称 SATA）接口，它以高速串行的方式传输数据，其传输速率高达 150~300 MB/s，可用来连接大容量高速硬盘。

除此之外，在选购硬盘时，寻道时间、连续无故障时间（MTBF）、自我监测分析及报告技术（S. M. A. R. T 技术），以及硬盘与主机的接口类型等也都是需要考虑的因素。

（3）使用硬盘的注意事项

硬盘是存储设备中的重要组成部分，其安全性和可靠性极为重要，对于硬盘，要学会在早期判断其故障。一般硬盘出现故障前会有以下的一些常见的表现：

① 能进入 Windows 系统，但是运行程序出错，同时运行磁盘扫描也不能通过，经常在扫描时缓慢停滞甚至死机。若出现这种现象，就可能是硬盘的问题。

② 能进入 Windows，运行磁盘扫描程序直接发现错误甚至是坏道。

③ 在 BIOS 中突然无法识别硬盘，或是能识别硬盘但无法用操作系统找到硬盘，这是最严重的故障。

为了减少硬盘故障给用户带来的损失，使用硬盘时应注意以下几点：

① 正在对硬盘读写时不能关掉电源。

② 保持使用环境的清洁卫生，注意防尘；控制环境温度，防止高温、潮湿和磁场的影响。

③ 防止硬盘受震动，工作时不要移动机器。

④ 及时对硬盘内容进行整理，包括目录的整理、文件的清理和磁盘碎片整理等。

⑤ 防止计算机病毒对硬盘的破坏，对硬盘定期进行病毒检测。

3. 可移动存储器

目前广泛使用的移动存储器有 U 盘（闪存盘）、移动硬盘、存储卡和固态硬盘（SSD）。

（1）U 盘

U 盘（闪存盘）是采用 Flash Memory 作为存储器的移动存储设备。U 盘具有断电后其中的数据不会丢失的特点，其重量轻，体积小，携带方便，如图 2-19 所示，容量与软盘相比则大得多，可以达到 8 GB 以上，无须外接电源，直接采用 USB 接口的电压电源，支持即插即用。U 盘的使用读写速度快，数据保存时间长，对 U 盘可以进行百万次以上的反复擦写，使用寿命比较长。

（2）移动硬盘

U 盘的容量和软盘相比有一定的优势，但是当需要存储视频、图像等文件时，容量则远远不够，需要使用大容量的存储器移动硬盘。移动硬盘如图 2-20 所示。

图 2-19　U 盘

图 2-20　移动硬盘

移动硬盘容量大，现在移动硬盘容量达到 500 GB，最高可以达到 4 TB，它的速度快，体积小，一般只有手掌大小，易于携带，使用也非常方便，支持即插即用，并且其安全性高，具有防震功能，在剧烈震动时盘片自动停止旋转并将磁头复位到安全区，防止磁片损坏。

（3）存储卡

存储卡是用闪存做成的固态存储器，形状为扁平的长方形或正方形，可插拔。现在存储卡的种类较多，如 SD 卡、CF 卡、MS 卡和 MMC 卡等，它们具有与 U 盘相同的多种优点，但只有配置了读卡器的 PC 才能对这些存储卡进行读写操作。存储卡是用于手机、数码相机、便携式计算机和 MP3 等数码产品上的独立存储介质，一般是卡片的形态，如图 2-21 所示。

（4）固态硬盘（SSD）

固态硬盘（Solid State Disk，SSD），技术名称为“固态驱动器”，是基于 NAND 闪烁存储器构成的一种辅助存储器，目的是在计算机中代替传统的硬盘。

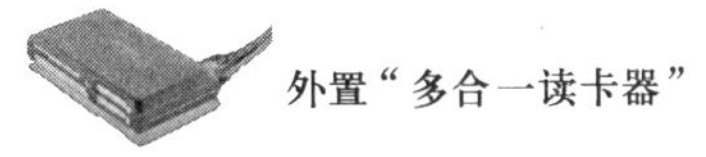

图 2-21　存储卡

与常规硬盘相比，固态硬盘具有读写速度快、功耗低、无噪声、抗震动等优点，但价格较高、容量较低，一旦硬件损坏，数据很难恢复，寿命相对较短。

4. 光盘存储器

自从光存储技术诞生以来，光盘存储器获得迅速发展，形成了 CD、DVD 和 BD 共 3 代光盘存储器产品，见表 2-3。

表 2-3　光盘存储器的 3 代产品

分　代	年　代	名　称	激光类型	存储容量
第 1 代	1982	CD 光盘存储器	红外光	650 MB
第 2 代	1995	DVD 光盘存储器	红光	4.7 GB
第 3 代	2006	BD 光盘存储器	蓝光	25 GB

注：表 2-3 中 DVD 和 BD 的容量均为单面单层的容量。

光盘存储器成本不高，容量较大，还具有很高的可靠性，不容易损坏，在正常情况下是非常耐用的。这是由于光盘的读出头离盘面有几毫米的距离，这比磁头与磁盘表面的距离至少大 1 000 倍，因此光盘不易划破。即使盘面有指纹或灰尘存在，仍然可以读出数据。光盘的表面介质也不易受温湿度的影响，便于长期保存。光盘存储器的缺点是读出速度和数据传输速度比硬盘慢得多。

（1）光盘存储器的结构与原理

光盘存储器由光盘片和光盘驱动器两部分组成。光盘片用于存储数据，其基片是一种耐热的有机玻璃，直径大多为 120 mm（约 5 英寸），用于记录数据的是一条由里向外的连续的螺旋状光道。光盘存储数据的原理与磁盘不同，它通过在盘面上压制凹坑的方法来记录信息，凹坑的边缘处表示“1”，而凹坑内和凹坑外的平坦部分表示“0”，信息的读出需要使用激光进行分辨和识别。光盘的信息记录原理图如图 2-22 所示。

光盘驱动器简称光驱，用于带动盘片旋转并读出盘片上的（或向盘片上刻录）数据，其性能指标之一是数据的传输速率。光驱与主机的接口大多为 IDE 接口（PATA 或SATA），也可以使用 USB 接口与主机连接。激光头是光驱的中心部件，光驱都是通过它来读取数据的。首先激光头会向光盘发出激光束，当激光束照射到光盘的凹面或非凹面时，反射光束的强弱会发生变化，光驱就根据反射光束的强弱，把光盘上的信息还原成为数字信息，即“0”或“1”，再通过相应的控制系统，把数据传给计算机。

（2）光驱的类型

光盘驱动器按其信息读写能力分成只读光驱和光盘刻录机两大类型，按其可处理的光盘片

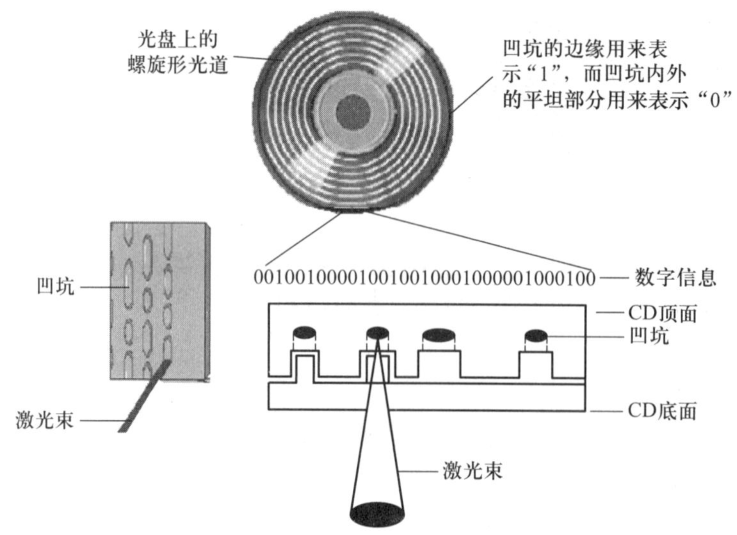

图 2-22　光盘的信息记录原理图

类型又进一步分成 CD 只读光驱和 CD 刻录机、DVD 只读光驱和 DVD 刻录机、DVD 只读光驱与 CD 刻录机组合在一起的组合光驱（即所谓的“康宝”），以及最新的大容量蓝色激光 BD 只读光驱和 BD 刻录机。

① CD 只读光驱（CD-ROM）。它只能读出 CD 光盘上的信息，不能抹除也不能再在光盘上写入信息。每张 CD 盘片的存储容量大约为 600～700 MB。

② DVD 只读光驱（DVD-ROM）。DVD 只读光驱具有向下兼容性，它既能读 CD 光盘又能读 DVD 光盘，但不能在光盘上写入信息。

③ CD 光盘刻录机。它不仅可以读出 CD 光盘上的信息，还可以在 CD 光盘上写入信息，甚至对已经写入的信息进行擦除和改写。

④ DVD 光盘刻录机。与 CD 光盘刻录机类似，它能对 DVD 光盘进行信息读出和信息写入，而且还兼容 CD 光盘的读写。

⑤ 组合光驱（“康宝”）。它既有 DVD 只读光驱的功能，可以读出 DVD 盘片，又有 CD 光盘刻录机的功能，可以刻录 CD-R 和 CD-RW 盘片。

⑥ BD 只读光驱。它能读出 CD 光盘、DVD 光盘和 BD 光盘上的信息，但不能在光盘上写入信息。

⑦ BD 光盘刻录机。它不仅可以读出 CD 光盘、DVD 光盘和 BD 光盘上的信息，而且可以对 CD 光盘、DVD 光盘和 BD 光盘上的信息进行擦除和改写。

（3）光盘片的类型

光盘片是光盘存储器的信息存储载体，按其存储容量目前主要有 CD 光盘片、DVD 光盘片和 BD 光盘片三大类，按其信息读写特性又可进一步分成只读盘片、一次可写盘片和可擦写盘片 3 种。

① CD 光盘片。CD 光盘片最早用来存储高保真数字立体声音乐，后来开始作为计算机的外存储器使用，它有只读（CD-ROM 盘）、可写一次（CD-R 盘）和可多次读写（CD-RW 盘）3 种不同的类型。只读光盘（CD-ROM）上面的信息只能读出，不能写入，可提供 680 MB 存储

空间；一次性写入光盘（CD-R）只能写一次，写后不能修改，必须采用专用的光盘刻录机才能刻录信息；可擦除光盘（CD-RW）是可反复擦写的光盘，这种光盘驱动器既可作为光盘刻录机，用来写入信息；又可作为普通光盘驱动器，用来读取信息。

② DVD 光盘片。DVD 盘片与 CD 盘片的大小相同，但它有单面单层、单面双层、双面单层和双面双层共 4 个品种。DVD 的道间距比 CD 盘小一半，且信息凹坑更加密集，它利用聚焦更细的红色激光进行信息的读取，因而盘片的存储容量大大提高。DVD 盘的每一面有一个或两个记录层，一张 120 mm 双面双层 DVD 存储容量达 17 GB。DVD 盘片有只读（DVD-ROM 盘）、可写一次（DVD-R 盘）和可多次读写（DVD-RW 盘）3 种不同的类型。

③ BD 光盘片。BD 光盘（蓝光光盘）是索尼、飞利浦和松下等公司设计和开发而成的，是目前最先进的大容量光盘片，单层盘片的存储容量为 25 GB，读写速率可达 4.5~9 MB/s，是全高清晰度影片的理想存储介质。BD 盘片也有只读（BD-ROM 盘）、可写一次（BD-R 盘）和可多次读写（BD-RW 盘）3 种不同的类型。

购买光盘最主要的是看自己需要什么内容的光盘，然后买有质量保证的正版光盘就万无一失了。光盘不像软盘那样可以对损坏的地方进行修复或标识，光盘坏了就不能修复了，所以从以下几个方面保养光盘是非常重要的：不用的光盘应放在盒中；拿光盘时不要用手接触盘面；经常清洗光盘，方法是用软布从光盘的中心开始向外擦拭，不能绕着圆周擦拭，如果光盘太脏可以用清水加清洁剂清洗；光盘工作时不能强行弹出等。

任务 2.4　了解输入/输出设备的功能

输入/输出设备是计算机的重要组成部分，它是能把信息输入计算机或将计算机处理结果以人能接受的信息形式输出的设备。没有输入/输出设备，计算机将无法与外界交换信息。本任务重点介绍了常用外部设备产品的性能、结构及其工作原理。

2.4.1　常用的输入设备

输入设备的功能是将外界的数据、指令、标志信息、语音、文字、符号、图形和图像等转换为计算机所能识别和处理的信息形式，输送到计算机中进行处理。最常用的输入设备有键盘、鼠标、扫描仪、数码相机和触摸屏等。

1. 键盘

键盘是计算机最常用的输入设备。键盘通过键盘电缆线与主机相连。键盘可分为打字机键区、功能键区、全屏幕编辑键区、控制键区和小键盘区 5 个区，各区的作用有所不同。表 2-4 列出了常用键的基本功能。

表 2-4　常用键的基本功能

键名	主 要 功 能
Shift	按下【Shift】键的同时再按某键，可得到上档字符
Caps Lock	Caps Lock 灯亮表示处于大写状态，否则为小写状态

续表

键名	主要功能
Space	按一下该键，输入一个空格字符
Backspace	按下此键可使光标回退一格，删除一个字符
Enter	对命令的响应；光标移到下一行，在编辑中起分行作用
Tab	按一下该键，光标右移 8 个字符位置
Alt	此键通常和其他键组成特殊功能键
Ctrl	必须和其他键组合在一起使用
Esc	表示终止程序或指令的执行
F1~F12	共 12 个功能键，其功能由操作系统及运行的应用程序决定
Ctrl+Alt+Delete	系统的热启动，使用的方法是，按住【Ctrl】和【Alt】键不放，再按【Delete】键
Insert/Ins	如果处于“插入”状态，可以在光标左侧插入字符；如果处于“改写”状态，则输入的内容会自动替换原来光标右侧的字符
Delete/Del	删除光标右侧的字符，或是删除一个（些）已选择的对象
Home	将光标移至光标所在行的行首
End	将光标移至光标所在行的行末
Page Up	向上翻页
Page Down	向下翻页
↑	将光标上移一行
←	将光标左移一个字符
↓	将光标下移一行
→	将光标右移一个字符
Num Lock	Num Lock 指示灯亮表示充当数字小键盘使用，否则充当光标控制键使用
Print Screen	屏幕打印控制键，按一下此键，可以将当前整个屏幕内容复制到剪贴板上
Pause Break	暂停键，用于控制正在执行的程序或命令暂停执行，直到需要继续往下执行时，按一下任意键即可

（1）打字机键区

打字机键区是键盘操作的主要区域，也是主要操作对象。各种字符、数字和符号等都可以通过该区键的操作输入到计算机中。

（2）功能键区

功能键区位于键盘最上面的一排，从【F1】~【F12】键，以及【Esc】键，共 13 个键。【Esc】键的作用是放弃或改变当前操作，【F1】~【F12】键在不同的系统环境下有不同的功能。

（3）全屏幕编辑键区和数字小键盘区

全屏幕编辑键区的键是为了方便使用者在全屏幕范围内操作使用。全屏幕编辑键区的键表示一种操作，如光标的上下移动、插入和删除等。数字小键盘区中几乎所有键都是其他区的重复键，如打字机键区中的数字和运算符，全屏幕操作键区的光标移动操作键等。

一般 PC 普遍采用 104 键的键盘，目前也有不少厂家为了增强键盘功能而设计了许多额外的功能键，比如音量控制旋钮、开关机键等。PC 键盘上的特殊控制键包括电源控制键、多媒体控制键和因特网控制键等，如图 2-23 所示。

图 2-23　键盘上的特殊控制键

（4）控制键区

① 电源控制键。有开/关机的【Power】键、使机器进入待机状态的【Sleep】键、从待机状态唤醒的【Wake Up】键。

② 多媒体控制键。有音量控制、静音控制、音轨的前进与后退、节目的播放、暂停、停止和弹出光盘等的按键。

③ 因特网控制键。有用来打开浏览器、转向前一网页、转向后一网页和启动电子邮件程序等的按键。

④ Win 键。PC 键盘上左右各有 1 个印有微软 Windows 图标的键，俗称 Win 键，它与字母键组合使用能快捷启动一些常用功能，提高用户的操作效率。

早期的键盘几乎都是机械式键盘，这种键盘的手感硬、按键行程长、按键阻力变化快捷清脆，手感很接近打字机键盘，所以在当时很受欢迎，但是，机械触点式键盘最大的两个缺点是机械弹簧很容易损坏，而且电触点会在长时间使用后氧化，导致按键失灵。与机械式键盘相比，目前主流的电容式键盘的手感有很大的变化，变得轻柔而富于韧性，电容式键盘的每一个按键都必须做成独立的封闭结构，这样的键盘也被分类为“封闭式键盘”。其优点是：无接触，不存在磨损和接触不良的问题，寿命长，手感好，并且击键声音小。

键盘上的每个键在计算机中都有它的唯一代码。当用户按下某键时，键盘接口将该键的二进制代码通过键盘接口传送给计算机的主机。

键盘与主机的常见接口有：PS/2 或 USB 接口。如图 2-24 所示为键盘与鼠标的 PS/2 接

图 2-24　键盘与鼠标的 PS/2 接口

口。无线键盘采用无线接口，它与计算机主机之间没有直接的物理连接，而是通过无线电波将输入信息传送给主机上安装的专用接收器，因而使用起来比较灵活方便。

2. 鼠标

鼠标也称为鼠标器，是一种手持式屏幕坐标定位设备，它是为适应菜单操作的软件和图形处理环境而出现的一种输入设备，特别是在现今流行的 Windows 图形操作系统环境下，使用鼠标非常方便快捷。常用的鼠标有两种，一种是机械式的，另一种是光电式的。

机械式鼠标的底座上装有一个可以滚动的金属球，当鼠标在桌面上移动时，金属球与桌面摩擦，发生转动。金属球与 4 个方向的电位器接触，可测量出上、下、左、右 4 个方向的位移量，用以控制屏幕上光标的移动。光标和鼠标的移动方向是一致的，而且移动的距离成比例。

光电式鼠标的底部装有两个平行放置的小光源。这种鼠标在反射板上移动，光源发出的光经反射板反射后，由鼠标接收，并转换为电移动信号送入计算机，使屏幕的光标随之移动。现在比较流行的是光电鼠标，光电鼠标工作速度快，准确性和灵敏度高，没有机械磨损，很少需要维护，也不需要专用鼠标垫，几乎在任何平面上均可操作。如图 2-25 所示为光电鼠标的正面和底面的照片。

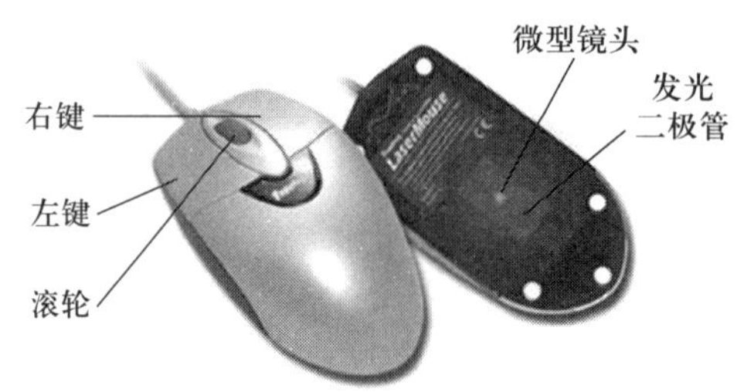

图 2-25　光电鼠标

当用户移动鼠标时，借助于机电或光学原理，鼠标移动的距离和方向（X 方向及 Y 方向的距离）将分别变换成脉冲信号输入计算机，计算机中运行的鼠标驱动程序把接收到的脉冲信号再转换成为鼠标在水平方向和垂直方向的位移量，从而控制屏幕上鼠标箭头的运动。

鼠标一般有两个键，分别称为左键和右键，中间有一个滚轮。鼠标器上的两个按键的按下和放开，均会以电信号形式传送给主机。至于按键后计算机做些什么，则由正在运行的软件决定。滚轮是用来控制屏幕内容进行上、下移动的，与窗口右边框滚动条的功能一样。鼠标主要用于定位或完成某种特定的操作。例如，单击有单击左键和单击右键，一般地，单击是指单击左键，就是用食指按一下鼠标左键马上松开，可用于选择某个对象；单击右键就是用中指按一下鼠标右键马上松开，用于弹出快捷菜单；双击就是连续两次快速地单击鼠标左键，用于执行某个对象；拖动是指按住鼠标左键不放，移动鼠标到所需的位置，用于将选中的对象移动到所需的位置。

当移动鼠标时，显示器屏幕上有一个同步移动的箭头，即鼠标指针。鼠标指针会随着鼠标的移动而移动，在进行不同的操作时，鼠标指针会显示不同的状态。表 2-5 列出了 Windows 默认状态下鼠标进行不同操作时的指针形状。

表 2-5　鼠标指针的形状

鼠标操作	指针形状	鼠标操作	指针形状
正常选择		帮助选择	
后台运行		系统忙	
精确定位		选定文本	
手写		不可用	
垂直调整		水平调整	
沿对角线调整		移动	
候选		链接选项	

鼠标与主机的常见接口有 PS/2 或 USB 接口，目前无线鼠标也开始推广使用。鼠标与主机的接口如图 2-26 所示。

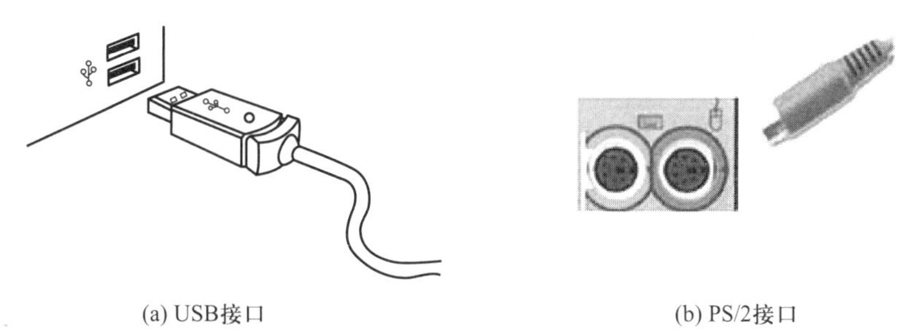

(a) USB接口　　(b) PS/2接口

图 2-26　鼠标与主机的接口

与鼠标类似的设备还有便携式计算机上使用的轨迹球、指点杆和触摸板等。现在很多数码产品，如平板计算机、手机，甚至在酒店等公共场所的多媒体计算机或银行查询终端上，都已使用触摸屏作为输入装置。

3. 扫描仪

扫描仪是通过捕获图像并将原稿（图片、照片、底片和文稿等）的影像转换成计算机可以显示、编辑、存储和输出的数字化输入设备。照片、文本页面、图纸、美术图画、照相底片、菲林软片，甚至纺织品、标牌面板和印制板样品等三维对象都可作为扫描对象，提取后将原始的线条、图形、文字、照片或平面实物转换成可以编辑及加入文件中的装置。

（1）扫描仪的分类

扫描仪按结构来分，可分为手持式、平板式、胶片专用和滚筒式扫描仪等，如图 2-27 所示。

手持式扫描仪在工作时，操作人员用手拿着扫描仪在原稿上移动。它的扫描头比较窄，只适用于扫描较小的原稿，但由于扫描精度太差，扫描质量不是很好，已经基本退出市场。

平板式扫描仪主要用于扫描反射式原稿，它的使用范围较广，单页纸可扫描，一本书也可逐页扫描。它的扫描速度、精度及质量比较好，是目前市场上的主流产品，已经在家用和办公自动化领域得到了广泛应用。

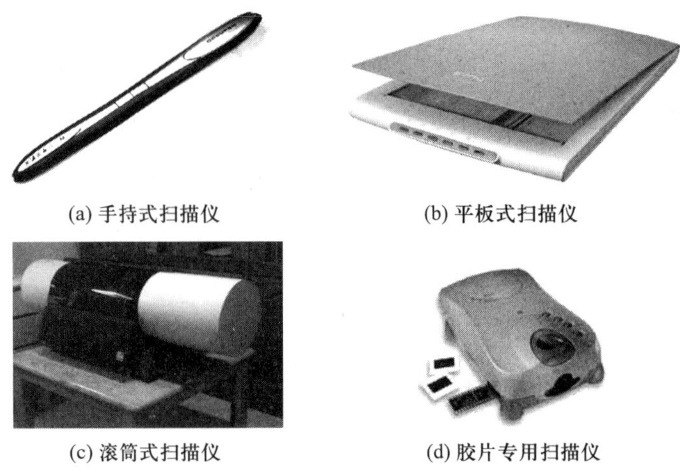

图 2-27　扫描仪的分类

胶片专用扫描仪和滚筒式扫描仪都是高分辨率的专业扫描仪，它们在光源、色彩捕捉等方面均具有较高的技术性能，光学分辨率很高，这种扫描仪一般应用于大幅面、高精度、高分辨率的专业印刷排版领域。

（2）工作原理

扫描仪是基于光电转换原理而设计的。上述几种类型的扫描仪的工作原理大体相同，只不过使用的感光器件不同而已。感光器件是扫描仪的关键部件，其好坏直接决定着扫描图像的质量，目前常用的感光器件为 CCD（电荷耦合器件）。下面以平板式扫描仪为例，介绍它的工作原理，如图 2-28 所示。平板式扫描仪获取图像的方式是先用光线照射要扫描的材料，当扫描不透明的材料（如照片、打印文本，以及标牌、面板或印制板实物）时，由于材料上黑的区域反射较少的光线，亮的区域反射较多的光线，而电荷耦合器（CCD）器件可以检测图像上不同光线反射回来的不同强度的光通过 CCD 器件将反射光波转换成为数字信息，用 1 和 0 的组合表示，最后控制扫描仪操作的扫描仪软件读入这些数据，并重组为计算机图像文件。

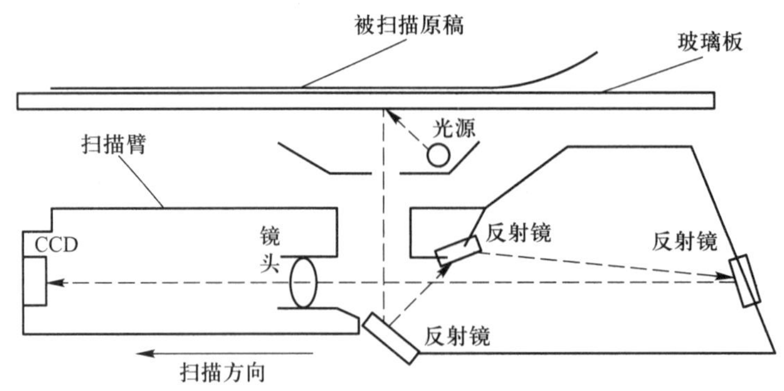

图 2-28　CCD 扫描仪工作原理

（3）扫描仪的主要性能指标

① 分辨率。它是扫描仪最主要的技术指标，它反映了扫描仪扫描图像的清晰程度，用每英寸的取样点（像素）数目（dpi）来表示。目前常用的扫描仪的分辨率在 1 600～3 200 dpi 之间，

有些甚至更高。理论上讲，数值越大，扫描的分辨率越高，扫描图像的品质就越高，但是在实际工作中，如果输出设备的分辨率低于扫描分辨率，再清晰的图像也不可能打印出来。因此，选择适当的扫描分辨率就很有必要。

② 色彩位数。又称像素深度，表示彩色扫描仪所能产生颜色的范围。它反映了扫描仪对图像色彩的辨析能力，色彩位数越多，扫描仪所能反映的色彩就越丰富。例如，常说的真彩色图像指的是每个像素点由 3 个 8 位的彩色通道所组成，像素深度则等于 3 种颜色分量的二进位位数之和，即可用 24 位二进制数表示，红、绿、蓝通道结合则产生 2^{24} 种颜色的组合。显然，色彩位数越多，扫描图像就越鲜艳真实。

③ 扫描幅面。指允许被扫描原稿的最大尺寸，常见的有 A4、A3 和 A0 幅面等。

④ 灰度级。灰度级表示图像的亮度层次范围。级数越多，扫描仪图像的亮度范围就越大，层次就越丰富，目前多数扫描仪的灰度为 256 级。256 级灰度级可以真实地呈现出比肉眼所能辨识出来的层次还多的灰度级层次。

⑤ 与主机接口。扫描仪与主机常见的接口有 USB、SCSI 或 IEEE 1394 接口。

4. 数码相机

数码相机也称为数字式相机（简称 DC），是扫描仪之外的另一个主要的图像输入设备。数码相机是集光学、机械和电子于一体的产品，其特点是可以即时看到拍摄效果，可以很容易地把数据传输给计算机，并且可以借助计算机来处理拍摄的图像，如图 2-29 所示。

图 2-29　数码相机

与传统相机相比，数码相机不需要使用胶卷，能直接将照片以数字的形式记录下来，并输入到计算机中进行存储、处理和显示，或通过打印机打印出来，或与电视机连接进行观看。

数码相机的镜头和快门与传统相机基本相同，不同之处是它不使用光敏卤化银胶片成像，而是将影像聚焦在成像芯片（CCD 或 CMOS）上，并由成像芯片转换成电信号，再经过模数转换（A/D 转换）变成数字图像，经过必要的图像处理和数据压缩之后，存储在相机内部的存储器中。其中成像芯片是数码相机的核心，数码相机的成像过程如图 2-30 所示。

数码相机的性能指标有色彩位数、有效像素数目、存储卡的容量和感光元件等。

① 色彩位数。又称彩色深度，数码相机的彩色深度指标反映了数码相机能正确记录色彩的多少，色彩位数的值越高，就越可能更真实地还原亮部及暗部的细节。目前几乎所有的数码相机的色彩位数都达到了 24 位，可以生成真彩色的图像。一些号称 30 位或 36 位，实际的 CCD 也是 24 位，目前商用级的数码相机 CCD 都是 24 位。因而这一指标目前并不是衡量数码相机的关键指标，在一般应用场合下，可不必多加考虑。

② 有效像素数目。也称分辨率，是数码相机最重要的性能指标。数码相机的分辨率使用图像的绝对像素数来衡量（而不采用 dpi 的指标），这是由于数码照片大多数采用面阵 CCD。数码相机拍摄图像的像素数取决于相机内 CCD 芯片上光敏元件的数量，数量越多，则可产生的图像分辨率越高，所拍图像的质量也就越高，当然，相机的价格也会大致成正比地增加。数码相机的分辨率还直接反映出能够打印出的照片尺寸的大小。分辨率越高，在同

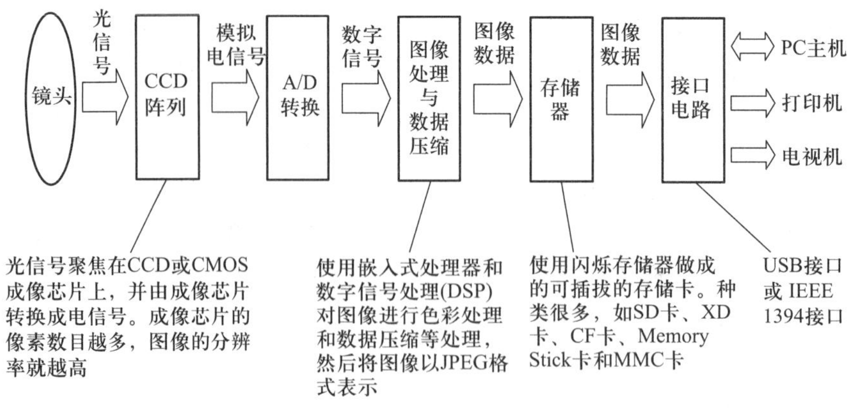

图 2-30　数码相机的成像过程

样的输出质量下可打印出的照片尺寸越大。同类数码相机而言，分辨率越高，档次越高，但占用的存储器空间就越多。目前，主流的数码相机的有效像素达到了 500 万以上，高档的更是突破了 1 000 万。

③ 存储卡的容量。经过 CCD 芯片成像并转换得到的数字图像，存储在数码相机的存储器中。数码相机的存储器大多采用由闪烁存储器组成的存储卡，如 MMC 卡、SD 卡和记忆棒等，即使关机也不会丢失信息。存储卡的容量是数码相机的另一项重要性能，在图像分辨率和质量要求相同的情况下，存储容量越大，可存储的数字相片就越多。

④ 感光元件。目前光敏元件有两种：一种是广泛使用的 CCD（电荷耦合）元件；另一种是新兴的 CMOS（互补金属氧化物半导体）器件。数码相机的分辨率是指相机中光敏元件的数目。在相同分辨率下，CMOS 比 CCD 便宜，但是 CMOS 光敏器件产生的图像质量要低一些。

5. 触摸屏

触摸屏作为一种新颖的输入设备，最近几年得到了广泛的应用，它兼有鼠标和键盘的功能，甚至还用来手写汉字输入，深受广大用户的欢迎。目前触摸屏的应用范围从以往的银行自动柜员机、工控计算机等小众商用市场，迅速扩展到手机、PDA、GPS（全球定位系统）、PMP（MP3、MP4 等），甚至平板电脑（Tablet PC）等大众消费电子领域。除了移动信息设备之外，博物馆、酒店等公共场所的多媒体计算机或查询终端上也已经广泛应用了触摸屏。

触摸屏是在液晶面板上覆盖一层压力板，它对压力很敏感，当手指或笔尖施压其上时，会有电流产生以确定压力源的位置，并对其进行跟踪，然后通过软件识别出用户所输入的信息。

近两年开始流行一种所谓的“多点触摸屏”，它大多基于电容传感器原理，可以同时感知屏幕上的多个触控点。用户除了能进行单击、双击和平移等操作外，还可以使用双手对指定的屏幕对象进行缩放、旋转和滚动等控制操作。

6. 传感器

传感器（Sensor/Transducer）是一种检测装置，能自动检测设备自身和周边环境的信息，又是一种换能器，能将检测到的信息变换成为电信号输入计算机，供计算机进行测量、转换、

存储、显示或传输等处理。

智能手机/平板电脑中也配置了触摸屏、摄像头、微型话筒等多种传感器，以便自动采集设备自身和周边环境的信息。此外，还有多种不同用途的传感器：

① 指纹传感器。用来自动采集用户指纹，实现对用户的身份认证。手机上通常采用半导体电容（或电感）式传感器，在一块集成有成千上万半导体器件的平板上，手指贴在其上与其构成电容（电感）器的另一极，由于手指平面凸凹不平，接触平板的实际距离就大小不一，形成的电容/电感数值也就不一样，设备将采集到的这些数值汇总，就完成了指纹的采集。

② 环境光感应器。它能感知设备使用周围环境的光线明暗，自动调整屏幕的显示亮度，这不仅可以延长电池工作时间，而且对保护眼睛也有利。

③ 近距离传感器（Proximity Sensor）。通过红外线进行测距，当手机用户接听电话或者装进口袋时，传感器可以判断出手机贴近了人脸或衣服而关闭屏幕的触控功能，以防止误操作。

④ 气压传感器。主要用于检测大气压，感知当前高度以及辅助 GPS 定位。

除此之外，还有三轴陀螺仪、重力传感器（加速度感应器）、磁力计（电子罗盘）、3D 触摸传感器等。

上述传感器大多以微型组件的形式安装在手机主板上，自动地不间断地采集各种数据，并将数据提供给手机的一个“运动协处理器”进行处理，以减轻 CPU 的负担。即使手机处于睡眠状态，运动协处理器也可以收集、处理和存储传感器的数据，这也是一些用于健康检测和运动跟踪软件的工作基础。现在许多智能手机所采用的 SoC 芯片中，已经将运动协处理器集成在其中了。

2.4.2　常用的输出设备

输出设备的功能是把计算机处理的结果（或中间结果）转换为人所能识别的数字、符号、文字、语音、图形和图像等信息形式，或变换为其他系统所能接受的信息形式输出。最常用的输出设备有显示器、打印机、绘图仪和音箱等。

1. 显示器

显示器是计算机最常用的、必不可少的图文输出设备，它能将数字信号转化为光信号，使文字和图像在屏幕上显示出来。对于 PC 而言，这种输出设备通常被称为显示器。显示器通常由两部分组成：监视器和控制器。监视器就是日常所说的“显示器”，显示控制器是主机箱内的一块扩充卡，就是日常所说的“显卡”，它们都是独立的产品。

（1）显示器

计算机所使用的显示器主要有两类：阴极射线管（CRT）显示器和液晶显示器（LCD）。由于 CRT 显示器笨重、耗电量和辐射大，目前已基本被 LCD 所取代。显示器的组成及分类如图 2-31 所示。

与 CRT 显示器相比，LCD 显示器具有工作电压低，没有辐射，功耗小，不闪烁，适于大规模集成电路驱动，体积轻薄，以及易于实现大画面显示等优点，现在已经广泛应用于计算

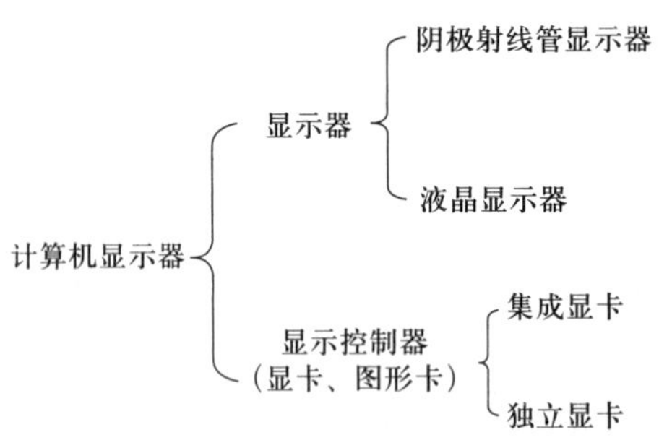

图 2-31　显示器的组成及分类

机、数码相机、数码摄像机和电视机等设备。

LCD 是借助液晶对光线进行调制而显示图像的一种显示器。液晶是介于固态和液态之间的一种物质，它是具有规则分子排列的有机化合物，加热时呈现透明的液体状态，冷却时则出现结晶颗粒的混浊固体状态。因此既具有液体的流动性，又具有固态晶体排列的有向性。它是一种弹性连续体，在电场的作用下能快速地展曲、扭曲或者弯曲。液晶产品其实对人们来说并不陌生，通常见到的手机、计算器等都是属于液晶产品。

现在一些台式 PC 和便携式计算机仍在使用传统的软液晶屏，而智能手机则已进入了 IPS 屏幕（俗称硬屏）时代。IPS 液晶屏不会因触摸而出现水纹，也不因外力按压而引起色差变化，响应速度快，功耗也低，因而成为触摸屏的首选。

下面是关于 LCD 显示器的一些主要性能参数：

① 显示屏的尺寸。与电视机相同，计算机显示屏的大小也以显示屏的对角线长度来度量，目前常用的显示器有 15、17、19 和 22 英寸等。

② 显示器的分辨率。分辨率是衡量显示器的一个重要指标，它指的是整屏最多可显示像素的多少，一般用水平分辨率×垂直分辨率来表示，例如 1 024×768、1 280×1 024 和 1 920×1 200 等。1 024×768 中的 1 024 是指屏幕水平方向上的像素点，768 是指屏幕垂直方向上的像素点，分辨率越高，图像越清晰。

③ 刷新速率。刷新速率是指所显示的图像每秒钟更新的次数。刷新频率越高，图像的稳定性越好，不会产生闪烁和抖动。PC 显示器的画面刷新速率一般在 60 Hz 以上。

④ 响应时间。它反映了 LCD 像素对输入信号反应的速度，即由暗转亮或由亮转暗的速度。响应时间越小越好，一般为几 ms 到十几 ms 之间。

⑤ 亮度和对比度。液晶本身并不能发光，因此背光的亮度决定了它的画面亮度。一般而言，亮度越高，显示的色彩就越鲜艳，效果也越好。对比度是最亮区域与最暗区域之间亮度的比值，对比度小时图像容易产生模糊的感觉。

⑥ 背光源类型。计算机使用的 LCD 显示器采用透射显示，其背光源主要有荧光灯管和白色发光二极管（LED）两种，后者在显示效果、节能和环保等方面均优于前者。

选购液晶显示器除了需要考虑屏幕大小、分辨率、刷新速率和色彩还原能力等参数外，还要了解以下 3 个指标。

首先，液晶面板根据坏点的个数被划分为 A、B、C 这 3 个等级。坏点由于不能产生颜色变化而直接影响成像质量，因此坏点个数最好少于 3 个且分布在屏幕边缘。

其次，对比度和亮度是影响画面质量最重要的指标，LCD 的最大对比度和亮度值通常是越

高越好。

最后是 LCD 的响应时间，它是指图像内容变化的速度，响应时间越短越好。对于一般计算机用户而言，10 ms 的响应时间基本可以够用。

由于液晶显示器要比 CRT 显示器价格高，因此如何维护液晶显示器显得十分重要。

首先，要让水分远离液晶显示器。一旦液晶屏进水或被放在湿度大的地方，LCD 的显示会变得非常模糊，较严重的潮气还会损害 LCD 的元器件，尤其是在给含有湿度的 LCD 通电时，会导致液晶电极腐蚀，造成永久性的损害。因此千万不要让任何带有水分的东西进入 LCD。当然，一旦发生这种情况也不要惊慌失措。如果在开机前发现只是屏幕表面有雾气，用软布轻轻擦掉即可，然后再开机。如果水分已经进入 LCD，那么，只要把 LCD 放在较温暖的地方，比如台灯下，将里面的水分逐渐蒸发掉即可。

其次，切勿用手指碰触液晶显示屏。假如用手指触碰 LCD，屏幕画面便会产生一圈圈的水波纹，若触碰液晶显示屏的用力过大，就很容易造成 LCD 上细小线路与装置的损伤，最常发生的情形就是产生所谓的“坏点”。此外，应正确地清洁液晶显示屏，不能用抹布擦显示屏，否则会对液晶显示屏造成伤害。在使用清洁剂时也要注意，不要把清洁剂直接喷到屏幕上，它有可能流到屏幕里造成短路。正确的做法是用软布蘸上清洁剂轻轻地擦拭屏幕。总之，液晶显示屏抗撞击的能力很小，许多晶体和灵敏的电器元件在遭受撞击时会损坏，小则损坏很小的电子元件，大则使整个液晶显示器报废。如果不想让液晶显示屏因为擦拭屏幕而受到伤害，那就给液晶显示器配一个保护屏。

最后，要提醒液晶显示器使用者注意，LCD 的像素是由许许多多的液晶体构筑的，过长时间地连续使用 LCD，会使晶体老化或烧坏。所以，不可使液晶显示器长时间处于开机状态，用完计算机后，请立即关闭液晶显示器，以利于延长液晶显示器的寿命。

（2）显示控制器

显示控制器简称显卡，是将计算机系统所需要的显示信息进行转换驱动，扫描信号，控制显示器正确显示的硬件设备。它是连接显示器和个人计算机主板的重要元件，是“人机对话”的重要设备之一。显卡和 CPU 一样，在硬件系统中占有举足轻重的地位。PC 的显示控制器过去多半做成插卡的形式，它与显示器、CPU 及 RAM 的相互关系如图 2-32 所示。为了降低成本，现在显示控制功能已经越来越多地集成在 CPU 芯片中，除了某些要求较高的应用之外，一般不再需要独立的显卡。

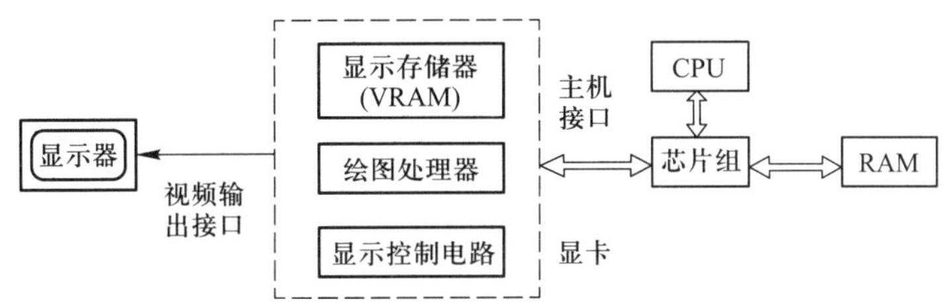

图 2-32 显卡、显示器、CPU 及 RAM 的关系

显卡主要由显示控制电路、绘图处理器（GPU）、显示存储器和接口电路 4 部分组成。其中，绘图处理器（GPU）芯片是显卡的核心，显卡使用的图形处理芯片基本决定了该显卡的性能和档次。能够设计和生产图形处理芯片的厂家并不多，目前主要有 nVDIA 和 ATI 两家。显

卡的另一个主要指标是显存，显存容量的大小和速度的快慢会直接关系到显卡甚至整机的性能。

显卡的性能指标有以下几个：

① 绘图处理器（图形引擎）的类型。

② 显存容量：128 MB～2 GB，大多由 DDR2、GDDR3 或 GDDR4 存储器组成。

③ 主机接口：AGP ×4、×8、PCI-E ×16（4 GB/s）。

④ 显示器接口：一是 VGA 接口（D-Sub 接口），这是一种模拟接口，采用模拟信号传输 R、G、B 三基色的亮度信息到 LCD 或液晶电视机中进行显示；二是 DVI 接口，这是一种数字接口，它直接将显卡产生的数字视频信号传输给显示器，与 VGA 接口相比，避免了信号转换时的失真，确保了图像质量；三是 HDMI 全高清多媒体接口，它以数字形式传输未压缩的视频信号，每个像素为 24 比特，每帧画面均逐行传输，音频信号最多可包含 8 个声道。HDMI 接口包括 3 种规格：用于电视机和机顶盒的 A 型接口、适用便携设备的 B 型接口、用于智能手机和平板电脑的 C 型接口。HDMI 数据线质量对高清视频的传输有较大影响，传输距离不宜过长；此外特别需要注意的，HDMI 不支持热插拔，否则很容易将 HDMI 接口的芯片烧毁。各种显示器接口如图 2-33 所示。

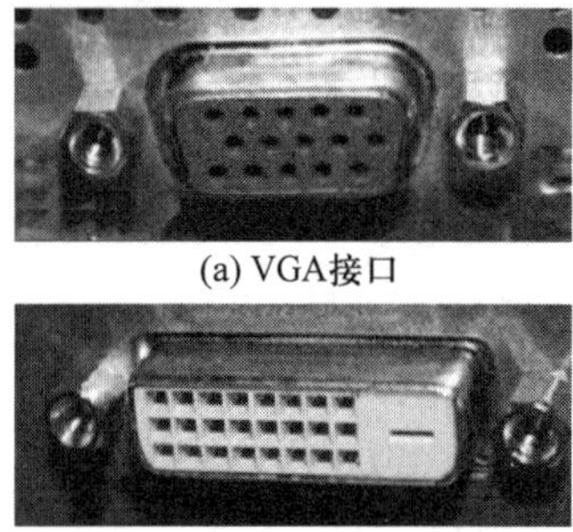
(a) VGA接口

(b) DVI接口

(c) HDMI接口

图 2-33　显示器接口

进入 21 世纪后，随着 3D 游戏的大量出现和硬件价格的迅速下降，人们对 PC 显卡绘制真实感图像的要求越来越高。现在显卡一般都采用具有 3D 功能的绘图处理器（GPU）芯片，使游戏能取得更为逼真的效果。

高性能的显卡要具有以下几个功能：

① 带有专用的几何图形加速器。

② 采用硬件来完成诸如 3D 造型、Z 缓冲、纹理映射、明暗处理、透明色处理、反锯齿和透视校正等绘制操作和特殊效果处理。

如果计算机只是用来处理文字、观看 VCD 或玩简单的游戏，建议购买一般的 2D 图形加速卡，这样既不浪费资源，又经济实惠。如果计算机用于进行平面设计，也可以买 2D 图形加速卡，不过一般这种 2D 图形加速卡比较贵。对于喜欢玩 3D 游戏的用户，还有进行三维设计的用户，那就一定要购买 3D 图形加速卡，其次在购买时要注意显卡的显存。作为显卡的重要组成部分，显存也一直随着加速芯片的发展而逐步改变着。从早期的 DRAM 到现在广泛流行的 SDRAM，显存的速度及它对 3D 加速卡性能的影响也越来越大，显存的速度及带宽直接影响着一块加速卡的速度。

选购显卡还有一个重要的指标就是刷新频率，刷新频率是指 RAMDAC 向显示器传送信号，使其每秒重绘屏幕的次数，它的标准单位是 Hz。如今 RAMDAC 所提供的刷新频率最高可达到 250 Hz，过低的刷新频率会使用户感到屏幕严重的闪烁，时间一长就会使眼睛感到疲劳，所以在选购显卡时一定要注意刷新频率应该大于 72 Hz。

2. 打印机

打印机（Printer）用于将计算机的处理结果打印在纸上，是计算机最基本的输出设备之一。

（1）打印机的分类

打印机按打印方式可分为击打式和非击打式两类，击打式打印机主要有针式打印机，非击打式打印机主要有喷墨打印机和激光打印机，如图 2-34 所示。

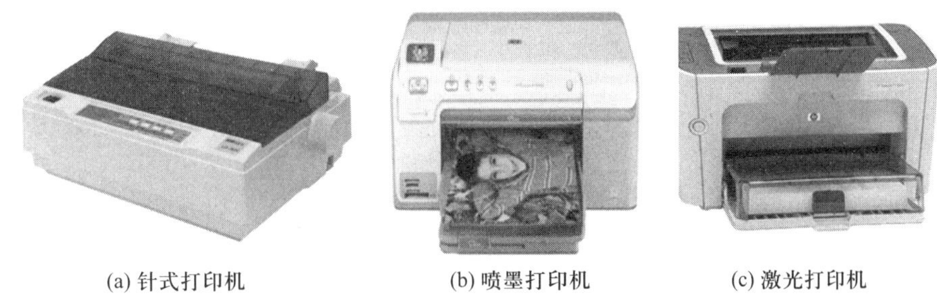

(a) 针式打印机　　(b) 喷墨打印机　　(c) 激光打印机

图 2-34　针式打印机、喷墨打印机和激光打印机

① 针式打印机。针式打印机是一种击打式打印机，针式打印机是利用机械动作，将字体通过色带打印在纸上。它的工作原理主要体现在打印头上。打印头安装了若干根钢针，有 9 针、16 针和 24 针等几种。钢针垂直排列，它们靠电磁铁驱动，一根钢针一个电磁铁。当打印头沿纸横向运动时，由控制电路产生的电流脉冲驱动电磁铁，使其螺旋线圈产生磁场吸动衔铁，钢针在衔铁的推动下产生击打力，顶推色带，就把色带上的油墨打印到纸上而形成一个墨点；当电流脉冲消失后，电磁场减弱，复位弹簧使钢针和衔铁复位。打印完一列后，打印头平移一格，然后打印下一列。打印头安装在字车上，字车由步进电机牵引的钢丝拖动，进行水平往返运动，使打印头在两个方向都能打印。

针式打印机在过去很长一段时间内被广泛使用，但由于打印质量不高，工作噪声大，现已被淘汰出办公和家用打印机市场。但它使用的耗材成本低，能多层套打，特别是平推打印机，因其独特的平推式进纸技术，在打印存折和票据方面具有其他种类打印机所不具有的优势，在银行、证券、邮电及商业等领域中还在继续使用。

② 激光打印机。激光打印机是激光技术与复印技术相结合的产物，它是一种高分辨率、高速度、低噪声、价格适中的输出设备。

激光打印机由激光器、旋转反射镜、聚焦透镜和感光鼓等部分组成。激光打印机的工作原理如图 2-35 所示。激光器采用半导体激光二极管，在它的两极加上大小不同的电压就会发出强度变化的激光束，称为电源调制。计算机输出的“0”“1”信号加在激光二极管上，就能得到一系列被调制的脉冲式激光。激光束经过棱镜反射后聚焦到感光鼓，感光鼓表面涂有光电转换材料，于是，计算机输出的文字或图形就以不同密度的电荷分布记录在感光鼓表面，以静电形式形成了“潜像”。之后，感光鼓表面的这些电荷会吸附上厚度不同的炭粉，最后通过温度与压力的联合作用，把表现文字或图形的炭粉附着在纸上。由于激光能聚焦成很细的光点，因此激光打印机的分辨率较高，印刷质量相当好，但激光打印机工作时会产生臭氧，会对环境造成污染。

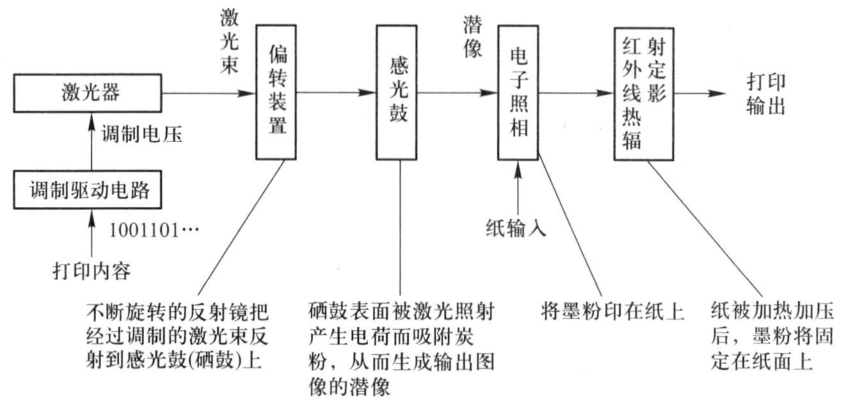

图 2-35　激光打印机的工作原理

激光打印机与主机的接口过去以并行接口为主，现在大都使用 USB 接口。

激光打印机分为黑白和彩色两种，其中低速黑白激光打印机已经普及，而彩色激光打印机的价格还比较高，适合专业用户使用。

③ 喷墨打印机。喷墨打印机也是一种非击打式输出设备，它的优点是能输出彩色图像，经济，低噪声，打印效果好，使用低电压不产生臭氧，有利于保护办公室环境；但墨水成本高，而且消耗快。目前在彩色图像输出设备中，喷墨打印机已经占据绝对优势。

喷墨打印机的工作原理按打印头的工作方式可以分为压电喷墨技术和热喷墨技术两大类；按照喷墨材料的性质又可分为水质料、固态油墨和液态油墨等类型。

喷墨打印机的关键技术是喷头。EPSON 打印机由于喷头固定在打印机里，墨盒价格比较便宜，每次更换墨盒后也无须进行校正工作。不过，一旦喷嘴堵塞，打印机就要送到厂方修理。喷墨打印机所使用的耗材是墨水，理想的墨水应不损伤喷头，能快干但又不在喷嘴处结块，防水性好，不在纸张表面产生毛细渗透现象，在普通纸张上打印效果要好。

使用喷墨打印机需要注意一些事项。例如，彩色墨盒要注意色调的均衡使用，不要只打印偏重于一种颜色的图片，因为有些产品只要墨盒用尽一种颜色，即使其他颜色未用完，墨盒也无法继续使用。又如，为确保最佳打印效果，建议在安装墨盒后的 6 个月内用完。再如，绝不可以摇晃和自行拆卸墨盒，也不要用手触摸墨盒的出墨口，超过有效期的墨盒切勿使用，也不要使用重新灌装墨水的墨盒。还要注意，每星期至少开机一次，避免打印头干涩堵塞，但又要尽量减少每日开机关机的次数，因为每启动一次，打印机都要清洗打印头和初始化打印机，会浪费一些墨水，所以最好尽可能地将打印作业集中进行。

（2）打印机的性能指标

打印机的性能指标有打印精度、打印速度、色彩数目和打印成本等。

① 打印精度。也就是打印机的分辨率，是打印机在打印输出时横向和纵向两个方向上每英寸最多能够打印的点数，用 dpi 表示单位。打印分辨率是衡量打印机质量的最重要的指标，

它决定了打印机输出图像时能表现的精细程度。分辨率越高，其单位长度上反映出来可显示的像素个数就越多，可呈现更多的信息和更清晰的图像，因此打印质量就越好。300 dpi 是人眼分辨文本与图形边缘是否有锯齿的临界点，再考虑到其他一些因素，因此 360 dpi 以上的打印效果才能基本令人满意。针式打印机的分辨率一般只有 180 dpi，喷墨打印机的分辨率一般可达 300~360 dpi，高的可达到 1 000 dpi 以上，而激光打印机的分辨率最低也有 300 dpi，一般可以达到 400~1 200 dpi。

② 打印速度。激光打印机和喷墨打印机是页式打印机，它们的打印速度是指打印机每分钟打印输出的纸张页数，单位用 P/min（Pages Per Minute）表示。P/min 是衡量非击打式打印机输出的主要标准，而该标准可以分为两种类型，一种类型是指打印机可以达到的最高打印速度，另外一个类型是打印机在持续工作时的平均输出速度。一般喷墨打印机都可以达到 4 P/min 以上，激光打印机的打印速度可达 10 P/min 以上。针式打印机的打印速度通常使用每秒可打印的字符数或行数来度量。

③ 色彩数目。也称色彩表现能力，是指打印机可打印的不同颜色的总数，是衡量彩色喷墨打印机包含彩色墨盒数多少的一种参考指标，该数目越大，就意味着打印机可以处理更丰富的图像色彩。对于喷墨打印机来说，最初只使用红、黄、蓝 3 色墨盒，色彩效果不佳。后来改用青、黄、洋红、黑 4 色墨盒，虽然有很大改善，但与专业要求相比还是不太理想。于是又加上了淡青和淡洋红两种颜色，以改善浅色区域的效果，从而使喷墨打印机的输出有着更细致入微的色彩表现能力。

④ 与主机的接口。目前市场上打印机产品的主要接口类型包括并行接口、SCSI 接口及 USB 接口。

⑤ 其他。包括打印成本、噪声、可打印幅面大小、可打印的拷贝数目、功耗及节能指标等。

目前打印机市场种类繁多，其中知名品牌打印机中针式的有 STAR、OKI 和 STONE 等；喷墨的有 EPSON、HP、Canon、Lenovo 和 Lexmark 等；激光的有 HP、EPSON、Canon 和 SAMSUNG 等众多品牌。

（3）特殊功能的打印机

① 照片打印机。照片打印机是特殊设计用来打印照片的彩色打印机，有些照片打印机也使用喷墨技术。要想获得与传统照片接近的效果，需要使用特殊的照片纸。随着数码相机的普及，照片打印机也越来越流行，有些照片打印机采用数码相机使用的标准存储介质，这样数码相机的存储卡就能直接插入照片打印机中打印。对于专业的应用，可以使用热转换照片打印机，这种技术将加热的蜡或颜料印在纸上，产生比喷墨打印机更好的图像，但是价格昂贵。

② 条形码和标签打印机。条形码打印机可以打印各种标准类型或者自定义的条形码，应用于零售商店等场所；标签打印机则能够打印如信封、包裹和文件夹等标签；这些打印机通常适合于个人使用，也有适合企业使用的。

③ 绘图机和宽幅喷墨打印机。绘图机主要设计用来绘制图表、地图、蓝图、三维视图和其他形式的大型文档。绘图机可以使用多种技术，最普遍的是静电绘图机。这些设备使用调色剂生成图像，这与影印机类似，当带电的纸经过调色剂板时，调色剂就会粘在纸上产生图像。当需要打印如海报、广告等大型彩色图形时，经常使用喷墨绘图机——通常也称为宽幅喷墨打

印机。一般打印是输出到纸上，一些新的宽幅喷墨打印机也可以直接打印在布匹或者其他材料上。

3. 声音和力反馈输出

（1）声音输出

为了进行操作提示和播放语音及音乐，PC、手机、MP3等智能设备都需要输出声音。最常用的3种声音输出设备包括扬声器（喇叭）、耳机、音箱。

智能手机大多内置了双扬声器，接打电话时使用前置扬声器，听歌和看电视使用后置的扬声器。

音箱均是外置的，有普通音箱和数字音箱之分，普通音箱接收的是声卡重建后的模拟音频信号，数字音箱则可直接接收数字音频信号，由音箱自己完成声音重建，这样可以避免模拟音频信号在传输中发生畸变和受到干扰，声音的质量更有保证。手机大多采用蓝牙技术无线连接音箱。

（2）力反馈输出

手机中有个微型振动电动机，它在开/关手机、虚拟键盘输入、电话来电通知等场合会产生力反馈使手机振动，提醒用户知晓。

本章小结

本章主要介绍了计算机主机的物理构成、计算机硬件各逻辑组成部件的作用及工作原理。PC主机中有主板、硬盘、光驱、电源和风扇等物理装置，主板一般包括芯片组、CPU插座、内存插槽、各类扩展槽、BIOS系统、ATA接口和软驱接口、各类I/O接口、电池、电源插座，以及跳线开关等。其中芯片组集中了主板上几乎所有的控制电路，是主板的核心。芯片组一般由两块超大规模集成电路芯片组成：北桥芯片（存储器控制器MCH）和南桥芯片（I/O控制器ICH）。MCH实现CPU与主存储器之间的连接；ICH实现主存储器与I/O设备或I/O控制器的连接。而从逻辑功能上来讲，计算机硬件主要包括中央处理器CPU、内存储器、外存储器、输入设备和输出设备五大部件，它们通过总线相连。其中，CPU、内存储器和总线等构成了计算机的主机，外存储器和输入/输出设备等构成了计算机的外围设备，简称外设。其中CPU是计算机的核心部件，CPU包括3个部分，即寄存器组、运算器和控制器；存储器是计算机存储数据和程序的部件，它包括外存和内存，内存分为只读存储器（ROM）和随机存取存储器（RAM），外存有硬盘、光盘、移动硬盘和U盘等；常用的输入设备有键盘、鼠标器、扫描仪和数码相机等；常用的输出设备有显示器、打印机等。

例题解析

一、选择题

1. 下列关于计算机硬件组成的描述中，错误的是________。

   A. 计算机硬件包括主机与外设

B. 主机通常指的是 CPU

C. 外设通常指的是外部存储设备和输入/输出设备

D. 一台计算机中可能有多个处理器，它们都能执行指令和进行算术逻辑运算

分析：计算机系统由硬件和软件两部分组成，而计算机硬件主要包括 CPU、内存储器、外存储器及输入/输出设备等，它们通过总线相互连接。CPU、内存和总线等构成主机，外存和输入/输出设备简称外设。

答案：B。

2. 下面关于目前流行的台式 PC 主板的叙述中，错误的是________。

A. 主板上通常包含微处理器插座（或插槽）和芯片组

B. 主板上通常包含 BIOS ROM 和存储器（内存条）插座

C. 主板上通常包含 PCI 插槽

D. 主板上通常包含 IDE 连接器

分析：在主板上通常安装有 CPU 插座、芯片组、存储器插槽、总线插槽（PCI 插槽、PCI-E 插槽）、显卡插槽、BIOS ROM、CMOS RAM、辅助芯片和若干用于连接外围设备的 I/O 插口。

答案：D。

3. 下面关于 PC 主板 BIOS 的叙述中，错误的是________。

A. BIOS 包含 POST 加电自检和系统自举装入程序

B. BIOS 包含 CMOS 设置程序

C. BIOS 包含基本 I/O 设备驱动程序

D. BIOS 保存在主板的 CMOS RAM 中

分析：BIOS 是指固化在计算机主板上 ROM 芯片中的一组程序，BIOS 主要包含 4 部分的程序：POST 加电自检程序，系统主引导记录的装入程序（系统自举程序），CMOS 设置程序和基本外围设备的驱动程序。

答案：D。

4. 在以下关于 PC 的 CMOS 芯片的叙述中，错误的是________。

A. CMOS 是一种易失性存储器，当机器断电时其中的信息可能会丢失

B. CMOS 中保存的是操作系统运行时所需的硬件参数

C. CMOS 中保存的是一组程序

D. 用户可以更改 CMOS 中存储的信息

分析：CMOS 芯片是一种易失性存储器，依赖外部电源供电才能保持其中存储的信息不变。PC 主板上大多安装有充电电池，专门用于在机器电源关闭后向 CMOS 芯片供电。若电池失效，则当机器电源关闭后，CMOS 中保存的一些用户修改后的配置信息会丢失而回到机器出厂时设置的初始信息。CMOS 中保存的不是程序而是硬件参数，用户可以在启动操作系统的过程中按下键盘上一个特定的热键运行 CMOS 设置程序，修改 CMOS 芯片中存储的一些参数。

答案：C。

5. 下列关于 PCI 总线的说法中，错误的是________。

A. PCI 总线的时钟与 CPU 的时钟无关

B. PCI 总线的宽度为 32 位，不能扩充到 64 位

C. PCI 总线可同时支持多组外围设备，与 CPU 的型号无关

D. PCI 总线能与其他 I/O 总线共存于 PC 系统中

分析：PCI 总线具有高性能，数据线宽度为 32 位时传输速率为 133 MB/s，数据线宽度扩充到 64 位时数据传输速率为 266 MB/s。

答案：B。

6. 在 PC 中负责各类 I/O 设备控制器与 CPU、存储器之间相互交换信息、传输数据的一组公共信号线称为________。

A. I/O 总线　　B. CPU 总线　　C. 存储器总线　　D. 前端总线

分析：I/O 总线也称主板总线，它是各类 I/O 设备控制器与 CPU、存储器之间相互传输数据、交换信息的一组公共信号线。

答案：A。

7. 为了方便地更换与扩充 I/O 设备，计算机系统中的 I/O 设备一般都通过 I/O 接口与各自的控制器连接，下列不属于 I/O 接口的是________。

A. 并行口　　B. 串行口　　C. USB 接口　　D. PCI 插槽

分析：PCI 插槽是 PCI 总线的接口，不属于 I/O 接口。

答案：D。

8. 计算机系统中总线最重要的性能是它的带宽，若总线的数据线宽度为 8 位，总线的工作频率为 133 MHz，每个总线周期传输一次数据，则其带宽为________。

A. 266 MB/s　　B. 2 128 MB/s　　C. 133 MB/s　　D. 166 MB/s

分析：总线上通常有 3 类信号：数据信号、地址信号和控制信号，负责传输这些信号的线路分别称为数据线、地址线和控制线，协调与管理总线操作的是总线控制器。总线最重要的性能是它的数据传输速率，也称为总线的带宽，即单位时间内总线上可传输的最大数据量。总线带宽的计算公式如下。

总线带宽(MB/s)=(数据线宽度/8)×总线工作频率(MHz)×每个总线周期的传输次数

答案：C。

9. 关于 I/O 接口，下列说法中正确的是________。

A. I/O 接口即 I/O 控制器，用来连接 I/O 设备与主板

B. I/O 接口用来连接 I/O 设备与主机

C. I/O 接口用来连接 I/O 设备与内存

D. I/O 接口即 I/O 总线，用来连接 I/O 设备与 CPU

分析：I/O 设备与主机一般需要通过连接器实现互连，计算机中用于连接 I/O 设备的各种通信规程及电器特性，称为 I/O 接口。

答案：B。

10. 下列关于 USB 接口的说法中，错误的是________。

A. USB 2.0 的数据传输速率要比 USB 1.1 快得多

B. 一个 USB 接口通过 USB 集线器可以连接多个设备

C. 主机不能通过 USB 连接器向外围设备供电

D. USB 接口连接的设备可以热插拔，即不需要关机就可以插拔设备

分析：USB 接口符合“即插即用”（PnP）规范，支持热插拔；借助“USB 集线器”可以

扩展机器的 USB 接口数目，一个 USB 接口理论上能连接 127 个设备；带有 USB 接口的 I/O 设备可以有自己的电源，也可以通过 USB 接口由主机提供电源（+5 V，100~500 mA）。

答案：C。

11. CPU 中用来解释指令的含义、控制运算器的操作、记录内部状态的部件是________。

A. CPU 总线　　B. 运算器　　C. 寄存器组　　D. 控制器

分析：CPU 由运算器、控制器和寄存器组 3 部分组成。其中运算器用来对数据进行算术运算和逻辑运算；控制器用来解释指令的含义、控制运算器的操作等；在 CPU 内部还有十几至几十个寄存器，用来临时存放运算的数据和中间结果，称为寄存器组。

答案：D。

12. 一台计算机中采用多个 CPU 进行并行处理的目的是________。

A. 降低 CPU 成本　　B. 扩大存储容量

C. 提高处理速度　　D. 增大芯片体积

分析：大多数计算机只包含一个 CPU，为了提高处理速度，也可以包含多个 CPU，采用多个 CPU 实现超高速计算的技术称为“并行处理”。

答案：C。

13. CPU 的运算速度与许多因素有关，以下各项中，________是提高运算速度的有效措施。

① 增加 CPU 中寄存器的数目

② 提高 CPU 的主频

③ 增加高速缓存（Cache）的容量

④ 优化 BIOS 的设计

A. ①③　　B. ①②③　　C. ①④　　D. ②③④

分析：CPU 的性能与多种因素有关，例如：字长（CPU 中定点运算器的宽度，如 32 位、64 位等）、主频（CPU 时钟频率，如 2.4 GHz）、CPU 总线速度（CPU 前端总线的工作频率和数据宽度决定了 CPU 与内存之间传输数据的速度快慢）、高速缓存的容量与结构、指令系统、逻辑结构等。

答案：B。

14. 在计算机硬件中，Cache 是________。

A. 只读存储器　　B. 高速缓冲存储器

C. 可编程只读存储器　　D. 可擦除可再编程只读存储器

分析：为了解决内存速度不能满足 CPU 的速度要求，在 CPU 和内存之间设计一个容量较小（相对内存来说）、速度很快的高速缓冲存储器，即 Cache 存储器，简称高速缓存。

答案：B。

15. 具有指令流水线结构的 CPU，多数情况下，指令执行时间取决于________。

A. 指令执行的步数　　B. 算数逻辑部件的数目

C. CPU 时钟周期　　D. CPU 内部的 Cache 存储器大小

分析：指令流水线结构即允许多条指令同时执行，指令执行的时间直接与 CPU 的主频相关，即取决于 CPU 的时钟周期。

答案：C。

16. 以下关于指令系统的叙述中，正确的是________。

A. 用于解决某一问题的一个指令序列称为指令系统

B. 指令系统中的每条指令都是由 CPU 执行的

C. 不同类型的 CPU，其指令系统是完全一样的

D. 不同类型的 CPU，其指令系统完全不一样

分析：指令系统是 CPU 所能执行的全部指令的集合，每一种 CPU 都有自己独特的一组指令，不同类型的 CPU 其指令系统也有所不同，为了解决软件兼容性问题，通常采用“向下兼容”的方式开发新的处理器。

答案：B。

17. 在 PC 中，RAM 的编址单位是________。

A. 1 个二进制位　　B. 1 个字节　　C. 1 个字　　D. 1 个扇区

分析：主存是由若干 DRAM 芯片组成的，包含有大量存储单元，每个单元都有一个地址，可以存放 1 个字节的数据，CPU 按地址对其进行访问，计算机中地址线的数目决定了 CPU 可直接访问的存储空间大小，如地址线数目为 20，则可以访问的存储空间为2^{20} B = 1 MB。因此，CPU 地址线的宽度、主板芯片组的型号，以及主板存储器插座的类型和数目都是影响内存容量的因素。

答案：B。

18. 下面是关于 PC 内存储器的一些叙述，其中正确的是________。

① 主存储器每次读写一个字节（8 位）

② 内存储器是由半导体存储器芯片组成的

③ 目前市场上销售的 PC，其内存容量多数已达 1 GB 以上

④ PC 的内存容量一般是可以扩充的

A. ①③　　B. ①②③　　C. ①④　　D. ②③④

分析：主存储器即内存储器。PC 的主存储器的编址单位是存储单元，每个存储单元可存储一个字节即 8 位二进位数据，但实际读写往往是一次读写 1、2、4 或 8 个字节，并非每次只读写一个字节。PC 内存储器采用半导体 RAM 和 ROM 作为存储体，目前主流 PC 的内存容量多数已达 1 GB 以上。PC 出厂时一般都预装了 1 GB 或 2 GB 的内存条，同时留有空的内存插槽以备扩充。

答案：D。

19. 假定一个硬盘的磁头数为 32，柱面数为 1 000，每个磁道有 50 个扇区，该硬盘的存储容量约为________。

A. 400 KB　　B. 800 KB　　C. 400 MB　　D. 800 MB

分析：在硬盘中有多个磁盘盘片，每个盘片上下各有磁头进行读写，每个盘片有若干磁道，所有盘片上相同磁道的组合称为柱面，因此硬盘上的数据需要 3 个参数来定位：柱面号、扇区号、磁头号，硬盘的存储容量的计算机公式为：

$$硬盘容量 = 柱面数 \times 扇区数 \times 磁头数 \times 512\ B$$

答案：D。

20. 关于移动硬盘，下列说法错误的是________。

A. 容量比闪存盘大　　B. 兼容性好，即插即用

C. 速度比固定硬盘慢　　　　　　　　　D. 与主机的接口和固定硬盘相同

分析：目前以闪存盘（U 盘）和移动硬盘为代表的移动存储器受到了人们的欢迎。U 盘采用 Flash 存储器，具有体积小、重量轻和安全性高等特点。移动硬盘则具有容量大（与 U 盘相比）、兼容性好、即插即用、可热插拔、体积小及安全可靠（与传统硬盘比）等特点，但速度比传统硬盘慢。U 盘接口为 USB，移动硬盘主要有 USB 和 IEEE 1394 接口。

答案：D。

21. 光盘根据其制造材料和记录信息的方式不同，一般可分为________。

A. CD、VCD

B. CD、VCD、DVD、MP3

C. 只读光盘、可一次性写入性光盘、可擦写光盘

D. 数据盘、音频信息盘、视频信息盘

分析：光盘根据制造材料和记录信息方式不同，可分为只读光盘、可记录光盘和可改写光盘 3 种。

答案：C。

22. 键盘与主机的接口可以采用以下接口中的________。

A. IDE　　　B. USB　　　C. AGP　　　D. IEEE 1394

分析：键盘是低速设备，与主机的接口一般采用 PS/2 接口或 USB 串行接口。

答案：B。

23. 数码相机中 CCD 芯片的像素数目与图像分辨率密切相关。假设一个数码相机的像素数目为 200 万，则它所拍摄的数字图像能达到的最大分辨率是________。

A. 1 024 像素×768 像素　　　　　　B. 1 280 像素×1 024 像素

C. 1 600 像素×1 200 像素　　　　　D. 2 048 像素×1 536 像素

分析：数码相机所拍摄的数字相片的分辨率通常表示为：水平方向像素数量×垂直方向像素数量，数码相机的一个重要性能指标是总像素数目，本题中的数码相机分辨率的计算结果必定小于或等于数码相机的总像素数目。

答案：C。

24. 以下关于扫描仪的说法中，错误的是________。

A. 扫描仪的接口可以是 SCSI、USB 或 Firewire 接口

B. 扫描仪的色彩位数越多，它所表现的图像的色彩就越丰富，效果就越真实

C. 分辨率是扫描仪的主要性能指标，分辨率越高，它所表现的图像越清晰

D. 每种扫描仪只能扫描一种尺寸的原稿

分析：扫描幅面是指允许被扫描原稿的最大尺寸，是扫描仪的主要性能指标之一。具体尺寸如 A4、A3 等。

答案：D。

25. 若彩色显示器的 R、G、B 三基色分别使用 8 个二进位表示，那么它可以显示________种不同的颜色。

A. 2^{24}　　　B. 65 536　　　C. 4 096　　　D. 256

分析：无论是 CRT 还是 LCD，均主要有以下性能参数：① 显示器的尺寸，如 17 英寸、22 英寸等；② 显示器的分辨率，是指整屏可显示像素的多少，以水平分辨率×垂直分辨率表示，

如1 024×768等；③ 刷新速率，指所显示图像每秒钟更新的次数，如60 Hz；④ 可显示颜色的数目，由表示该像素的二进位位数决定，即由三基色的二进位位数之和决定，如R、G、B分别用4位表示，则它就有2^{12}约4 096种颜色；⑤ 辐射和环保，如是否通过MPRⅡ、TCO等电磁辐射认证、国家显示器能效标准等。

答案：A。

26. 高速激光打印机大多使用________接口。

A. 串行接口　　B. SCSI　　C. PS/2　　D. 红外线接口

分析：激光打印机多半使用并行接口或USB接口，而一些高速激光打印机大多使用SCSI接口。

答案：B。

27. 目前使用较广泛的打印机有针式打印机、激光打印机和喷墨打印机。其中，________在打印票据方面具有独特的优势，________在彩色图像输出设备中占绝对优势。

A. 针式打印机、激光打印机　　B. 喷墨打印机、激光打印机

C. 激光打印机、喷墨打印机　　D. 针式打印机、喷墨打印机

分析：打印机是PC的一种主要输出设备，分为针式打印机、激光打印机和喷墨打印机。其中针式打印机是击打式打印机，所用耗材是色带，成本低，能多层套打，在打印票据和存储方面具有优势，但打印质量低，噪声大；激光打印机是激光技术与复印技术相结合的产物，属于非击打式打印机，分黑白和彩色两种，前者适用于家庭和办公，后者适用于专业领域，所用耗材是碳粉，高质量、高速度、低噪声、价格适中，但不能多层套打；喷墨打印机也是非击打式打印机，打印质量高，噪声小，在彩色图像输出时占绝对优势，但所用耗材是墨水，成本高且消耗快，不能多层套打。

答案：D。

28. 下面是关于BIOS的一些叙述，其中正确的是________。

A. BIOS是存放于ROM中的一组高级语言程序

B. BIOS中含有系统工作时所需的全部驱动程序

C. BIOS系统由加电自检程序，系统主引导记录的装入程序，CMOS设置程序，基本外围设备的驱动程序组成

D. 没有BIOS的PC也可以正常启动工作

分析：BIOS是指安装在ROM芯片中的一组机器语言程序，包括加电自检程序POST、系统主引导程序BOOT、CMOS设置程序、基本外围设备驱动程序，没有BIOS的PC基本无法工作。

答案：C。

29. 衡量存储容量的度量单位是________。

A. MIPS　　B. b/s　　C. dpi　　D. GB

分析：MIPS是CPU执行指令速度的度量单位，表示每秒能执行的指令数目；b/s是数字通信系统中数据传输速率的度量单位，表示每秒能传输的比特数目；dpi是分辨率的度量单位，表示每英寸包含的像素数目；GB则是存储容量的度量单位，1 GB = 2^{10} MB = 2^{20} KB = 2^{30} B。

答案：D。

30. 主机与硬盘之间的接口电路主要用于实现主机对硬盘驱动器的各种控制，完成主机与

硬盘之间的数据交换。目前，普通 PC 的硬盘接口电路主要有________两大类。

A. IDE 接口和 Centronics 接口　　B. IDE 接口和 SATA 接口

C. USB 接口和 IEEE 1394 接口　　D. SCSI 接口和 IEEE 1394 接口

分析：硬盘接口主要有两大类：IDE 接口和 SATA 接口。其中 SATA 硬盘相对于 IDE 硬盘传输速度快，功耗小，支持热插拔，目前应用比较广泛。而 SCSI 接口的硬盘速度快，CPU 占用率低，支持更多的设备在多任务方式下工作，主要应用于中、高端服务器和高档工作站中；UBS 接口主要用于移动硬盘；IEEE 1394 接口是一种高速串行总线，主要用于连接音频和视频设备。

答案：B

二、判断题

1. 计算机的性能与 CPU 的速度密切相关，因此在其他配置相同时，一台使用 3 GHz Core i7 作为 CPU 的 PC 比另一台使用 1.5 GHz Core i7 作为 CPU 的 PC 在完成同一项任务时速度快 1 倍。

分析：这里所说的 3 GHz 和 1.5 GHz 均是指 CPU 工作时的主频。一般来说，主频越高，CPU 执行一条指令所用的时间就越短，其运行速度就越快。但除主频外的其他因素也会影响到 CPU 运行程序的速度。例如总线频率、Cache 容量、CPU 内部寄存器和运算器的逻辑结构等。即使是两台 PC 都用 Core i7 作为 CPU，当主频提高 1 倍时，其他配置并不一定也相应地提高 1 倍，因此该题目的说法是不正确的。

答案：错。

2. PC 主板上的芯片组（Chipset）是各组成部分的枢纽，Pentium 4 CPU 所使用的芯片组只包括 BIOS 和 CMOS 两个集成电路。

分析：芯片组（Chipset）是 PC 各组成部分相互连接和通信的枢纽，存储器控制和I/O 控制功能几乎都集成在芯片组内，它既实现了 PC 总线的功能，又提供了各种 I/O 接口及相关的控制。没有芯片组，CPU 就无法与内存、扩充卡、外设等交换信息。芯片组一般由两块超大规模集成电路组成：北桥芯片和南桥芯片。

答案：错。

3. CPU 中的控制器用于对数据进行各种算术运算和逻辑运算。

分析：从逻辑功能上看，CPU 可分为运算器、控制器和寄存器组。其中控制器完成数据处理整个过程中的调配工作；运算器则完成各个指令的算术逻辑运算以便得到程序最终想要的结果；寄存器组就负责存储原始数据及运算结果。

答案：错。

4. RAM 代表随机存取存储器，ROM 代表只读存储器，关机后前者所存储的信息会丢失，后者则不会。

分析：RAM 和 ROM 都是半导体存储器芯片，但由于其存储信息的机理不同，RAM 中存储的数据必须依靠一定的工作电压来维持，当机器断电即工作电压变为 0 V 时，信息将无法保持并全部丢失；ROM 中信息的有无与工作电压无关，因此在机器断电后，ROM 中的信息不会丢失。

答案：对。

5. 不同厂家生产的计算机一定互相不兼容。

分析：不同公司生产的CPU各自有自己的指令系统，它们未必互相兼容。但有些PC使用AMD公司的微处理器，它们与Intel处理器的指令系统一致，因此这些PC互相兼容。

答案：错。

6. 随着计算机的不断发展，市场上的CPU类型也在不断变化，但它们必须采用相同的芯片组。

分析：芯片组通常是与CPU芯片同步发展的。有什么样功能和速度的CPU，就需要使用什么样的芯片组（特别是北桥芯片）。因此，不同的CPU应该选择与之匹配的芯片组。

答案：错。

7. 键盘中的【F1】～【F12】控制键的功能是固定不变的。

分析：功能键区位于键盘最上面的一排，从【F1】~【F12】，以及【Esc】键，共13个键。【Esc】键的作用是放弃或改变当前操作，【F1】~【F12】键在不同的系统环境下有不同的功能。

答案：错。

8. PC中常用的输出设备都通过各自的扩充卡与主板相连，这些扩充卡只能插在主板的PCI总线插槽中。

分析：PC中常用的输出设备有显示器、打印机和音箱等。不同的输出设备与主板的连接方式是各不相同的。显示器通过显卡与主板连接，目前多数显卡插在AGP或PCI-E总线插槽中，有的PC将显卡的功能集成在主板的芯片组里，就不需要独立插入一块显卡了。打印机通过并行口或USB接口与主板相连。音箱则通过声卡与主板相连，有的声卡插在PCI总线插槽中，有的也已经集成在芯片组内。

答案：错。

9. 内存储器与外存储器不是统一编址的。内存的编址单位是字节，外存的编址单位不是字节。

分析：存储器的编址单位是由对存储器进行一次读写操作时的数据最小单位来决定的。PC内存的最小数据读写单位是一个存储单元，而一个存储单元可以存储1个字节的二进制数据。因此，内存的基本编址单位是字节。PC外存通常以一个扇区作为一次数据读写的最小单位，因此外存的基本编址单位是扇区。

答案：对。

10. MOS型半导体存储器芯片可以分为DRAM和SRAM两种，其中SRAM芯片的电路简单，集成度高，成本较低，一般用于构成主存储器。

分析：RAM目前多采用MOS型半导体集成电路芯片制成，根据其保存数据的机理又可分为DRAM和SRAM两种。其中DRAM（动态随机存取存储器）芯片的电路简单，集成度高，功耗小，成本较低，但速度要比CPU慢得多，适合使用于内存储器的主体部分；SRAM（静态随机存取存储器）芯片与DRAM相比，电路较复杂，集成度低，功耗较大，制造成本高，价格贵，但工作速度很快，适合用做高速缓冲存储器（Cache）。

答案：错。

三、填空题

1. 计算机字长是指 CPU 中________的宽度，即一次能同时进行二进制整数运算的位数。

分析：计算机字长是 CPU 最重要的一个性能指标，即 CPU 可以同时处理的二进制数据的位数，也是 CPU 中整数寄存器和定点运算器的宽度（即二进制整数运算的位数）。

答案：整数寄存器和定点运算器

2. 通常在开发新型号微处理器产品时，采用逐步扩充指令系统的做法，目的是使新老处理器保持________。

分析：为解决软件兼容性问题，采用“向下兼容方式”开发新的处理器，即所有新处理器均保留老处理器的全部指令，同时还扩充功能更强的新指令。

答案：向下兼容

3. 用户若想要修改 CMOS 中的某个系统参数（如设置/修改开机口令），需要启动运行保存在________中的 CMOS 设置程序来完成这项工作。

分析：在 PC 中，用于修改 CMOS 中保存的系统参数的 CMOS 设置程序保存在 BIOS 芯片中。机器加电后，当 BIOS 中的系统自检程序运行完毕后会检测键盘上的 CMOS 设置键（如【Delete】键）是否处于按下状态，若是则转去执行 CMOS 设置程序。CMOS 设置程序可接收用户输入的命令，并根据命令的功能完成对某项系统参数的修改和保存。

答案：BIOS 芯片

4. 地址线宽度为 32 位的 CPU 可以访问的内存最大容量为________ GB。

分析：计算机中地址线数目决定了 CPU 可直接访问的存储空间大小，假设计算机地址线数目为 32，则能访问的存储空间大小为 2^{32} B = 4 GB。

答案：4

5. LCD 显示器的主要性能指标包括：显示屏的尺寸、显示器的________、刷新速率、像素的颜色数目、辐射和环保指标等。

分析：LCD 显示器的一些主要性能参数有显示屏的尺寸、显示器的分辨率、刷新速率、像素颜色数目、响应时间、亮度和对比度、背光源类型，以及辐射和环保指标等。

答案：分辨率

6. 有一种 CD 光盘，用户可以自己写入信息，也可以对写入的信息进行擦除和改写，这种光盘的英文缩写为________。

分析：CD 盘片有只读（CD-ROM 盘）、可写一次（CD-R 盘）和可多次读写（CD-RW 盘）3 种不同的类型。只读光盘（CD-ROM）上面的信息只能读出，不能写入，可提供 680 MB 存储空间；一次性写入光盘（CD-R）只能写一次，写后不能修改，必须采用专用的光盘刻录机才能刻录信息；可擦除光盘（CD-RW）是可反复擦写的光盘，这种光盘驱动器既可作为光盘刻录机，用来写入信息，又可作为普通光盘驱动器，用来读取信息。

答案：CD-RW

7. IEEE 1394 主要用于连接需要高速传输大量数据的________设备，其数据传输速度可高达 400 Mb/s。

分析：IEEE 1394 接口主要用于连接需要高速传输大量数据的音频和视频设备，其数据传输速率可达 50~100 MB/s。与 USB 一样，它也支持即插即用和热插拔。

答案：音频和视频

8. 打印精度是打印机的主要性能指标之一，它用dpi表示。300 dpi表示每________可打印300个点。

分析：打印精度也就是打印机的分辨率，是打印机在打印输出时横向和纵向两个方向上每英寸最多能够打印的点数，用dpi表示单位。

答案：英寸

9. 从理论上讲，如果一个U盘的USB接口的传输速度是400 Mb/s，那么存储一个大小为1 GB的文件大约需要________ s（取近似整数）。

分析：首先将文件大小1 GB换算成1 000 MB（粗略计算），再根据1个字节（B）= 8个比特（b）继续换算成8 000 Mb，最后运用公式8 000 Mb÷400 Mb/s = 20 s。

答案：20

10. 扫描仪是基于________原理设计的，它使用的核心器件大多是________芯片。

分析：扫描仪是基于光电转换原理而设计的，它使用的核心器件大多是CCD（电荷耦合器件）。

答案：光电转换，CCD

课后习题

一、判断题

1. BIOS的作用之一是在PC加电时诊断计算机故障及启动计算机工作。（　　）

2. CD-R光盘是一种能够多次读出和反复修改已写入数据的光盘。（　　）

3. CPU的运算速度与CPU的工作频率、Cache容量、指令系统、运算器的逻辑结构等都有关系。（　　）

4. DVD驱动器设计为向下兼容CD，因此DVD驱动器可以读CD盘中存储的信息。（　　）

5. LCD显示器与CRT显示器不同，不需要使用显示卡。（　　）

6. PC的CPU不能直接执行硬盘中的程序。（　　）

7. PC的常用外围设备，如显示器、硬盘等，都通过PCI总线插槽连接到主板上。（　　）

8. PC每一次重新安装操作系统后都要启动“CMOS设置程序”对系统配置信息进行设置。（　　）

9. PC与iPad平板电脑分别采用不同的微处理器作为CPU，这两类微处理器结构不同，指令系统也有很大差别，所以这两款机器互相不兼容。（　　）

10. PC主板上的芯片组，其主要作用是连接各个部件并实现相互通信和提供各种控制功能。（　　）

11. USB接口使用4线连接器，虽然插头比较小，插拔方便，但必须在关机情况下方能插拔。（　　）

12. Windows操作系统之所以能同时进行多个任务的处理，是因为CPU具有多个内核。（　　）

13. 触摸屏兼有鼠标和键盘的功能，甚至还用于手写汉字输入，深受用户欢迎。目前已经在许多移动信息设备（手机、平板电脑等）上得到使用。 （ ）

14. 存储容量是数码相机的一项重要指标，无论设定的拍摄分辨率是多少，对于特定存储容量的数码相机可拍摄的相片数量总是相同的。 （ ）

15. 关闭计算机电源后，CMOS 中存储的数据会丢失。 （ ）

16. 光盘存储器的数据读出速度和传输速度比硬盘慢。 （ ）

17. 光盘片是一种可读不可写的存储介质。 （ ）

18. 绘图仪、扫描仪、显示器、音箱等均属于输出设备。 （ ）

19. 计算机的存储器分为内存储器和外存储器，这两类存储器的本质区别是内存储器在机箱内部，而外存储器在机箱外部。 （ ）

20. 键盘、显示器和硬盘等常用外围设备在计算机启动时都需要参与工作，所以它们的驱动程序都必须预先存放在 BIOS ROM 中。 （ ）

21. 串行接口的数据传输速率必定低于并行接口的数据传输速率。 （ ）

22. 鼠标器的主要技术指标是分辨率，分辨率越高，定位越准确。 （ ）

23. 数字摄像头和数字摄像机都只能在线获取数字视频。 （ ）

24. 随着计算机的不断发展，市场上的 CPU 类型也在不断变化，但它们仍可采用相同的芯片组。 （ ）

25. 台式 PC 通过 VGA 接口连接投影仪时，VGA 接口把输出信号进行调制后送到投影仪，再由投影仪解调后在大屏幕上进行显示。 （ ）

二、填空题

1. ________计算机大多包含数以百计、千计甚至万计的 CPU，它的运算处理能力极强，在军事和科研等领域有重要的作用。

2. 一般情况下，计算机加电后，操作系统可以从硬盘装载到内存中，这是由于计算机执行了固化在 ROM 中的________程序（填英文缩写词）。

3. CD-ROM 盘片的存储容量大约为 650 ________。

4. CMOS 芯片存储了用户对计算机硬件所设置的系统配置信息，如系统日期时间和机器密码等。在机器电源关闭后，CMOS 芯片由________供电可保持芯片内存储的信息不丢失。

5. DVD 光盘和 CD 光盘直径大小相同，但 DVD 光盘的道间距要比 CD 盘________，因此，DVD 盘的存储容量大。

6. PC 的内存条大多采用动态随机存取存储器组成，它利用________器的充电状态与未充电状态实现比特的存储。

7. PC 的存储器由内存和外存构成，内存包括寄存器组、________和主存储器，它们都使用半导体集成电路芯片作为存储介质。

8. 在 PC 中，每个 I/O 设备都有相应的 I/O 控制器控制其操作。键盘、鼠标器的 I/O 控制器已经集成在________上。

9. PC 中的总线分为 CPU 总线和 I/O 总线，PCI 总线属于________总线。

10. USB 接口可以为连接的 I/O 设备提供+________ V、100 ~ 500 mA 的电源。

11. 安装或维护操作系统时，有时需要由光盘或 U 盘启动计算机，在此之前的一个准备工作是改变系统启动时访问外存储器的顺序，这是通过________程序进行的。

12. 半导体存储芯片，主要可分为 DRAM 和 SRAM 两种，其中________适合用作 Cache 存储器。

13. 彩色显示器每一个像素的颜色由三基色红、绿和________合成得到，通过对三基色亮度的控制能显示出各种不同的颜色。

14. 在 Windows 系统中，如果希望将当前桌面图像复制到剪贴板中，可以按下________键。

15. 独立显卡具有很强的图形绘制功能，它能加快图形绘制速度，减轻 CPU 的负担。其中关键是因为显卡上配置有专门的________处理器和专用的显示存储器。

16. 读出 CD-ROM 光盘中的信息，需要使用________技术。

17. 计算机指令是一种使用________代码表示的操作命令，它规定了计算机执行什么操作以及操作对象的位置。

18. 键盘、显示器和硬盘等基本外围设备的 I/O 控制程序也称为________，通常预先存放在 ROM 中，成为 BIOS 的一个组成部分。

19. 每一种不同类型的 CPU 都有自己独特的一组指令，一个 CPU 所能执行的全部指令称为________系统。

20. 某 PC 标有 Core i7/3.2 GHz/4 GB 的参数，其中 3.2GHz 的含义是指 CPU 的________，它决定着 CPU 芯片内部数据传输与操作速度的快慢。

21. 鼠标器、打印机和扫描仪等设备都有一个重要的性能指标，即分辨率，其含义是每英寸的像素数目，简写成 3 个英文字母为________。

22. 硬盘的存储容量是衡量其性能的重要指标。假设一个硬盘有 2 个碟片，每个碟有 2 面，每个面有 1000 个磁道，每个磁道有 1000 个扇区，每个扇区的容量有 512 个字节，则该磁盘的存储容量标称为________ GB。

23. 如果要求在使用计算机编辑文档的同时，还能播放 MP3 音乐并可从网上下载资料，那么计算机中至少必须有________个 CPU。

24. 扫描仪的色彩位数（色彩深度）反映了扫描仪对图像色彩的辨析能力。假设色彩位数为 8 位，则可以分辨出________种不同的颜色。

25. 数码相机的重要电子部件有成像芯片、A/D 转换部件、数字信号处理器和 Flash 存储器等，其中，________决定了图像分辨率的上限。

三、选择题

1. ________是目前最流行的一种鼠标器，它的精度高，不需要专用衬垫，在一般平面上皆可操作。

   A. 机械式鼠标　　B. 光电式鼠标　　C. 电容式鼠标　　D. 混合式鼠标

2. BIOS 的中文名叫作基本输入/输出系统。下列说法中，错误的是________。

   A. BIOS 中包含系统主引导记录的装入程序

   B. BIOS 是存放在主板上 CMOS 存储器中的程序

   C. BIOS 中的程序是可执行的二进制程序

   D. BIOS 中包含加电自检程序

3. CMOS 存储器中存放了计算机的一些参数和信息，其中不包含在内的是________。

A. 当前的日期和时间　　B. 硬盘数目与容量

C. 开机的密码　　D. 基本外围设备的驱动程序

4. CPU 的工作就是执行指令。CPU 执行每一条指令都要分成若干步：① 取指令；② 指令译码；③ 取操作数；④ 执行运算；⑤ 保存结果。正确的操作次序是________。

A. ①、②、③、④、⑤　　B. ①、②、⑤、③、④

C. ①、②、④、③、⑤　　D. ②、①、③、④、⑤

5. CPU 的性能表现为它每秒钟能执行的指令数目。下面________是提高 CPU 性能的有效措施：① 增加 CPU 中寄存器的数目；② 提高 CPU 的主频；③ 增加高速缓存（Cache）的容量；④ 改进芯片组的设计。

A. 仅①和③　　B. 仅①、②和③　　C. 仅①和④　　D. 仅②、③和④

6. 下列各类扫描仪中，最适合于办公室和家庭使用的是________。

A. 手持式　　B. 滚筒式　　C. 胶片式　　D. 平板式

7. CPU 执行指令需要从存储器读取数据时，数据搜索的先后顺序是________。

A. Cache、DRAM 和硬盘　　B. DRAM、Cache 和硬盘

C. 硬盘、DRAM 和 Cache　　D. DRAM、硬盘和 Cache

8. CPU 中用来解释指令的含义、控制运算器的操作、记录内部状态的部件是________。

A. CPU 总线　　B. 运算器　　C. 寄存器　　D. 控制器

9. CRT 或 LCD 显示器的刷新频率越高，说明显示器________。

A. 画面稳定性越好　　B. 画面亮度越高

C. 画面颜色越丰富　　D. 画面越清晰

10. PC 常用的 I/O 接口有多种类型，下列叙述中错误的是________。

A. 显示器使用的 VGA 接口是一种通用接口，它也可以连接打印机

B. SATA 接口可用来连接硬盘和光盘

C. PS/2 键盘接口是一种低速接口

D. 使用“USB 集线器”，一个 USB 接口就可以连接多个 I/O 设备

11. 下面关于微处理器的叙述中，错误的是________。

A. 微处理器通常以单片集成电路制成

B. 它具有运算和控制功能，但不具备数据存储功能

C. 目前 PC 中使用最广泛的 CPU 是 Intel 公司 Core（酷睿）系列微处理器

D. 当前智能手机中的 CPU 大多采用英国 ARM 公司的 ARM 处理器架构

12. 下面关于 PC 中 CPU 的叙述中，错误的是________。

A. 为了暂存中间结果，CPU 中包含几十个甚至上百个寄存器，用来临时存放数据

B. CPU 是 PC 中不可缺少的组成部分，它担负着运行系统软件和应用软件的任务

C. 所有 PC 的 CPU 都具有相同的指令系统

D. PC 中至少包含有 1 个 CPU 芯片，其中包含 1 个或多个 CPU 核

13. 下面是关于计算机内存储器的一些叙述：

① 内存储器由 DRAM 或 NAND 内存芯片组成；

② CPU 可按字节地址随机存取内存储器的内容；

③ 目前市场上销售的PC其内存容量多数已达1 GB以上；

④ 台式PC内存容量一般可扩充，手机内存容量一般不可扩充。

其中正确的是________。

A. 仅①和③　　B. 仅①、②和③　　C. 仅①和④　　D. 仅②、③和④

14. 关于基本输入输出系统（BIOS）及CMOS存储器，下列说法中错误的是________。

A. BIOS存放在ROM中，是非易失性的，断电后信息也不会丢失

B. CMOS中存放着基本输入输出设备的驱动程序

C. BIOS是PC机软件最基础的部分，包含加载操作系统和CMOS设置等功能

D. CMOS存储器是易失性存储器

15. 下面是关于目前流行的台式PC主板的叙述：

① 主板上通常包含CPU插座和芯片组；

② 主板上通常包含存储器（内存条）插座；

③ 主板上通常包含PCI或PCI-E总线插座；

④ 主板上的SATA连接器用于连接硬盘和光盘。

其中正确的是________。

A. 仅①和③　　B. 仅①、②和③　　C. 仅①和④　　D. ①、②、③和④

16. 在PC中，SATA（串行ATA）接口主要用于________。

A. 打印机与主机的连接　　B. 显示器与主机的连接

C. 图形卡与主机的连接　　D. 硬盘与主机的连接

17. 下面关于USB接口的叙述中，错误的是________。

A. USB 3.0的数据传输速度要比UBS 2.0快得多

B. USB具有热插拔和即插即用功能

C. 主机不能通过USB连接器向外围设备供电

D. USB连接器有多种不同的形状和大小

18. 计算机的所有功能归根结底都是由CPU一条一条地执行________来完成的。

A. 用户命令　　B. 机器指令　　C. 键盘指令　　D. BIOS程序

19. 计算机内存储器容量1 MB等于________。

A. 1024×1024 B　　B. 1000 B　　C. 1024 B　　D. 1000 KB

20. 几年前许多显卡使用AGP接口，但目前越来越多的显卡开始采用性能更好的________接口。

A. PCI-E ×16　　B. PCI　　C. PCI-E ×1　　D. USB

21. 根据“存储程序控制”的原理，计算机硬件如何动作最终是由________决定的。

A. 用户　　B. 存储器　　C. 算法　　D. CPU所执行的指令

22. PC加电启动时，正常情况下，执行了BIOS中的加电自检程序后，计算机将执行BIOS中的________。

A. 系统主引导记录的装入程序　　B. CMOS设置程序

C. 操作系统引导程序　　D. 键盘驱动程序

23. PC配有多种类型的I/O接口。下面关于串行接口I/O的描述中，正确的是________。

A. PC通常只有一种串行接口

B. 串行接口一次只传输 1 个二进位数据

C. 串行接口连接的一定是慢速设备

D. 一个串行接口只能连接一个外设

24. PC 使用的芯片组大多由两块芯片组成，它们的功能主要是提供________和 I/O 控制。

A. 寄存数据　　B. 存储控制　　C. 运算处理　　D. 高速缓冲

25. PC 主板上所能安装的主存储器最大容量及可使用的内存条类型，主要取决于________。

A. CPU 主频　　B. 北桥芯片　　C. I/O 总线　　D. 南桥芯片

26. U 盘和存储卡都是采用________芯片做成的。

A. DRAM　　B. 闪烁存储器　　C. SRAM　　D. Cache

27. Windows 环境下运行应用程序时，键盘上的【F1】~【F12】功能键的具体功能是由________定义的。

A. CMOS 设置程序　　B. 操作系统及应用程序

C. 键盘驱动程序　　D. BIOS 程序

28. 便携式计算机中，用来替代鼠标器的最常用设备是________。

A. 触摸板　　B. 扫描仪　　C. 触摸屏　　D. 笔输入

29. 常规宽屏显示屏的水平方向与垂直方向尺寸之比一般是________。

A. 3:4　　B. 16:9　　C. 1:1　　D. 4:3

30. 打印机与主机的连接除使用并行口之外，目前还广泛采用________接口。

A. RS-232C　　B. USB　　C. IDE　　D. SATA

31. 当前使用的 PC 中，在 CPU 内部，比特的两种状态是采用________表示的。

A. 电容的大或小　　B. 电平的高或低　　C. 电流的有或无　　D. 灯泡的亮或暗

32. 对于下列设备：① 触摸屏；② 传感器；③ 数码相机；④ 麦克风；⑤ 音箱；⑥ 绘图仪；⑦ 显示器，其中，________均可作为输入设备。

A. ③、④、⑤、⑥　　B. ①、②、③、④

C. ④、⑤、⑥、⑦　　D. ①、②、⑤、⑦

33. 分辨率是显示器的主要性能参数之一，一般用 ________来表示。

A. 显示屏的尺寸

B. 水平方向可显示像素的数目×垂直方向可显示像素的数目

C. 可以显示的最大颜色数

D. 显示器的刷新速率

34. 计算机硬盘存储器容量的计量单位之一是 TB，制造商常用 10 的幂次来计算硬盘的容量，那么 1 TB 硬盘容量相当于________个字节。

A. 10 的 3 次方　　B. 10 的 6 次方　　C. 10 的 9 次方　　D. 10 的 12 次方

35. 计算机有很多分类方法，按其字长和内部逻辑结构目前可分为________。

A. 小型机/大型机/巨型机　　B. 服务器/工作站

C. 16 位/32 位/64 位计算机　　D. 专用机/通用机

36. 某计算机内存储器容量是 2 GB，则它相当于________ MB。

A. 1024　　B. 2048　　C. 1000　　D. 2000

37. 目前 PC 中使用的电子电路主要是________。

A. 电子管电路　　B. 中小规模集成电路

C. 大规模或超大规模集成电路　　D. 光电路

38. 如果显示器 R、G、B 三种基色分别使用 6 位、6 位、4 位二进位来表示，则该显示器可显示颜色的总数是________种。

A. 256　　B. 16　　C. 65536　　D. 16384

39. 若台式 PC 需要插接一块无线网卡，则网卡应插入到 PC 主板上的________内。

A. 内存插槽　　B. PCI 或 PCI-E 总线扩展槽

C. SATA 插口　　D. IDE 插槽

40. 若一台计算机的字长为 64 位，则表明该计算机________。

A. 在 CPU 中定点运算器和寄存器为 64 位

B. CPU 总线的数据线共 64 位

C. 在 CPU 中运算的结果最大为 2 的 64 次方

D. 能处理的数据最多由 8 个字节组成

41. 下列关于液晶显示器的说法中，错误的是________。

A. LCD 是液晶显示器的英文缩写

B. 液晶显示技术被应用到了数码相机中

C. 液晶显示器在显示过程中使用电子枪轰击荧光屏方式成像

D. 液晶显示器的体积轻薄，辐射危害较少

42. 下列说法中，只有________是正确的。

A. ROM 是只读存储器，其中的内容只能读一次

B. 外存中存储的数据必须先传送到内存，然后才能被 CPU 进行处理

C. 硬盘通常安装在主机箱内，所以硬盘属于内存

D. 任何存储器都有记忆能力，即其中的信息永远不会丢失

43. 销售广告标为“P4/1.5 GHz/512 MB/80 GB”的一台 PC，其 CPU 的时钟频率是________。

A. 1500 MHz　　B. 80000 MHz　　C. 4 MHz　　D. 512 MHz

44. 数码相机 CCD 或 CMOS 芯片的像素数目与图像分辨率密切相关。假设一个数码相机的像素数目为 200 万，则它所拍摄的数字图像能达到的最大分辨率为________。

A. 800×600　　B. 1024×768　　C. 1280×1024　　D. 1600×1200

45. 下面有关计算机 I/O 设备及操作的叙述中，错误的是________。

A. 计算机 I/O 操作比 CPU 的速度慢得多

B. 两个或多个 I/O 设备可以同时进行工作

C. 在进行输入/输出操作时，CPU 必须停下来等候 I/O 操作的完成

D. 每个（或每类）I/O 设备都有各自专用的控制器

46. 下列选项中，两个都属于图像输入设备的是________。

A. 数码相机、扫描仪　　B. 绘图仪、扫描仪

C. 数字摄像机、投影仪　　D. 数码相机、显卡

47. 下列各类存储器中，________在断电后其中的信息不会丢失。

A. 寄存器　　B. Cache　　C. Flash ROM　　D. DDR SDRAM

48. 台式PC中用于视频信号数字化的一种扩展卡称为________，它能将输入的模拟视频信号及伴音进行数字化后存储在硬盘上。

A. 视频采集卡　　B. 声卡　　C. 图形卡　　D. 网卡

49. 虽然________打印质量不高，但打印存折和票据比较方便，因而银行、超市等还在普遍使用。

A. 激光打印机　　B. 针式打印机　　C. 喷墨式打印机　　D. 字模打印机

50. 若某台PC没有硬件故障，也没有被病毒感染，但执行程序时总是频繁读写硬盘，造成系统运行缓慢，则首先需要考虑给该PC扩充________。

A. 内存　　B. 硬盘　　C. 寄存器　　D. CPU

第 3 章 计算机软件

本章学习任务：

1. 熟悉计算机软件的概念。
2. 掌握操作系统的原理和功能。
3. 了解算法和程序设计语言。

计算机系统由两大部分组成：硬件系统和软件系统。硬件系统一般是指电子部件和机电装置组成的计算机实体；软件系统则是人与硬件的接口，是计算机运行的程序和相应的文档。软件指挥硬件实现各种操作、完成各种任务，没有软件，硬件就不知道做什么，计算机系统也就没什么用了。

任务3.1 熟悉计算机软件的概念

3.1.1 计算机软件的概念

计算机系统是由硬件系统和软件系统两大部分组成的。硬件构成计算机系统的物理存在，软件则是计算机系统的灵魂。

软件是使计算机可以运行的各种程序、数据及其相关文档的总和，如图3-1所示。

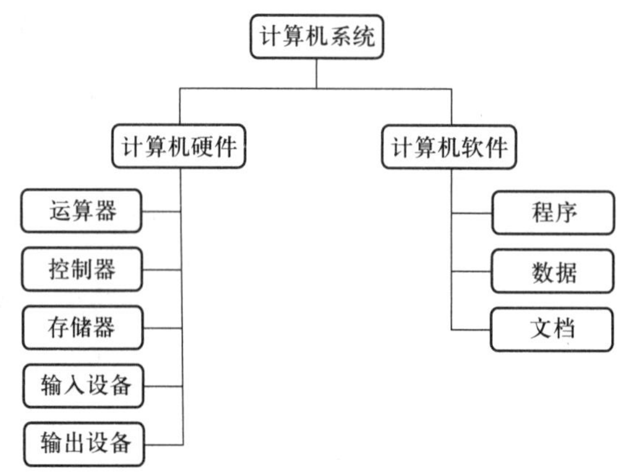

图3-1 计算机系统组成

1. 程序

程序是命令计算机做什么和怎么做的一组指令，是为了实现特定目标而用计算机语言编写的指令序列的集合。

程序是各种计算机任务的处理对象和处理规则的描述，是指令序列的符号表示，一般保存在存储介质（如硬盘和光盘）中，并在计算机启动（被CPU执行）后才能起作用。

程序所处理的对象和处理后得到的结果通称为数据（输入数据和输出数据）。

2. 软件

软件的含义比程序更宏观一些，软件往往指的是设计比较成熟、功能比较完善、使用更具价值的程序。通常，人们把程序、数据和文档统称为软件。其中，程序是软件的主体，是各种计算机任务指令序列的集合；数据指的是程序运行过程中需要处理的对象和必须使用的一些参数（如三角函数表、英汉词典等）；文档指的是与程序开发、维护及操作有关的一些技术资料（如设计报告、使用指南和维护手册等），是为了便于了解程序所需的阐明性资料，文档对于使用和维护软件尤其重要，通常，软件必须有完整、规范的文档作为支持。

按照以上定义，软件的内涵可以理解如下：

① 软件并不只是可以在计算机上运行的程序，还包括程序相关的数据和文档。

② 软件是用户和硬件之间的接口界面，用户主要通过软件与计算机进行交流。

③ 软件既是一种产品，也是开发和运行产品的载体，是计算机工作的基础、信息通信的基础，也是创建和控制其他程序的基础。

软件强调的是产品、工程、产业或学科等宏观方面的含义，程序则更侧重技术层面的含义。软件和程序在本质上是相同的，在不发生混淆的情况下，软件和程序两个名称可互换使用，并不加以严格区分。

3.1.2　计算机软件的特性

与计算机硬件和其他工业产品相比，计算机软件具有以下几个显著特点。

1. 抽象性

软件是一种逻辑实体，而不是物理实体，它与硬件生产的过程化相比，没有明显的制造过程。

2. 可复制性

软件是人类智力劳动的成果。它具有复制、改编容易的缺点，很容易被他人任意地复制盗用和篡改。

3. 无磨损性

软件在运行和使用期间，没有硬件那样的机械磨损和老化问题。随着时间的推移和使用的深入，可以进行改进和更新。

4. 依赖性

软件的开发运行通常受到计算机系统和环境的限制，对计算机系统的用户需求有着不同程度的依赖。

5. 复杂性

软件的开发至今尚未摆脱手工开发方式，也很难像其他工业产品一样实现标准化、自动化和规模化生产，软件依靠开发者的高强度脑力劳动来实现，它带有开发者明显的个性特征。另一方面软件开发涉及很多社会因素，比如人们的观念和心理、产权和法律等，所有这些都给软件的开发增加了复杂性。

3.1.3　计算机软件的分类

按照不同的标准，可以将软件划分为不同的种类。从应用的角度出发，计算机软件可以分为系统软件和应用软件两类，如图 3-2 所示。

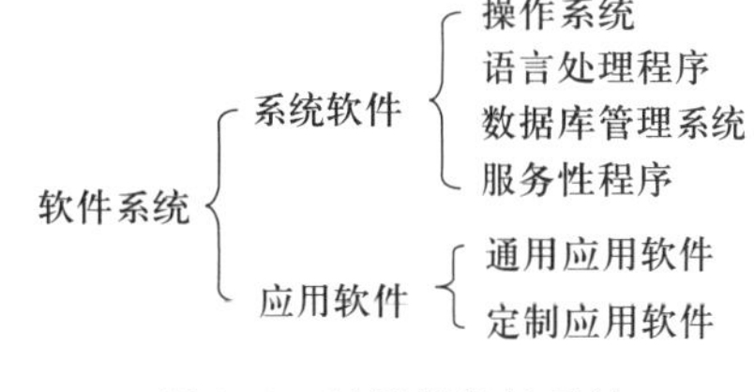

图 3-2　计算机软件系统

1. 系统软件和应用软件

（1）系统软件

系统软件是管理、监控和维护计算机资源（包括硬件和软件）的软件，使得它们可以协调工作。系统软件一般包括基本输入/输出系统（BIOS）、操作系统、程序语言处理程序、数据库管理系统和服务性程序等。

① 操作系统（Operating System，OS）。操作系统用于管理和控制计算机的硬件和软件资源，同时也是计算机系统的内核和基石。常用的操作系统主要有Windows、UNIX和Linux等。

② 程序语言处理程序。程序语言处理程序一般是由汇编程序、编译程序和解释程序等组成。它是为使用计算机的用户设计的编程软件，是各类程序语言的翻译程序。

③ 数据库管理系统（DataBase Management System，DBMS）。数据库是以一定组织方式存储起来的、具有相关性的数据的集合。数据库管理系统是一种操纵和管理数据库的大型软件。常用的数据库管理系统有SQL Server、Oracle、Access和FoxPro等。

④ 服务性程序。服务性程序是一类辅助性的程序，提供各种计算机在运行时所需要的服务，如计算机监控管理程序、链接程序（LINK）、调试程序（DEBUG）、故障检查和诊断程序，以及网络通信软件（如浏览器Internet Explorer）等。这些程序为用户使用计算机和编写程序提供了很大的方便。

在计算机系统中，系统软件是必不可少。它不是为了解决某个具体的应用，却可以为用户使用计算机提供方便。系统软件的主要特征是：它与计算机硬件有很强的交互性，能对硬件资源进行统一的控制、调度和管理；同时它又是应用软件的运行平台，起到基础和支撑作用。系统软件让用户可以方便地使用计算机，而不必理会底层的每个硬件是如何工作的。通常在购买计算机时，计算机供应厂商必须提供给用户一些最基本的系统软件，否则计算机将无法工作。

（2）应用软件

应用软件是为了某种特定的用途而开发的软件。由于计算机应用已经渗透到社会生活的各个方面，因而计算机的应用软件也是多种多样的，一般包括通用应用软件和定制应用软件。

① 通用应用软件。通用应用软件是指可以在许多行业和部门中共同使用的软件，包括字处理软件、报表处理软件、图像处理软件、多媒体应用软件、辅助设计与辅助制造（CAD/CAM）软件、网络软件，以及游戏软件等，见表3-1。这些通用应用软件设计精巧，易学易用，大多数用户不需要经过专门的培训就可以直接使用它们。在普及计算机应用的进程中，通用应用软件起到了很大的作用。

表3-1　通用应用软件的主要类别和功能

类别	功　能	举　例
文字处理	文本编辑、文字处理和桌面排版等	WPS、Word、Adobe Acrobat 等
电子表格	表格定义、计算和处理等	Excel 等
图形、图像	图像处理、几何图形绘制和动画制作等	AutoCAD、Photoshop、3ds Max 和 CoreDraw 等
演示、简报	幻灯片、演讲报告制作等	PowerPoint 等

续表

类别	功　　能	举　　例
媒体播放	播放各种数字音频和视频文件	Windows Media Player、QQ影音、iTunes和暴风影音等
网络通信	电子邮件、聊天、IP电话、网络文件管理和浏览等	Outlook Express、微信、QQ、Mail等
图像浏览工具	查看图像等	ACDSee、美图看看等
网络电视	播放网络视频等	PPTV、爱奇艺和优酷等
游戏软件	游戏和娱乐	下棋、扑克和游戏等

② 定制应用软件。定制应用软件是指按照不同领域用户的特定应用要求而专门设计的软件。如大学教务管理系统、学校图书管理系统、医院挂号收费系统和酒店客房管理系统等。这类软件专用性强，设计和开发成本相对较高，有需要的单位或机构才会购买，价格当然也比通用应用软件贵得多。

应用软件的主要特征是：它与硬件的交互性很弱，需要依赖操作系统的支持才能使用硬件；它可以为用户完成某项特定的任务服务。

上面介绍了各类软件，它们之间会形成一个层次关系。所谓层次关系，是指内层软件向外层软件提供服务，外层软件在内层软件的支持下才能运行。如图3-3所示，系统软件支持应用软件开发和运行；应用软件处在软件系统的最外层，直接面向用户，为用户服务。

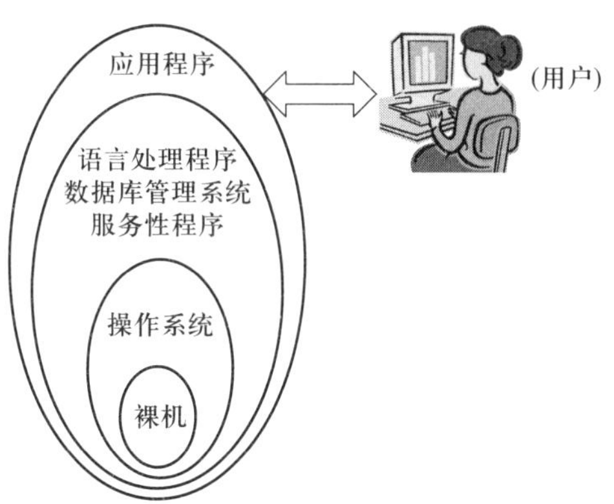

图3-3　计算机的软件层次结构

从软件的法律状态分类，可以分为：商品软件、共享软件和自由软件。

2. 商品软件、共享软件和自由软件

（1）商品软件（又名商业软件）

商品软件是指被作为商品进行交易的软件，版权严格，用户需要付费才可以在授权范围内使用。它除了受版权保护之外，通常还受到软件许可证（License）的保护。另外，它的售后服务较好，以大型软件居多。

（2）共享软件（又名试用软件）

共享软件是以“先使用后付费”的方式销售的享有版权的软件，版权相对宽松。根据共

享软件作者的授权，用户可以从各种渠道免费得到它的拷贝，也可以自由传播。它通常允许用户先使用或试用共享软件，如果超过了试用期，用户认为满意还想继续使用，再向作者付费或者交一笔注册费，成为注册用户；如果用户认为它不值得购买，也可以停止使用。比如江民杀毒软件，用户可以免费使用半年后再决定是否购买。

（3）自由软件

根据自由软件基金会的定义，自由软件是一种可以不受限制地自由使用、复制、研究、修改和分发的软件。这方面的不受限制正是自由软件最重要的本质，即版权不追究，可以自由使用而不受限制，甚至公开软件源代码，用户享有进一步复制和修改的权利等。另一方面，自由软件也是免费的。例如，一般网络服务器安装的 Linux 操作系统就是自由软件和开放源代码发展中最著名的实例。自由软件对全世界的商业发展有巨大的贡献，它让成千上万使用者的日常工作更加便利，为了满足用户的各种应用需要，它正以一种不可思议的速度发展着。

这里需要补充说明一下，免费软件是一种不需要付费就可取得的软件，在使用上也不会出现任何时间或功能上的限制。可以复制完整的软件文档给别人而不必支付任何费用给程序的作者，但也不能收取任何费用或转为其他商业用途。在未经作者的同意下，用户并无修改和分发权，否则视同侵权，其源代码也不一定公开。多数自由软件都是免费软件，但免费软件并不全是自由软件。

总体来说，软件产品是一种逻辑产品，不是客观的实体，它看不见摸不着，具有无形性。它的成本主要体现在软件的开发和研制上，软件开发研制完成后，通过复制就可以产生大量的软件产品，不需要再花人力和物力。但是，软件的研制工作需要投入大量的、复杂的、高强度的脑力劳动，所以软件的成本都非常高。

软件是脑力劳动的成果，与书籍、文章和影视作品一样受到知识产权的保护。软件版权属于知识产权的著作权范畴，在法律上称为“计算机软件著作权”。国家颁布有《计算机软件保护条例》，用于保护权益人的软件著作权。版权所有者唯一地享有该软件的复制、发布、修改和出售等多种权利。购买了一个软件后，用户仅仅得到该软件的使用权，并没有得到它的版权，所以随意对软件进行复制和分发都是违法的。

任务 3.2　掌握操作系统的原理和功能

3.2.1　操作系统的概念

操作系统（Operate System，OS）是管理计算机的资源，组织计算机的工作流程，以及方便用户使用的程序集合。也就是说，操作系统是计算机系统资源的管理者和指挥者。

操作系统是计算机中最重要的、也是最核心的系统软件，它是其他系统软件及应用软件运行的基础。从用户角度来看，可以把操作系统看成是计算机硬件的扩充；从人机交互的方式来看，操作系统是用户与计算机的接口；从计算机的系统结构来看，操作系统是一种层次、模块结构的程序集合。

3.2.2 操作系统的工作原理

计算机的存储器分为大容量存储器（通常为硬盘）和主存储器（即内存）。操作系统（如Windows、UNIX 和 Linux 等）大多安装在计算机的硬盘上。而主存储器又分为两部分：能够永久保存数据的 ROM 和易失性存储器 RAM，其中 ROM 存储器存有 BIOS 基本输入/输出程序。

1. 操作系统的启动

操作系统的启动过程大致可分为以下 4 个步骤：

① 当计算机加电开机工作后，CPU 首先执行主板上 BIOS 中的开机自检程序，检测计算机中各部件的工作状态是否正常（包括测试内存、端口、键盘、视频适配器和磁盘驱动器等基本设备，以及 CD-ROM 驱动器），完成基本的硬件配置。

② 如果自检正常则执行 BIOS 中的引导装入程序，从外部存储设备（按照 CMOS 中预定的引导启动顺序，搜索硬盘、光盘或 U 盘）中将引导分区上的操作系统引导扇区内容（即主引导程序）调入内存中。

③ 接着 CPU 执行内存中的操作系统引导程序，从外部存储设备中读出操作系统并装入到内存中。

④ 一旦操作系统成功装入内存后，操作系统就接管并开始控制整个计算机的活动。CPU 运行操作系统后，用户就可以正常地使用计算机了。操作系统的启动加载过程如图 3-4 所示。

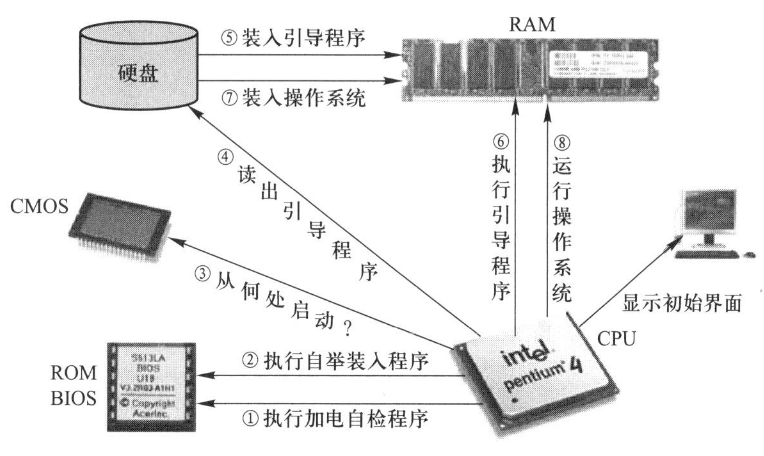

图 3-4 操作系统的加载过程

2. 设置 CMOS 的方法

在操作系统的加载过程中有一个 CMOS 设置的步骤，其实 CMOS（本意是指互补金属氧化物半导体，是一种大规模应用于集成电路芯片制造的原料）是计算机主板上的一块可随机读写的 RAM 芯片，它比较特殊，由主板的电池供电，即使系统断电，信息也不会丢失。CMOS 本身只是一块存储器，只有数据保存功能，用来保存当前系统的硬件配置参数和用户对某些系统参数的设定。

早期的 CMOS 设置程序保存在软盘上，使用很不方便。现在多数厂家将 CMOS 设置程序做到了 BIOS 芯片中，因此 CMOS 设置又称为 BIOS 设置。CMOS 设置直接关系到计算机的性能，甚至影响到计算机设备是否可以正常使用。一般情况下，新购买的计算机必须通过进行 CMOS 参数设置来告诉系统整个计算机的基本配置情况；或者后备电池失效，CMOS 数据意外丢失时也要重新设置 CMOS 参数。

在计算机执行引导装入程序之前，用户若按下某一热键（如【Delete】键或【F1】、【F2】、【F8】键，各种 BIOS 的规定不同），就可以启动 CMOS 设置程序。CMOS 基本参数包括硬盘、日期/时间、启动顺序、密码及保存等。CMOS 设置界面如图 3-5 所示。

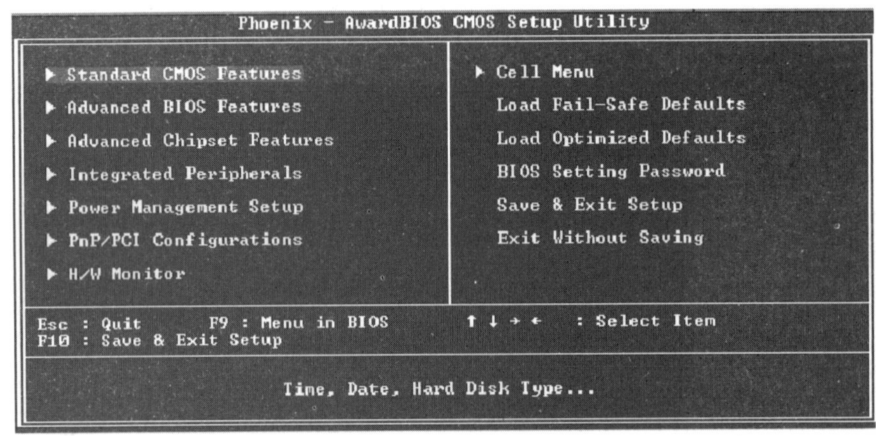

图 3-5　CMOS 设置界面

3.2.3　操作系统的主要功能

操作系统的功能不仅体现在对系统资源进行管理上，而且体现在为用户提供的应用上。操作系统的功能有处理器管理、存储器管理、文件管理、输入/输出设备管理和作业管理。

1. 处理器管理（任务管理）

处理器管理就是指 CPU 管理，使 CPU 能够有条不紊地进行工作。

CPU 是计算机系统的核心硬件资源，是程序的执行机构，是对计算机性能影响最大的系统资源。用户要让计算机完成一个任务（应用程序），首先必须将任务程序调入计算机内存中，再由 CPU 逐条执行程序指令。

早期的操作系统是单任务操作系统，在任何时刻只允许有一个任务执行，直到该任务完成后才能启动下一个程序，例如 MS-DOS。

现在的操作系统几乎都是多任务操作系统，一般都支持多个任务同时运行，提高了 CPU 的利用率。因此，如何把 CPU 的时间合理地分配给各个程序就是处理器管理要解决的问题，即解决 CPU 的分配策略、资源的分配和回收等问题。

以 Windows 操作系统为例，它就具有多任务处理的特点。计算机启动后，除了操作系统本身的程序在运行外，用户还可以启动多个程序同时工作，它们互不干扰地独立运行。然而，当

多个任务都在运行时，其中只有一个任务正在被用户直接操作，这个任务称为前台任务，该任务对应的屏幕窗口称为活动窗口；有一些任务在运行时，并不需要与用户直接交互，它们通常在不打扰用户工作的情况下默默执行，这样的任务称为后台任务，与之相应的屏幕窗口是非活动窗口。活动窗口通常位于其他窗口的前面，它的标题栏颜色与非活动窗口的颜色深浅不同。前台任务和后台任务之间可以由用户自由地进行切换。

用户可以使用“Windows 任务管理器”随时了解系统中有哪些任务正在运行，分别处于什么状态，CPU 的使用率是多少，以及存储器的使用情况如何等有关信息，如图 3-6 所示。

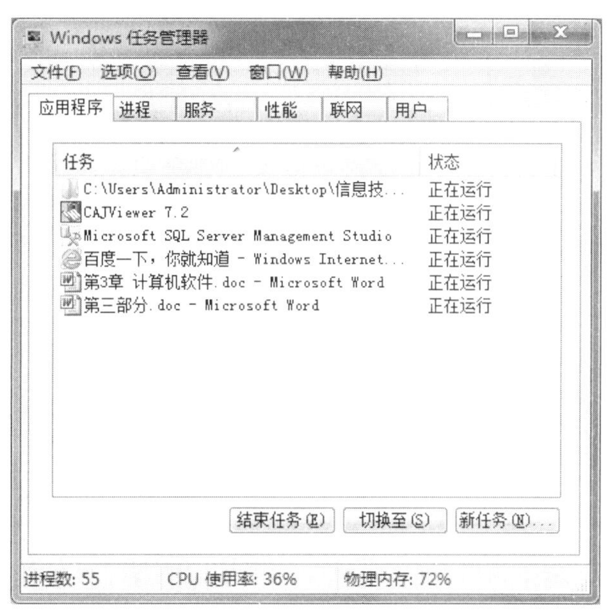

图 3-6 使用“Windows 任务管理器”窗口查看系统中任务运行情况

(1)“应用程序”选项卡

“应用程序”选项卡中显示了当前正在运行的任务。

(2)“进程”选项卡

“进程”选项卡中显示了当前正在运行的所有进程，包括正在运行的系统进程。处理器的分配和执行都是以进程为基本单位的。进程是一个具有独立功能的程序在一次动态执行的过程。进程和程序有关，但又与程序不同。

① 进程是程序的执行，属于动态的概念；程序是一组指令的集合，属于静态的概念。

② 进程是程序的执行，它是有生命过程的，有创建进程和撤销进程，它的存在是暂时的，而程序的存在是永久的。

(3)“性能”选项卡

“性能”选项卡以图形的方式显示 CPU 和内存的使用情况。

为了支持多任务处理，操作系统有一个处理器调度程序负责把 CPU 的时间和使用权分配给各个任务，这样才能使多个任务“同时”执行。调度程序一般采用按时间片（如 1/20 s）轮转的策略，每个任务都能轮流得到 CPU 一个时间片的时间，在这个 CPU 时间片过程中执行任务，在这个时间片结束时，调度程序把 CPU 交给下一个任务，就这样一遍遍循环下去。只要某个时间片结束，对应的任务不管有多重要，也不管该任务执行到什么程度，正在执行的任务都会被强行停止执行，直到下一次得到 CPU 的使用权时再继续执行。从宏观上看，这些任务都得到了 CPU 的使用权，是“同时”执行的；而从微观上看，任何时刻只有一个任务正在被 CPU 执行，若干任务是由 CPU 轮流执行并最终完成的，如图 3-7 所示。

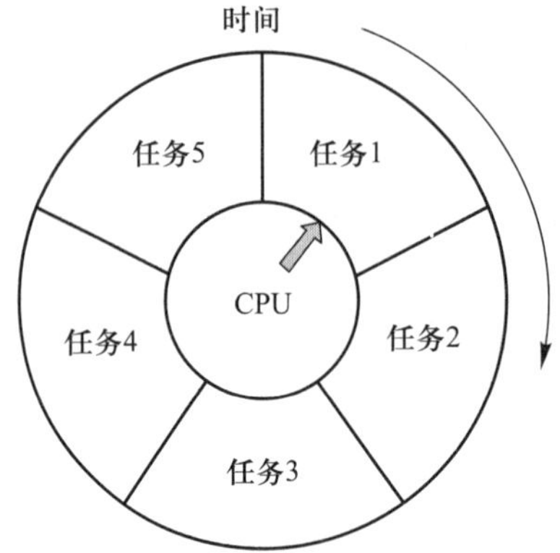

图 3-7　CPU 时间片轮转方法

实际上，操作系统本身也有若干程序与应用程序同时运行，它们一起参与 CPU 时间片的分配。当然，不同程序的重要性也不完全相等，那么它们的优先级也应该不一样，得到的 CPU 的时间片也应该不一样，这就使得处理器调度变得更加复杂。

2. 存储器管理

所谓存储器管理，主要是指对内存的管理，将有限的内存空间合理地进行分配，以满足多任务运行的需求。

内存是计算机中重要的硬件资源之一，正在运行的程序和所处理的数据都存放在内存中。

如何对内存进行有效管理，不仅直接影响存储器的利用率，也对系统的性能有重大的影响。内存管理主要包括内存的分配、内存的共享和保护，以及内存的扩充。

① 内存的分配：存储器管理根据用户程序的需要分配和回收存储器资源。

② 内存的共享和保护：存储器管理让内存中多个用户程序实现存储资源的共享，并使得各个用户程序避免“跨界打扰”的情况。

③ 内存的扩充：采用虚拟存储技术来扩充内存空间，使得存储空间不受实际存储容量大小的限制。

随着现代计算机技术的发展，内存容量越来越大，但由于成本和安装空间等原因，内存容量是有限的。当用户运行大型应用程序或者内存中有多个任务要同时执行时，内存就紧张了，矛盾也就凸显了。人们设计出各种各样的方法来解决这个问题，其中最成功的就是虚拟存储技术（即虚拟内存技术，简称虚存）。

虚拟存储技术的核心思想就是把内存与外存有机地结合起来使用，利用外存空间来弥补实际内存空间，从而得到一个容量很大的“内存”。一台计算机实际安装的内存称为物理存储器，通过虚拟存储技术得到的比实际内存空间大得多的存储空间称为虚拟存储器。

虚拟存储技术实现的基本思想是：当一个任务启动并向内存装入程序和数据时，只将当前要执行的一部分程序和数据装入内存，其余部分放在外存的虚拟空间中，然后开始执行程序。

当需要的指令和数据不在内存中时，则由存储管理程序将所缺部分从外存的虚拟空间中调入实际内存，同时将暂时不用的部分调出到虚拟空间中，实现内存和外存虚拟空间的动态交换。这样，用户所使用的内存空间就比实际内存容量要大得多。

以 Windows 操作系统来说，虚拟存储器是由物理内存和硬盘上的虚拟内存（交换文件）组成的。用户可以使用“Windows 任务管理器”窗口来查看内存的状态，如图 3-8 所示。

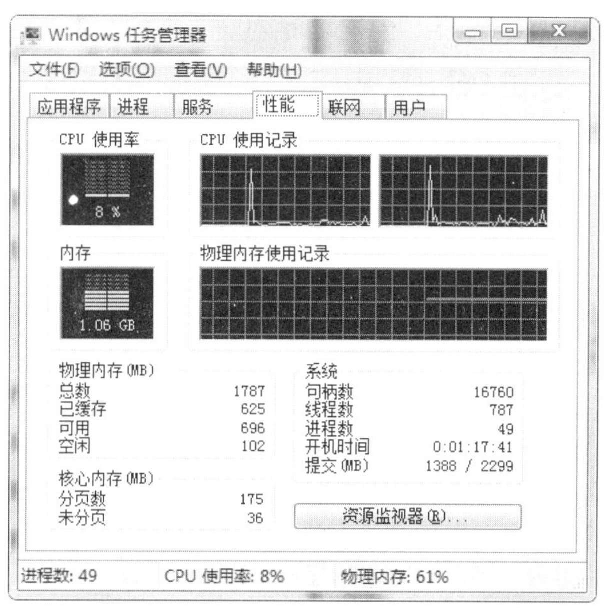

图 3-8 使用“Windows 任务管理器”窗口查看内存状态

3. 文件管理

文件管理又称文件系统，计算机中的各种程序和数据均为计算机的软件资源，它们都以文件的形式存储在外存中。文件管理主要是指对软件的管理，方便用户对文件进行存取、检索等。

（1）文件

① 文件：存储在外存中的一组相关信息的集合，如一个程序、一篇文章、一张数码相片、一个 MP3 歌曲或一封电子邮件等，都可以是文件的内容。

② 文件名：为了便于区别，每个文件都有自己的名称，是文件的标识，用户可以通过文件名来使用该文件。文件名由两部分组成：<文件名> [. 扩展名]，其中文件名是文件的主要标识，不可省略，文件名最多可包含 255 个中文或西文字符；文件扩展名（类型名）由“.”加 3~4 个英文字母组成，可以省略。

③ 记录：文件由若干个相关记录组成，每个记录都是一些相关信息的集合，如每一行程序、每一行数据等。

（2）文件类型

① 按用途来分，文件分为系统文件、用户文件和库文件。

② 按存取权限来分，文件分为可执行文件、只读文件和读写文件。

（3）文件目录（文件夹）

为了方便对文件进行存取和管理，计算机设置了文件目录，它就像一本书的目录一样，实现了文件的按名存取。

每个文件都由两部分组成，如图 3-9 所示。其中，文件内容（程序和数据）存放在外存的数据区中；文件说明信息（包括文件名、存放地址、类型、存取权限及文件的建立日期等）存放在文件目录中，文件目录也作为一个文件存放在外存中，称为目录文件。

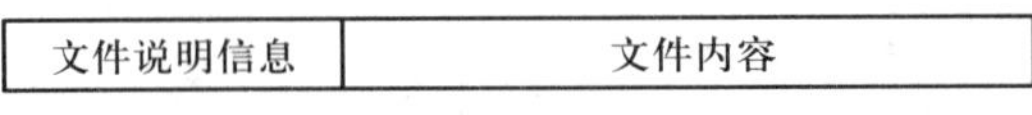

图 3-9　文件的组成

根据系统的大小和复杂程度，文件目录也可以有不同的结构，通常有一级目录、二级目录和多级目录。

① 一级目录：把所有的文件都建立在一张目录表中，按文件名查找目录就能知道文件存放的地址。

② 二级目录：为每个用户设置一张用户文件目录，再用主文件目录来登记各个用户的文件目录表存放地址。采用二级目录后，不同用户的文件名可以相同。

③ 树形目录：大多数文件系统允许在文件目录中再建立其子目录，从而形成多级树形目录结构，方便文件的分类和查找。Windows、UNIX 等操作系统都采用树形目录结构，该树从根节点向下，每个节点是一个目录（或称文件夹），多次分叉的树枝是各级子目录，末端的叶节点是文件。当用户要访问树形目录中的某一个文件时，一般要指出文件所存放的路径，路径名是由从根目录开始到该文件的通路上所有各级目录名及该文件名连接而成的。以 Windows 文件目录为例，如图 3-10 所示，每个磁盘（或物理硬盘）是一个根文件夹，可以包含文件和文件夹，文件夹又可以包含文件和子文件夹，子文件夹又可以包含文件和下一级子文件夹，用户可以通过如“F:\数据\系统软件\教案\01. doc”来访问一个 Word 类型的文档。

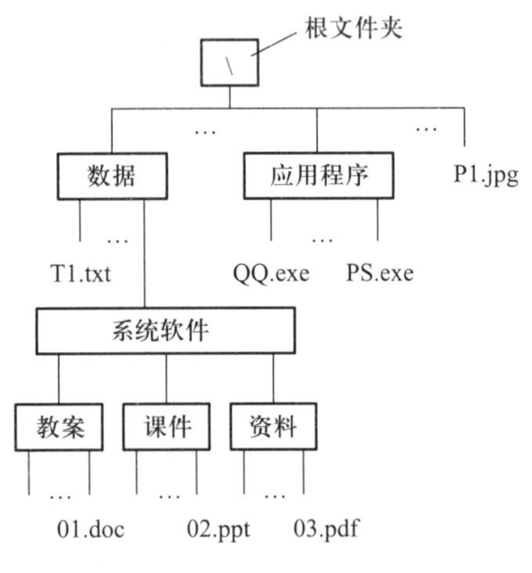

图 3-10　文件的树形目录

4. 设备管理

设备管理是指对各种各样外部设备的管理，方便用户使用输入/输出设备（I/O）。主要包括对 I/O 设备的分配、启动、完成和回收。比如现在计算机系统都配置多种 I/O 设备，它们具有不同的操作性能，设备管理是根据一定的分配原则把设备分配给请求 I/O 的任务，并且为用户使用各种 I/O 设备提供简单方便的命令。

（1）设备分类

按设备的使用性质来划分，可分为独占设备、共享设备和虚拟设备。

① 独占设备：在一个任务执行期间被此任务独占。一般低速的 I/O 设备为独占设备，如打印机等。

② 共享设备：允许多个用户同时使用的设备，如光盘等。

③ 虚拟设备：通过软件功能把原来的独占设备转换成共享设备，就好像把一台设备变成了多台虚拟设备，如虚拟网卡等。

（2）设备管理的功能

设备管理功能的目标是：方便性、有效性、独立性和并行性。

5. 作业管理

作业是用户交给计算机执行的具有独立功能的任务。作业管理的任务主要是为用户提供一个使用计算机的界面，使其方便地运行自己的作业，并对所有进入系统的作业进行调度和控制，尽可能高效地利用整个系统的资源。

作业管理的主要任务如下。

（1）作业调度

作业调度是指根据系统的能力和当前作业的运行情况，按照一定的策略，从后备作业队列中选出一批作业，为它们分配所需的I/O设备和存储空间，将它们调入内存并为之建立相应的进程，使之成为具有获得处理机资格的候选进程。

（2）作业控制

作业控制是指作业从进入系统开始，直到运行完成的整个过程中，用户可通过某种形式向系统发出各种命令，以对自己的作业进行控制和管理。

3.2.4 常用操作系统介绍

操作系统的种类繁多，按其功能和特性分为批处理操作系统、分时操作系统、实时操作系统、网络操作系统和分布式操作系统等；按同时管理用户数的多少分为单用户操作系统和多用户操作系统；按应用领域分为桌面操作系统、服务器操作系统和嵌入式操作系统。

1. Windows 操作系统

Windows 操作系统是一种在个人计算机上运行的系统软件，由美国微软（Microsoft）公司开发，Windows 的原意是“窗户”“视窗”，可以看作是一款视窗操作系统，采用了GUI图形化操作模式，比起以前的指令操作系统（如DOS）更为人性化。Windows 操作系统是目前世界上使用最广泛的操作系统。

（1）Windows 9x

从 Windows 95 开始到 Windows 98 都建立在 MS-DOS 基础上，均是机器字长为32位的单用户、多任务的操作系统。支持图形用户界面，支持“即插即用”的系统配置方法，提供通信软件，可以使用户的计算机系统连接到 Internet 上。

（2）Windows NT（New Technology）和 NT 工作站

Windows NT 是一个网络操作系统，是完全脱离了 MS-DOS 的全新内核的操作系统，面向商业应用。Windows NT 含有内置的网络功能，支持许多通信协议，并且具有一个集中的安全系统，以监测各种系统资源。Windows NT 的进一步发展是 Windows 2000 系列。网络中运行 Windows NT 的计算机作为服务器，它存储着很多共享资源。网络中除服务器外，还有客户机部分。客户机可以是一般的 PC，可以运行 NT 客户机软件，也可运行 Windows 95 或 Windows 98。

（3） Windows XP 和 Windows .NET

Windows XP 是微软推出的针对个人用户的操作系统，字母 XP 就是英文单词“体验”（Experience）的缩写。它基于 NT 的内核，同时拥有全新的用户图形界面，并且具有安全性、稳定性和易用性。

Windows .NET Server 是以 XML 标准作为信息交换格式，具有无线接入、语言支持的 OS 新版本，其可靠性、安全性和易操作性方面有了进一步提高。

（4） Windows 10

自微软公司 1985 年底发布 Windows 1.0 以来，这款操作系统走过了 30 多年的历史，经历了十多个主要版本的蜕变。最新版本的 Windows 10，其开发代号为 Threshold，寓意“十全十美”。除了对 Windows 8 上的诸多问题进行优化和革新外，Windows 10 能兼容各种类型的设备，带给全平台产品统一的使用体验。

2. UNIX 操作系统

UNIX 操作系统是当今世界上应用较广泛的主流操作系统，它适用于小型和微型计算机领域，是一个通用的、交互式的分时操作系统。在 1969 年由美国 Bell 实验室开发研制，1972 年用 C 语言改写，提高了它的兼容性和可读性。

UNIX 系统的特点是：结构紧凑、功能强大、使用方便、易于扩充、修改和维护、可移植性好、互操作性强、网络通信功能丰富，以及安全可靠等。

3. Linux 操作系统

Linux 是一种“类 UNIX”的操作系统。Linux 操作系统的原创者是芬兰的一名计算机业余爱好者 Linus Torvolds，该系统也是由此得名。它是一种外观和性能与 UNIX 相同或更好的操作系统，Linux 产品成功地模仿了 UNIX 系统和功能，但是源代码和 UNIX 一点关系都没有。Linux 是自由软件，免费并向世人公开源代码，吸引了对该操作系统感兴趣的人们共同工作。

Linux 操作系统的优势反映在网络服务器方面，其内核中包含许多网络协议，已成为网络上最普遍的服务器架构模式。Linux 操作系统作为一个多用户、多任务的操作系统，支持多工作平台和多处理器。

4. 智能手机操作系统

智能手机（Smartphone）是指像个人计算机一样，具有独立的操作系统，可以由用户自行安装软件、游戏等第三方服务商提供的程序，通过此类程序来不断对手机的功能进行扩充，并可以通过移动通信网络来实现无线网络接入的这样一类手机的总称。

Android 是一种以 Linux 为基础的开放源码操作系统，主要用于便携设备。Android 操作系统最初由 Andy Rubin 开发，主要支持手机。2005 年由 Google 收购注资，并组建开放手机联盟开发改良，逐渐扩展到平板电脑及其他领域上。

苹果 iOS 是由苹果公司开发的手持设备操作系统。苹果公司最早于 2007 年 1 月 9 日的 Macworld 大会上公布这个系统，最初是设计给 iPhone 使用的，后来陆续套用到 iPod Touch、

iPad 及 Apple TV 等苹果产品上。iOS 与苹果的 Mac OS X 操作系统一样，也是以 Darwin 为基础的，因此同样属于类 UNIX 的商业操作系统。iOS 的用户界面在概念基础上是能够使用多点触控直接操作。控制方法包括滑动、轻触开关及按键。此外，通过其内置的加速器，可以令其旋转设备改变其 y 轴以令屏幕改变方向，这样的设计令 iPhone 更便于使用。

任务 3.3 了解算法和程序设计语言

著名的计算机科学家沃思（N. Wirth）教授曾提出：程序=算法+数据结构。程序设计的实质是对实际问题选择一种好的数据结构，加之设计一个好的算法，而好的算法在很大程度上取决于描述实际问题的数据结构。

3.3.1 算法及算法的表示

在日常生活中，人们做事情都会按照一定的规则和步骤。在计算机中也一样，Word 程序如何在文档中查找用户指定的词语，Windows 如何在硬盘中找到用户指定的文件等，这些都需要靠算法来实现。

1. 算法的概念

所谓算法，就是为了解决特定问题而采取的步骤和方法，即对特定问题求解步骤的一种描述。

人们常说："软件的主体是程序，程序的核心是算法"。算法就是程序设计的灵魂，在程序设计时，先要进行算法的设计，对于算法的描述直观、清楚，才能方便程序的设计。而算法的设计也应采用由粗到细、由抽象到具体、逐步求精的方法。

2. 算法的特性

由于求解的问题不同，算法也各式各样，但所有的算法都必须具有以下 5 个基本特性。

① 确定性：算法的每个步骤都必须有确切的定义，不能含糊不清或存在歧义。

② 有穷性：算法必须保证执行有限步后能够结束。

③ 可行性：算法原则上应该能够被计算机执行，并得到确定的运算结果。

④ 输入：一个算法有 0 个或多个输入，取自特定的数据对象集合。

⑤ 输出：一个算法有 1 个或多个输出，以反映对输入数据加工后的结果，没有输出的算法是毫无意义的。

算法的含义看似与程序十分相似但又有区别。其实，程序不一定满足有穷性，举例来说，操作系统管理计算机资源，只要系统不遭破坏，它就永不停止，即使没有用户任务，它也处于等待状态。另外，程序的指令必须可行，算法的指令则没有限制。算法是问题的解，而程序就是算法的实现。

3. 算法的表示

算法的表示（描述）可以有多种形式，见表 3-2。

表 3-2　算法的描述方式及比较

算法描述种类	算法描述说明	优　　点	缺　　点
自然语言	日常生活中使用的语言	表示通俗易懂	文字冗长，不精确
流程图	特定的表示算法的图形符号	形象、直观、逻辑结构明了	在算法复杂时，难以表示清楚，容易出错
伪代码	介于自然语言与程序设计语言的文字与符号	代码简单，结构清晰，可读性强	随意性较强

例如，要求输入两个数，打印输出其中较大的数。下面就用几种算法描述方法来表示。

（1）自然语言

输入 A、B，如果 A 比 B 大，那么 A 是较大数，打印 A，否则 B 是较大数，打印 B。

（2）流程图

流程图如图 3-11 所示。

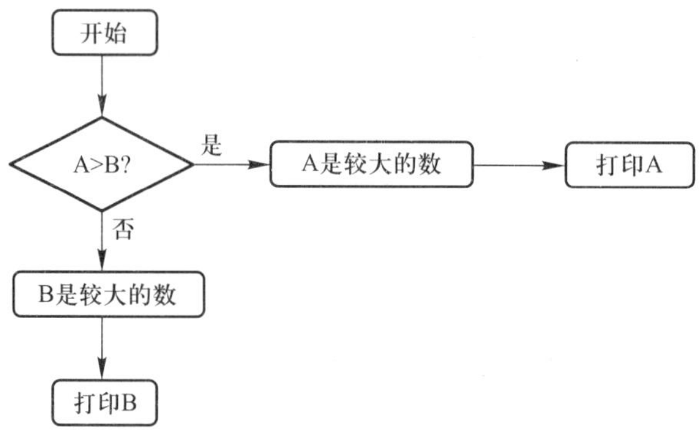

图 3-11　算法的流程图表示

（3）伪代码

```
输入 A、B
IF A>B   则   A→Max
              否则 B→Max
Print   Max
```

4. 算法分析

一个问题的计算机求解，可以有不同的算法表示。但是不同的算法在运行时，对计算机资源（时间和空间）的消耗可能会有很大的差别，付出不同的代价。

算法分析就是衡量算法性能的过程，通过算法分析得知不同算法的优劣。对算法的分析主要是对算法的时间复杂度和空间复杂度的衡量。

（1）算法的时间复杂度

算法的时间复杂度（即时间代价）很容易理解，它是依据该算法运行时所消耗的时间多少来决定的。一个算法运行所耗费的时间从理论上是算不出来的，必须上机运行测试才能知道。但是不可能也没必要对每个算法都上机测试，只要估算出花费的时间多少就可以了。

说明

一个算法花费的时间与算法中语句的执行次数有关。一般情况下，算法的基本操作重复执行的次数是关于问题规模n的某个函数$f(n)$，时间复杂度不是一个精确的执行次数，而是估算的数量级。用数量级估算的方法，使用O标记算法时间复杂度的结果，记做：$T(n)=O(f(n))$。

例如：一个算法A，时间复杂度函数：$T(n)=20n^2+30n$

一个算法B，时间复杂度函数：$T(n)=10n^2+5n+30$

那么，当n很大时，这两个算法的时间复杂度结果都是$O(n^2)$。其实，在计算一个算法的时间复杂度时，只要求出$T(n)$的最高阶，然后忽略低阶项和常数项，这样既可以简化$T(n)$的计算，也能比较客观地反映当n很大时算法的时间性能。

（2）算法的空间复杂度

一个算法的空间复杂度是指运行这个算法过程中临时占用的内存空间大小，而不包括问题的原始数据所占用的存储空间（因为这些与算法无关）。

总之，算法的评价是以正确作为前提。在正确的前提下，一个好的算法应该容易理解，再力求算法的高效率。然而，实际的算法设计不可能做到十全十美，时间复杂度和空间复杂度其实在一定程度上是矛盾的。一个运行时间较短的算法却要耗费很大的存储空间。因此，要根据不同的情况选择不同的算法。

3.3.2 程序设计语言

1. 程序设计语言的含义

经常会听到“程序设计语言”这个名词，其实程序设计语言就是一个工具，将算法利用一些语言的规则编写成程序。人们经常使用的交流语言，如汉语、英语等，称为自然语言，但是计算机不能识别人类的自然语言，要让计算机能够按照人的意图工作，必须使用计算机能识别的，并且方便人与计算机之间进行信息交流的语言，这种语言称为计算机语言，也称程序设计语言，它是编写计算机程序的重要工具。随着计算机技术的不断发展，计算机语言也在不断发展，一般分为机器语言、汇编语言和高级语言。

（1）机器语言

机器语言是用0和1的二进制代码指令表示的计算机语言，能被计算机硬件直接识别和执行，由操作码和操作数组成，是最底层的计算机语言。机器语言因机器而异，因此又称它为“面向机器”的语言。

优点：计算机能直接识别，运行速度快，占用内存空间小。

缺点：直观性差，难记、难写，非常容易出错；面向具体的机器，通用性差；需要人工分配内存，编程工作量大。

（2）汇编语言

为了克服机器语言难读难懂的缺点，开发人员研究了一种方法，用助记符代替机器语言指令，这种语言称为汇编语言。一条汇编指令对应一条机器指令，汇编语言用一些便于人们记忆的符号来代替二进制数码，这些符号都是一些可以指明操作含义的英文单词（或其缩写），因此也称为助记符式语言。但汇编语言是计算机不能直接识别执行的，必须使用汇编程序把它翻译成机器语言程序（目标程序）才能执行。汇编语言也是“面向机器”的语言，不具有通用性和可移植性。

优点：运行速度快，占用空间小；易学、易懂、易查错、易修改。

缺点：机器不能直接识别；面向机器，通用性差。

（3）高级语言

高级语言是一种比较接近自然语言和数学表达式的计算机程序设计语言，更容易被理解和阅读。它与具体的计算机硬件无关，用高级语言编写的程序（源程序）可以直接运行在不同型号的计算机上，具有通用性。常用的高级语言有 BASIC、C，以及目前比较流行的面向对象语言 VB.NET、C#、Java 和 Python 等。

优点：接近于自然语言；能精确地描述解决问题的过程；不依赖于具体的计算机指令系统；不需要人工分配内存；运行速度慢，占用内存空间大。

缺点：计算机不能直接识别和运行。

下面通过一个具体实例来比较一下这 3 种计算机语言编写程序的具体体现。如果有一个运算题 $S=789-(123+456)$，分别用 3 种程序设计语言来实现，如图 3-12 所示。

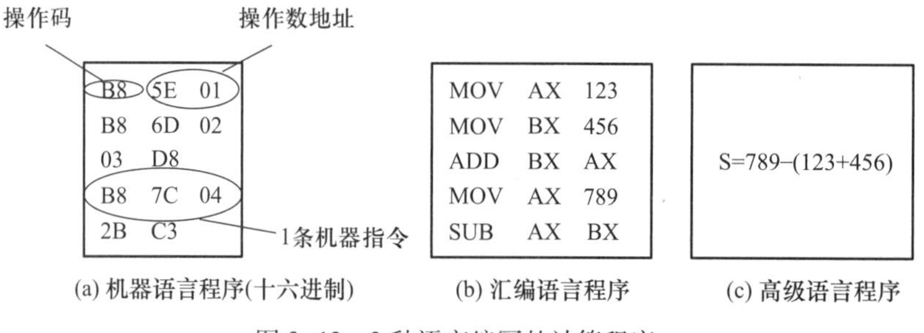

图 3-12　3 种语言编写的计算程序

2. 程序设计语言的控制结构

求解任何计算问题的程序都可以由 3 种基本控制结构组合而成，如图 3-13 所示。

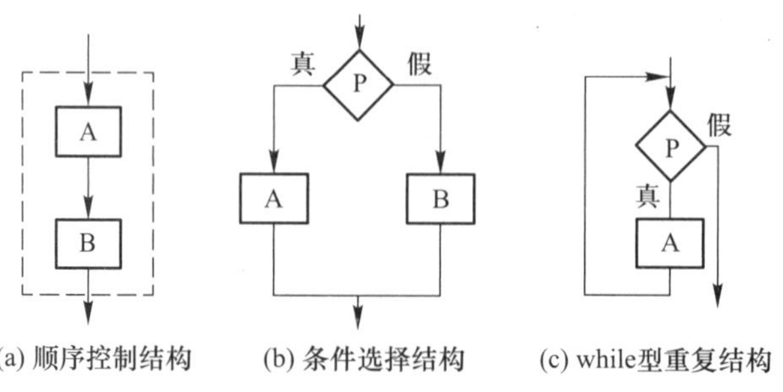

图 3-13　三种基本控制结构

其中，顺序结构是最基本、最常用的结构，是按照先后顺序依次执行程序中的每一个操

作，每一个操作都会执行并且仅执行一次。

选择结构又称分支结构，根据控制条件的成立与否选择执行其中的一个分支而放弃另一个分支。

重复结构是根据控制条件决定是否重复地执行同一段程序。重复结构分为三种类型：当型（while 型）、直到型（do-while 型）和计数型。

3. 常用的程序设计语言

迄今为止，各种不同应用的程序设计语言有数百种之多，下面介绍几种有影响的程序设计语言。

（1）Fortran 语言

Fortran 是 Formula Translation（公式翻译）的缩写词，它是一种主要用于数值计算的面向过程的程序设计语言。

（2）BASIC 和 VB 语言

BASIC 语言属于高阶程式语言的一种，英文名称的全名是 Beginner's All-purpose Symbolic Instruction Code，取其首字母简称 BASIC，就名称的含义来看，是“适用于初学者的多功能符号指令码”，是一种在计算机发展史上应用最为广泛的程式语言。

VB（Visual BASIC）语言是微软公司基于 BASIC 开发的一种程序设计语言，可方便地使用 Windows 图形用户界面。VB 提供的是可视化的开发环境，可以像搭积木一样构建出程序的界面，而且 VB 还提供了丰富的控件组，用户省去了自己写代码实现这些效果的麻烦，这样就能把更多的精力放在程序功能的实现上，所以 VB 学起来简单，用起来方便。

（3）C 语言和 C++语言

C 语言是 1972 年至 1973 年间由 AT&T 公司 Bell 实验室的 D. M. Ritchie 设计的，著名的 UNIX 操作系统就是用 C 语言编写的。它的应用范围广泛，具备很强的数据处理能力，不仅仅是在软件开发上，而且各类科研都需要用到 C 语言，适于编写系统软件，以及二维、三维图形和动画等。具体应用在单片机及嵌入式系统等的开发上。

C++语言是以 C 语言为基础发展起来的通用程序设计语言，它最先由 Bell 实验室的 B. Stroustrup 在 20 世纪 80 年代设计并实现。

C++语言是对 C 语言的扩充。但它比 C 语言更容易为人们学习和掌握。C++以其独特的语言机制在计算机科学的各个领域中得到了广泛的应用。面向对象的设计思想是在原来结构化程序设计方法基础上的一个质的飞跃，C++完美地体现了面向对象的各种特性。

（4）Java 语言

Java 语言是由 SUN Microsystem 公司于 1995 年发布的一种面向对象的、用于网络环境的程序设计语言。

Java 提供了一个功能强大的语言的所有功能，但几乎没有一点含混特征。C++安全性不好，但 C 和 C++被人们所接受，所以 Java 设计成 C++形式，让人很容易学习。Java 去掉了C++语言中的指针运算、结构、#define 及需要释放内存等功能，减少了平常出错的 50%，让 Java 的语言功能很精炼。而且，因为 Java 很小，所以整个解释器只需要 215 KB 的 RAM，并增加了一些很有用的功能，如自动收集碎片。Java 实现了 C++的基本面向对象技术并有一些增强。Java 处理数据的方式和用对象接口处理对象数据的方式一样。

除了以上介绍的几种常用程序语言外，具有影响的程序语言还有 LISP 语言（适用于符号操作和表处理，主要用于人工智能领域）、Prolog 语言（一种逻辑式编程语言，主要用于人工智能领域）、Ada 语言（类似于 Pascal 语言，且易于控制并行任务和处理异常情况）和 MATLAB（一种面向向量和矩阵运算的提供数据可视化等功能的数值计算语言）等。

3.3.3 程序设计语言处理程序

计算机只能直接识别机器语言，不能直接识别和运行汇编语言程序和高级语言程序，所以它们必须通过翻译处理，翻译成机器语言程序后才能执行。完成这种翻译处理过程的也是一种程序，称为语言处理程序。

语言处理程序分为汇编程序、编译程序和解释程序。

1. 汇编程序

汇编程序是将汇编语言源程序“翻译”成机器语言程序。

用汇编语言编写的程序通常称为汇编语言源程序。这样的程序计算机是不能直接识别和执行的，必须用相应的翻译程序（称为汇编程序）将汇编语言源程序翻译成机器能够执行的机器语言程序（称为目标程序），这个翻译过程称为汇编。其具体过程如图 3-14 所示。

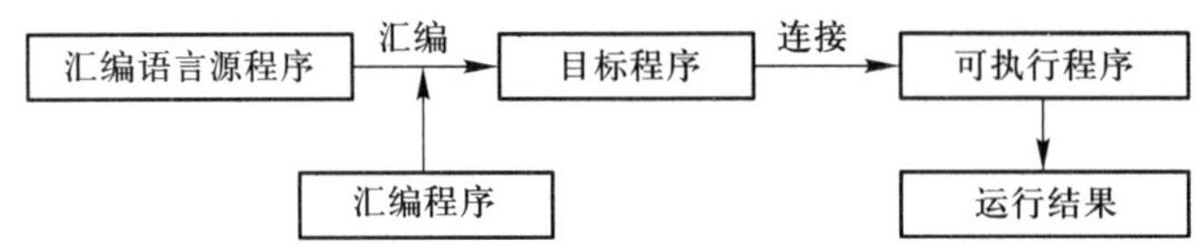

图 3-14　源程序的汇编运行过程

2. 编译程序

编译程序是将高级语言源程序整个“翻译”后生成目标程序，然后通过链接程序形成可执行文件。高级语言翻译的执行方式有编译方式和解释方式两种。

① 编译方式：用相应语言的编译程序将源程序翻译成目标程序，再用连接程序将目标程序与函数库连接，最终生成可执行程序，即可在计算机上运行。其过程如图 3-15 所示。

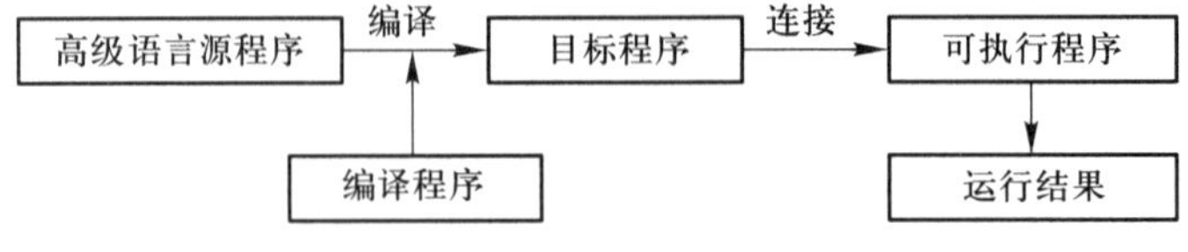

图 3-15　源程序的编译运行过程

② 解释方式：通过相应的解释程序将源程序逐句翻译成机器指令，并且是每翻译一句就执行一句。解释程序不产生目标程序，执行过程中若某句有错误将立即显示出错误信息，以便用户修改后继续执行。解释执行过程如图 3-16 所示。

解释方式虽然直观，但效率较低。目前大部分高级语言均采用编译方式。

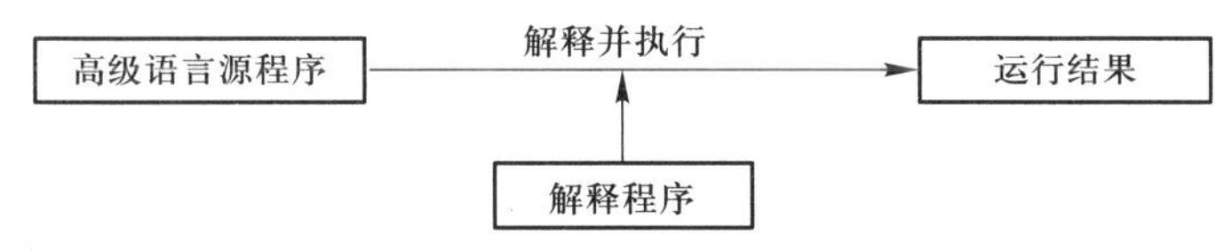

图 3-16　源程序的解释运行过程

本章小结

本章主要介绍了计算机软件的概念及其分类，重点介绍了操作系统的概念和工作原理、操作系统的主要功能等，最后介绍了算法的基本概念以及程序设计语言的发展过程，并分析了几种有影响的程序设计语言的功能和特点。

例题解析

一、选择题

1. 从应用的角度来看，软件可分为两类。管理系统资源、提供常用基本操作的软件称为________，为最终用户完成某项特定任务的软件称为应用软件。

A. 系统软件　　B. 应用软件　　C. 通用软件　　D. 定制软件

分析：按照不同的标准，可以将软件划分为不同的种类。从应用的角度出发，计算机软件可以分为系统软件和应用软件。系统软件是管理、监控和维护计算机资源（包括硬件和软件）的软件，使得它们可以协调工作。应用软件是为了某种特定的用途而开发的软件。应用软件根据软件的应用范围又可以分为通用软件和定制软件。

答案：A。

2. 对于下列 10 个软件：① Windows 8；② Windows XP；③ Windows NT；④ PowerPoint；⑤ Access；⑥ UNIX；⑦ Linux；⑧ QQ；⑨ Photoshop；⑩ IE，其中，________均为操作系统软件。

A. ①、②、③、④　　B. ①、②、③、⑤、⑦

C. ①、③、⑤、⑥　　D. ①、②、③、⑥、⑦

分析：其中 Windows 8、Windows XP、Windows NT、UNIX 和 Linux 是操作系统软件，其余均属于应用软件。

答案：D。

3. ________运行在计算机系统的底层，并负责实现计算机各类资源管理的功能。

A. 操作系统　　B. 应用软件　　C. 数据库系统　　D. 中间件

分析：计算机从最底层开始，首先是计算机硬件，在硬件之上就是操作系统，而其他的系统软件和应用软件都是运行在操作系统这个平台上的。从硬件和软件资源管理的角度来看，操作系统的主要功能包括处理器管理、存储管理、文件管理和 I/O 设备管理等几个方面。

答案：A。

4. 下列关于操作系统处理器管理的说法中，错误的是________。

A. 处理器管理的主要目的是提高 CPU 的使用效率

B. “分时”是指将 CPU 时间划分成若干时间片，轮流为多个程序服务

C. 并行操作系统可以让多个 CPU 同时工作，提高计算机系统的效率

D. 多任务处理都要求计算机有多个 CPU

分析：为了提高 CPU 的利用率，操作系统一般都支持若干程序同时运行，这称为多任务处理。为了支持多任务处理，操作系统中有一个处理器调度程序负责把 CPU 时间分配给多个任务，这样使得多个任务“同时”执行，从微观上看，在任何时刻只有一个任务正在被 CPU 执行，即这些任务是被轮流执行的，所以多任务处理并不要求计算机必须有多个 CPU。

答案：D。

5. 使用计算机编辑文档的同时，还可播放 MP3 音乐并从网上下载资料，这种功能称为________。

A. 多用户处理　　B. 多任务处理　　C. 实时处理　　D. 分布处理

分析：根据同一时间使用计算机用户的多少，可以分为单用户操作系统和多用户操作系统，如果同一时间允许多个用户同时使用计算机硬件和软件资源，则称为多用户。多任务处理指系统可同时运行多个进程，而每个进程也可同时执行多个线程，一个线程指程序的一条执行路径。实时处理指的是处理结果能立即作用或影响正在被处理的过程本身的一种处理方式，时间的限制和系统服务的对象和具体物理过程紧密相关，每个线程处理等待时间不长，采集一个数据就进行处理，然后采集下一个。分布处理是通过网络将一件较大的工作分配给网络上的多台计算机去共同完成，处理好结果后返回到主机上。

答案：B。

6. 下面关于 Windows XP 的虚拟存储器的叙述中，错误的是________。

A. 虚拟存储器是由物理内存和硬盘上的虚拟内存联合组成的

B. 硬盘上的虚拟内存实际上是一个文件，称为交换文件

C. 交换文件通常位于系统盘的根目录下

D. 交换文件大小固定，但可以不止 1 个

分析：在 Windows 操作系统中，虚拟存储器是由计算机中的物理内存（主板上的 RAM）和硬盘上的虚拟内存（“交换文件”）联合组成的，程序（及其数据）被划分成一个个“页面”，每页为固定大小，在启动一个任务而向内存装入程序及数据时，只将当前要执行的一部分程序和数据页面装入内存，其余页面放在硬盘提供的虚拟内存中，然后开始执行程序。交换文件通常位于系统盘的根目录下，但大小并不固定。

答案：D。

7. 下列操作系统产品中，________是一种“自由软件”，其源代码向世人公开。

A. DOS　　B. Linux　　C. Windows　　D. UNIX

分析：从软件的法律状态，按软件的传播方式及使用方式可以把软件分为为免费软件、自由软件、共享软件和商业软件。作为自由软件，它有如下两个特点：一是它开放源码并对外免费提供；二是爱好者可以按照自己的需要自由修改、复制和发布程序的源码，并公布在 Internet 上。Linux 就是其中的经典代表。

答案：B。

8. 下列关于算法和程序的叙述中，错误的是________。

A. 程序就是算法，算法就是程序

B. 求解某个问题的算法往往不止一个

C. 软件的主体是程序，程序的核心是算法

D. 为实现某个算法而编写的程序可以有多个

分析：软件的主体是程序，程序的核心是算法。算法就是解决问题的方法和步骤。采用某种程序设计语言对问题的对象和解题步骤进行的描述就是程序。一个问题的解决往往可以有多种不同的算法。人们在不同的情况下，对算法可以有不同的选择。

答案：A。

9. 分析某个算法的优劣时，应考虑的主要因素是________。

A. 需要占用计算机资源的多少　　B. 算法的简明性

C. 算法的可读性　　D. 算法的开放性

分析：算法的选择，除了考虑其正确性外，还应考虑：执行算法所要占用计算机资源的多少，包括时间资源和空间资源两方面，消耗时间或空间的不同，需要付出不同的代价。还有要考虑的是算法是否容易理解，是否容易调试和测试等。

答案：A。

10. 下面关于程序设计语言处理系统的叙述中，错误的是________。

A. 它用于把高级语言编写的程序转换成可在计算机上直接执行的二进制程序

B. 它本身也是一个（组）软件

C. 它可以分为语言编译程序、解释程序和汇编程序等不同类型

D. 用汇编语言编写的程序不需要处理就能直接由计算机执行

分析：程序设计语言处理系统是系统软件中的一大类，它随被处理的语言及其处理方法和处理过程的不同而不同。任何一个语言处理系统通常都包括一个翻译程序，它把一种语言的程序翻译成等价的另一种语言。被翻译的语言和程序分别称为源语言和源程序，而翻译生成的语言和程序分别称为目标语言和目标程序。计算机只能直接识别机器语言，不能直接识别和运行汇编语言程序和高级语言程序，所以它们必须通过翻译处理，翻译成机器语言程序后才能执行。语言处理程序分为汇编程序、编译程序和解释程序。汇编程序是将汇编语言源程序“翻译”成机器语言程序。编译程序是将高级语言源程序整个“翻译”后生成目标程序，然后通过链接程序形成可执行文件。高级语言翻译的执行方式有编译方式和解释方式两种。

答案：D。

二、判断题

1. 免费软件是一种不需要付费就可取得并使用的软件，但用户并无修改和分发权，其源代码也不一定公开。360 杀毒软件就是一种免费软件。

分析：用户可共享自由软件，允许随意复制、修改其源代码，允许销售和自由传播，但对软件源代码的任何修改都必须向所有用户公开，还必须允许此后用户享有进一步复制和修改的自由。多数自由软件都是免费软件，但免费软件并不全是自由软件。免费软件是一种不需要付费就可取得的软件，但用户可能并无修改和分发权，其源代码也不一定公开。

答案：对。

2. 存储在光盘中的数字音乐、JPEG图片等都是计算机软件。

分析：计算机软件包括程序、数据和文档。数字音乐和JPEG图片等都是文件形式，并没有相应的程序、文档等。

答案：错。

3. 用户购买软件后，就获得了它的版权，可以随意进行软件复制和分发。

分析：用户购买软件后，获得了它的使用权并非版权，不能随意进行软件复制和分发。软件产品受到版权保护。自由软件除外，它允许用户随意复制、修改其源代码，允许销售和自由传播。

答案：错。

4. BIOS、Windows操作系统及C语言编译器等都是系统软件。

分析：系统软件泛指为了有效使用计算机系统，给应用软件开发与运行提供支持或者能为用户管理与使用计算机提供方便的一类软件，如基本输入/输出系统（BIOS）、操作系统（如Windows）、程序设计语言处理系统（如C语言编译器）、数据库管理系统（如Access、Oracle等），以及常用的使用程序（如磁盘清理程序、备份程序等）。

答案：对。

5. 支持多任务处理和使用图形用户界面是Windows操作系统的两个重要特点。

分析：Windows操作系统的特点就是允许多任务处理、GUI友好的用户界面及可靠性强等。UNIX操作系统是多用户、多任务分时操作系统，适用面宽、可移植性好的开发系统。Linux的核心源代码是公开的，具有良好的开放性，具有很强的适应性，能适应不同的硬件平台等特点。

答案：对。

6. Windows系统中，每一个物理硬盘只能建立一个根目录，不同的根目录在不同的物理硬盘中。

分析：计算机中有数以千万计的文件，为了分门别类且有序地存放文件，操作系统把它们组织在若干文件目录中，Windows中文目录也称为文件夹，它采用树状结构进行组织。一个物理硬盘可以分成若干个分区，每个分区都有一个根目录（根文件夹），它包含若干文件和文件夹，文件夹不但可以包含文件，而且还可以包含下一级的文件夹，以此类推，就形成了多级的树状文件夹结构。

答案：错。

7. Windows系统中，如果文件的扩展名不显示，可以通过设置资源管理器的选项使其显示出来。

分析：通过选中资源管理器的文件夹选项中的“查看”选项卡的“隐藏已知文件类型的扩展名”复选框，来实现文件扩展名的显示与隐藏。

答案：对。

8. 在Windows操作系统中，磁盘碎片整理程序的主要作用是删除磁盘中无用的文件，增加磁盘可用空间。

分析：磁盘碎片即文件碎片，是因为文件被分散保存到整个磁盘的不同地方，而不是在磁盘连续的簇中形成的。磁盘碎片会降低系统的整体性能，打开文件时，计算机必须搜索硬盘，将碎片重新拼凑在一起，响应时间可能会变长。磁盘整理程序能把在不同位置的碎片排列起

来，加快读盘速度，而不是删除文件。

答案：错。

9. Windows 系统中，不同文件夹中的文件不能同名。

分析：Windows 系统中，允许同名文件的存在。不同文件夹中的文件可以同名，但是同一个文件夹中的文件不能同名。文件的存取和管理是通过文件目录实现的，文件目录包括文件说明信息，主要有文件名、类型和存放地址等信息，还包括文件内容。如果是不同的文件夹，意味着文件目录就不同，那么文件名相同是被允许的。

答案：错。

10. 一台计算机的机器语言就是这台计算机的指令系统。

分析：指令是 CPU 能够完成特定操作的二进制格式的代码。指令系统是某类 CPU 所能执行的所有指令的总和。机器语言是一种编程语言，它直接用二进制指令格式编写或构造程序。

答案：对。

三、填空题

1. 操作系统提供了任务管理、文件管理、存储管理和设备管理等多种功能，其中________管理用于解决数据和程序在磁盘等外存储器中如何有效存储和访问等问题。

分析：操作系统的功能不仅体现在对系统资源进行管理上，而且体现在为用户提供的应用上。操作系统的功能有处理器管理、存储器管理、输入/输出设备管理、文件管理和作业管理。处理器管理就是指 CPU 管理，让它能有条不紊地进行工作。存储管理主要是指对内存的管理，将有限的内存空间合理地加以分配，从而满足多任务运行的需求。设备管理是指对各种各样外部设备的管理，方便用户使用输入/输出设备（I/O）。文件管理又称文件系统，计算机中的各种程序和数据均为计算机的软件资源，它们都以文件的形式存储在外存中。文件管理主要是指对软件的管理，方便用户对文件进行存取和检索等。作业管理主要是为用户提供一个使用计算机的界面，使其方便地运行各项任务，并对任务进行统一调度和控制。

答案：文件。

2. 在 Windows 操作系统中，用户可以借助于"________管理器"程序，来了解系统中运行的应用程序状态和 CPU 的利用率等有关信息。

分析：任务管理器的作用有：关闭程序、启动新任务、设置进程优先级别和监视计算机的性能（CPU 使用、内存使用和物理内存等数据）。

答案：任务。

3. CPU 唯一"认识"的"语言"是________，任何程序的运行最终都是由 CPU 一条一条地执行它来完成的。

分析：机器语言是用 0 和 1 的二进制代码指令表示的计算机语言，能被计算机硬件直接识别和执行，由操作码和操作数组成，是最底层的计算机语言。

答案：机器语言。

4. Windows 操作系统中，非活动窗口对应的任务称为________任务。

分析：以 Windows 操作系统来说，它具有多任务处理的特点。计算机启动后，除了操作系统本身的程序在运行外，用户还可以启动多个程序同时工作，它们互不干扰地独立运行。当多个任务都在运行时，其中只有一个任务正在被用户直接操作，这个任务称为前台任务，该任务对应的屏幕窗口称为活动窗口；有一些任务在运行时，并不需要与用户直接交互，它们通常在不打扰用户工作的情况下默默执行，这样的任务称为后台任务，与之相应的屏幕窗口是非活动窗口。活动窗口通常位于其他窗口的前面，它的标题栏颜色与非活动窗口的颜色深浅不同。前台任务和后台任务之间可以由用户自由地进行切换。

答案：后台。

5. C++语言运行性能高，而且兼容 C 语言，已成为当前主流的面向________程序设计语言之一。

分析：常用的高级语言有 Fortran、BASIC、VB、C、C++及 Java 语言等。它们都有各自的特点，适用于不同的应用领域。C 语言的特点是语句表达能力强，具有丰富的数据类型和灵活多样的运算符，因此 C 语言广泛应用于各个领域，特别是编写操作系统和编译程序软件，著名的 UNIX 操作系统就是用 C 语言编写的。而 C++是以 C 语言为基础发展起来的，C++具有数据抽象和面向对象能力，运行性能高，又与 C 语言相兼容。

答案：对象。

课后习题

一、判断题

1. AutoCAD 是一种典型的图像编辑软件。（　　）
2. BIOS、Windows 操作系统、C 语言编译器等都是系统软件。（　　）
3. C++是一种面向对象的计算机程序设计语言。（　　）
4. Excel、PowerPoint 和 Word 都是文字处理软件。（　　）
5. Java 语言适用于网络环境编程，在 Internet 上有很多用 Java 语言编写的应用程序。（　　）
6. MATLAB 是一种面向数值计算的高级程序设计语言。（　　）
7. Office 软件是通用的应用软件，它可以不依赖操作系统而独立运行。（　　）
8. PC 加电启动时，在正常完成加载过程之后，操作系统即被装入到内存中并开始运行。（　　）
9. PC 每一次重新安装操作系统后都要启动“CMOS 设置程序”对系统配置信息进行设置。（　　）
10. PC 最常用的操作系统是 MS Windows。（　　）
11. Windows 常用的磁盘清理程序、格式化程序、文件备份程序等称为“实用程序”，它们不属于系统软件。（　　）
12. Windows 系统支持使用长文件名，用户可以为文件定义任意长度的文件名。（　　）
13. Windows 系统中，不论前台任务还是后台任务均能分配到 CPU 的使用权。（　　）
14. Windows 系统中，若在 C 盘根文件夹中已有一个名为 ABC 的文件夹，那么在 D 盘根文件夹中就不能再创建同名的文件夹。（　　）
15. Windows 系统中，可以像删除子目录一样删除根目录。（　　）
16. Windows 系统中，每一个物理硬盘只能建立一个根目录，不同的根目录在不同的物理

硬盘中。 ( )

17. Windows 系统中，如果文件的扩展名不显示，可以通过设置资源管理器的选项使其显示出来。 ( )

18. Windows 系统中，属性为“隐藏”的文件，通过设置资源管理器的选项也可以显示出来。 ( )

19. Word 是一种功能很强的文字处理软件，可以编辑扩展名为 txt、htm 和 docx 等多种格式的文件。 ( )

20. 文字处理软件 Word 能够打开并显示 PDF 格式文档。 ( )

21. 编译程序是一种把高级语言源程序翻译（转换）成机器语言目标程序的翻译程序。 ( )

22. 操作系统的 3 个重要作用体现在：管理系统硬软件资源、为用户提供操作界面、为应用程序开发和运行提供平台。 ( )

23. 程序设计语言可分为机器语言、汇编语言和高级语言，其中高级语言比较接近自然语言，而且易学、易用、程序易修改。 ( )

24. 程序是计算机软件的主体，软件一定包含有程序。 ( )

25. 存储在光盘中的数字音乐、JPEG 图片等都是计算机软件。 ( )

26. 当计算结果为无穷小数时，算法可以无穷尽地执行，永不停止。 ( )

27. 对于同一个问题可采用不同的算法去解决，但不同的算法通常具有相同的效率。 ( )

28. 共享软件是一种“买前免费试用”的具有版权的软件，它是一种为了节约市场营销费用的有效的软件销售策略。 ( )

29. 算法与程序不同，算法是解决问题的方法与步骤，程序是算法的一种具体实现。 ( )

30. 计算机运行程序的过程，也就是 CPU 高速执行指令的过程。 ( )

31. 在 PC 的 Windows 平台上运行的游戏软件，发送到安卓系统的手机上，可正常运行。 ( )

32. 由于目前计算机内存容量较大，因此分析一个算法的好坏，只需要考虑其速度的快慢就可以了。 ( )

33. 在 Windows 操作系统中，磁盘碎片整理程序的主要作用是删除磁盘中无用的文件，增加磁盘可用空间。 ( )

34. 评价一个算法的优劣主要从需要耗费的存储资源（空间）和计算资源（时间）两方面进行考虑。 ( )

35. 为了延长软件的生命周期，常常要进行软件更新和版本升级，其主要目的是减少错误、扩充功能、适应不断变化的运行环境。 ( )

二、填空题

1. C++语言运行性能高，且兼容 C 语言，是当前主流的面向________的程序设计语言之一。

2. CPU 唯一“认识”的“语言”是________，任何程序的运行最终都是由 CPU 一条一条地执行它来完成的。

3. Windows 操作系统中，非活动窗口对应的任务称为________任务。

4. Windows 操作系统中，前台任务对应的窗口称为________窗口。

5. Windows 系统的图形用户界面中，采用________来形象地表示系统中的文件、程序和设备等对象。

6. 安装或维护操作系统时，计算机有时需要由光盘或软盘启动，在此之前的一个准备工作是改变系统启动时访问外存储器的顺序，这时应在________中进行设置。

7. 操作系统提供的多任务处理功能，它的主要目的是提高________的利用率。

8. 操作系统提供了任务管理、文件管理、存储管理、设备管理等多种功能，其中________管理用于解决数据和程序在磁盘等外存储器中如何有效存储和访问等问题。

9. 根据“存储程序控制”的原理，准确地说，计算机硬件各部件如何动作具体是由________决定的。

10. 计算机启动时，首先运行 BIOS 中的________程序，测试计算机中硬件的工作状态。

11. 计算机软件由程序以及与程序相关的数据和文档组成，其中主体是________。

12. 计算机系统由硬件和软件组成，没有________的计算机被称为裸机，使用裸机难以完成信息处理任务。

13. 人们通常把程序以及与程序相关的数据和________统称为软件。

14. 如果需要计算机运行存放在磁盘上的程序，必须先将程序调入________，然后才能由 CPU 执行程序。

15. 软件可以分为商品软件、自由软件、共享软件，购买前可免费试用的具有版权的软件称为________软件。

16. 软件可以分为商品软件、自由软件、共享软件，用户需要付费才能得到其使用权的软件称为________软件。

17. 软件作者享有软件的复制、署名、修改、发布和出售权利，这些权利受到________法保护。

18. 若需要在一台计算机上同时运行多个应用程序，必须安装使用具有________处理功能的操作系统。

19. 微软公司的 Word 是一个功能丰富、操作方便的文字处理软件，它能够做到“________”（WYSIWYG），使得所有的编辑操作其效果立即可以在屏幕上看到，并且在屏幕上看到的效果与打印机的输出结果相同。

20. 为了有效地管理内存以满足多任务处理的要求，操作系统提供了________管理功能。

21. 一类比较接近自然语言和数学语言，且必须经过编译或解释才能运行的是________语言程序。

22. 用助记符来代替指令中的操作码和操作数来描述算法的语言是________语言。

23. 与以前操作系统使用的字符方式界面不同，Windows 操作系统采用________方式的用户界面，称为 GUI。

24. 在 Windows 系统中，可以利用一个称为________的系统工具程序来查看当前系统中有哪些应用程序正在运行。

25. Word、PowerPoint、Excel 和 Adobe Reader 这 4 个常用软件中，无法制作和转换成文件

扩展名为 html 的是________。

三、选择题

1. ________软件运行在计算机系统的底层，并负责管理系统中的各类软硬件资源。

A. 数据库系统　　B. 应用程序

C. 操作系统　　D. 编译系统

2. AutoCAD 是一种________软件。

A. 多媒体播放　　B. 图像编辑

C. 文字处理　　D. 绘图

3. Photoshop 是一种________软件。

A. 多媒体创作　　B. 网页制作软件

C. 图像编辑处理　　D. 动画处理

4. 以下关于 Windows（中文版）文件夹的叙述中，错误的是________。

A. 网络上其他用户可以不受限制地修改共享文件夹中的文件

B. 文件夹为文件的查找提供了方便

C. 几乎所有文件夹都可以设置为共享

D. 将不同类型的文件放在不同的文件夹中，方便了文件的分类存储

5. Windows 操作系统属于________。

A. 系统软件　　B. 应用软件

C. 工具软件　　D. 专用软件

6. 操作系统的作用之一是________。

A. 将源程序编译为目标程序

B. 控制和管理计算机系统的软硬件资源

C. 实现文字编辑、排版功能

D. 上网浏览网页

7. 程序设计语言的编译程序或解释程序属于________。

A. 系统软件　　B. 应用软件

C. 实时系统　　D. 分布式系统

8. 从应用的角度看软件可分为两类。管理系统资源、提供常用基本操作的软件称为________，为最终用户完成某项特定任务的软件称为应用软件。

A. 系统软件　　B. 通用软件

C. 定制软件　　D. 普通软件

9. 对于下列软件：① 金山词霸；② C 语言编译器；③ Linux；④ 银行会计软件；⑤ Oracle；⑥ 民航售票软件，其中，________均属于系统软件。

A. ①、③、④　　B. ②、③、⑤

C. ①、③、⑤　　D. ②、③、④

10. 负责管理计算机中的硬件和软件资源，并为应用程序开发和运行提供高效率平台的软件是________。

A. 数据库管理系统　　B. 操作系统

C. 实用程序　　D. 编译系统

11. 高级程序设计语言的编译程序和解释程序均属于________。

A. 通用应用软件　　B. 定制应用软件

C. 中间件　　D. 系统软件

12. 下列关于计算机程序的叙述中，错误的是________。

A. 程序由指令（语句）组成

B. 程序中的指令（语句）都是计算机能够理解和执行的

C. 启动运行某个程序，就是由 CPU 执行该程序中的指令（语句）

D. CPU 可以直接执行外存储器中程序的指令（语句）

13. 下列关于计算机程序和数据的叙述中，错误的是________。

A. 程序所处理的对象和处理后所得到的结果统称为数据

B. 同一程序可以处理许多不同的数据

C. 程序具有灵活性，即使输入数据不正确甚至不合理，也能得到正确的输出结果

D. 程序和数据是相对的，一个程序也可以作为另一个程序的数据进行处理

14. 很长时间以来，在求解科学与工程计算问题时，人们往往首选________作为程序设计语言。

A. Fortran　　B. Pascal

C. Java　　D. C++

15. 能把高级语言编写的源程序进行转换，并生成机器语言形式的目标程序的系统软件称为________。

A. 连接程序　　B. 汇编程序

C. 装入程序　　D. 编译程序

16. 若同一单位的很多用户都需要安装使用同一软件时，最好购买该软件相应的________。

A. 多用户许可证　　B. 专利

C. 著作权　　D. 多个拷贝

17. 使用计算机编辑文档的同时，还可播放 MP3 音乐并从网上下载资料，这种功能称为________。

A. 多用户处理　　B. 多任务处理

C. 实时处理　　D. 分布处理

18. 为了支持多任务处理，操作系统采用________技术把 CPU 分配给各个任务，使多个任务宏观上可以“同时”执行。

A. 时间片轮转　　B. 虚拟存储

C. 批处理　　D. 即插即用

19. 为了支持多任务处理时多个程序共享内存资源，操作系统的存储管理程序把内存与________有机结合起来，提供一个容量比实际内存大得多的“虚拟存储器”。

A. 高速缓冲存储器　　B. 光盘存储器

C. 硬盘存储器　　D. U 盘存储器

20. 未获得版权所有者许可就复制和散发商品软件的行为称为软件________。

A. 共享　　B. 盗版
C. 发行　　D. 推广

21. 下列关于 Windows（中文版）系统中文件命名的叙述中，错误的是________。
A. 每个文件或文件夹必须有自己的名字
B. 同一个硬盘（或分区）中的所有文件不能同名
C. 文件或文件夹的名字可以是中文也可以是西文和阿拉伯数字
D. 文件或文件夹的名字长度有一定限制

22. 下列关于 Windows XP 操作系统的说法中，错误的是________。
A. 使用图形用户界面（GUI）
B. 支持外部设备的“即插即用”
C. 支持 TCP/IP 在内的多种协议的通信软件
D. 适合作为服务器操作系统使用

23. 下列关于操作系统处理器管理功能的说法中，错误的是________。
A. 处理器管理的主要目的是提高 CPU 的使用效率
B. 多任务处理是将 CPU 时间划分成时间片，轮流为多个任务服务
C. 多任务处理要求计算机使用多核 CPU
D. 并行处理系统可以让多个 CPU 同时工作，提高计算机系统的性能

24. 下列关于程序设计语言的说法中，错误的是________。
A. Fortran 语言是一种用于数值计算的面向过程的程序设计语言
B. C 语言所编写的程序，可移植性好
C. Java 是面向对象并用于网络环境编程的程序设计语言
D. C++是 C 语言的发展，但与 C 语言不兼容

25. 下列关于计算机算法的叙述中，错误的是________。
A. 算法的设计一般采用由细到粗、由具体到抽象的逐步求解的方法
B. 算法的每一个运算必须有确切的定义，即必须是清楚明确、无二义性的
C. 分析一个算法的好坏，必须要考虑其占用的计算机资源（如时间和空间）的多少
D. 算法是问题求解规则（方法）的一种过程描述，它必须在执行有限步操作之后结束

26. 下列关于自由软件（Freeware）叙述中，错误的是________。
A. 允许随意复制
B. 允许自行销售
C. 允许修改其源代码，可不公开对源代码修改的具体内容
D. 遵循非版权原则

27. 下列软件中，不属于网络通信软件的是________。
A. PowerPoint
B. MSN Messenger
C. QQ
D. Outlook Express

28. 下列软件中，不支持可视电话功能的是________。

A. MSN Messenger

B. 网易 POPO

C. 腾讯 QQ

D. Outlook Express

29. 下列软件中，能够用来阅读 PDF 文件的是________。

A. Acrobat Reader

B. Word

C. Excel

D. FrontPage

30. 下面关于 Windows 操作系统多任务处理的叙述中，错误的是________。

A. 用户正在输入信息的窗口称为活动窗口，它所对应的任务称为前台任务

B. 每个任务通常都对应着屏幕上的一个窗口

C. 前台任务可以有多个，后台任务只有 1 个

D. 前台任务只有 1 个，后台任务可以有多个

31. 下面关于操作系统虚拟存储器技术优点的叙述中，错误的是________。

A. 虚拟存储器可以解决内存容量不够使用的问题

B. 虚拟存储器对多任务处理提供了有力的支持

C. 虚拟存储器可以把硬盘当作内存使用，提高硬盘的存取速度

D. 虚拟存储器技术的指导思想是“以时间换取空间”

32. 用户购买了一个商品软件，通常就意味着得到了它的________。

A. 修改权　　B. 复制权

C. 使用权　　D. 版权

33. 在 Windows（中文版）系统中，文件名可以用中文、英文和字符的组合进行命名，但有些特殊字符不可使用。下列除________字符外都是不可用的。

A. *　　B. ?

C. _（下划线）　　D. /

34. 在 Windows 系统中，实际存在的文件在资源管理器中没有显示出来的原因有多种，但不可能是________。

A. 隐藏文件　　B. 系统文件

C. 存档文件　　D. 感染病毒

35. 在 Windows 系统中，为了了解系统中物理存储器和虚拟存储器的容量以及它们的使用情况，可以使用________程序。

A. 媒体播放器

B. 系统工具（系统信息）

C. 设备管理器

D. 控制面板

36. 当 PowerPoint 程序运行时，它与 Windows 操作系统之间的关系是________。

A. 前者（PowerPoint）调用后者（Windows）的功能

B. 后者调用前者的功能

C. 两者互相调用

D. 不能互相调用，各自独立运行

37. 下列软件中属于 Web 浏览器的是________。

A. QQ

B. Word

C. Windows Media Player

D. Internet Explorer（IE）

38. 下列软件中，全都属于应用软件的是________。

A. Microsoft Media Player、Excel、Word

B. Windows XP、QQ、Word

C. Photoshop、Linux、Word

D. UNIX、WPS、PowerPoint

39. 下面关于算法和程序的说法中，正确的是________。

A. 算法可采用“伪代码”或流程图等不同方式来描述

B. 程序只能用高级语言编写

C. 算法和程序是一一对应的

D. 算法就是程序

40. 下面是一些常用的文件类型，其中________文件类型是最常用的 WWW 网页文件。

A. txt 或 text　　B. gif 或 jpeg

C. wav 或 au　　D. htm 或 html

第 4 章 计算机网络

本章学习任务：

1. 了解通信技术的基础知识。
2. 了解计算机网络的组成和分类。
3. 了解计算机局域网的组成原理。
4. 掌握因特网的组成原理。
5. 掌握因特网服务的使用方法。
6. 了解如何加强网络信息安全。

21 世纪是以网络为核心的信息时代。“网络化”作为新世纪的重要特征之一，正在不断地改变着人们的生活、学习和工作方式。经过 60 多年的发展，计算机网络的应用从科研、教育到工业，如今已逐步渗透到社会的各个领域。因此，了解计算机网络，熟悉计算机网络的组成结构，掌握计算机网络的基本构建原理和常见应用，对于当代大学生是十分必要的。

任务 4.1　了解通信技术的基础知识

通信，是指人与人或人与自然之间通过某种行为或媒介进行的信息交流与传递。而现代通信主要是指利用电（光）技术在不同的地点之间传递信息，一般称为电信，如无线电、电报、电视、电话、数据通信以及计算机网络通信等。

在古代，人类通过驿站、飞鸽传书和烽火报警等方式进行信息传递；1876 年，美国的贝尔研制了可供使用的电话；20 世纪意大利人马可尼实现了跨越大西洋的无线电报通信；如今，人们可以利用计算机网络和世界各地的人们进行即时联系和沟通。

4.1.1　通信的基本原理

1. 通信系统的简单模型

通信的基本任务是传递信息。为了实现信息从一方传递到另一方，通信过程至少需要由 3 个要素构成，即信源（信息的发送者）、信宿（信息的接收者）和信道（信息的载体与传播媒介），如图 4-1 所示。

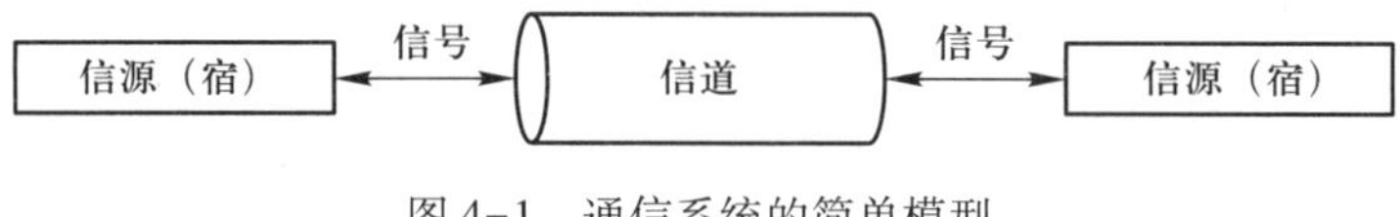

图 4-1　通信系统的简单模型

以有线电话为例，打电话的双方既是信息的发送方也是信息的接收方，相当于信源和信宿，而通话过程中的语音信息通过电流在电话线中传输，电话线和用于连接电话线的中继器就构成了传输信号的信道。

2. 如何实现信号的传输

信号在传输时一般有两种形式：连续的形式和离散的形式。给定范围内表现为连续的信号称为模拟信号，如人们打电话或通过麦克风转换得到的电信号。离散信号又称为数字信号，通常使用两个或多个状态表示信息，如电报和计算机发出的信号都是数字信号，如图 4-2 所示。

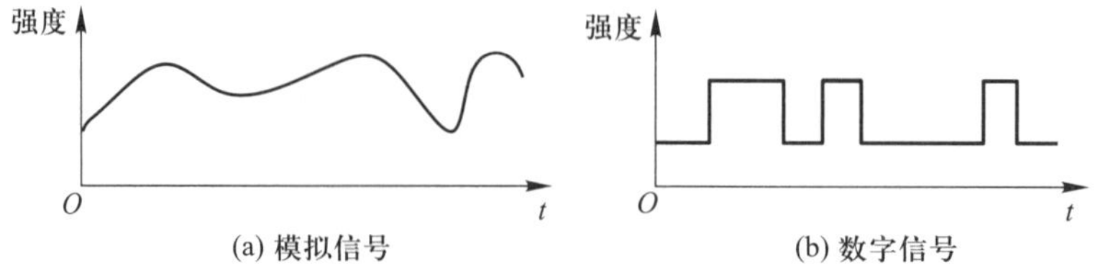

图 4-2　模拟信号与数字信号

通信系统的主要任务就是为了实现信号的长距离传输，但是电信号在传输时，导体存在电阻，信号传输距离不可能太远，中继器的使用可以实现数据信号的重新发送或者转发，扩大了网络传输的距离。但是为了实现信号长距离传输，频繁使用中继器成本较高。研究发现，高频

振荡的正弦波信号在长距离通信中能够比其他信号传送更远的距离。利用高频正弦波信号携带信息，可以实现长距离信号的传输。

调制就是对信号源的信息进行处理加到载波上，使其变为适合于长距离的传输过程。调制是通过改变高频载波即作为消息载体信号的幅度、相位或者频率，使其随着基带信号幅度的变化而变化来实现的。而解调则是将基带信号从载波中提取出来以便预定的接收者（也称为信宿）处理和理解的过程。鉴于大多数情况下通信总是双向进行的，所以调制器和解调器往往集成在一起，称为“调制解调器”，英文为 Modem，俗称“猫”，如图 4-3 所示。

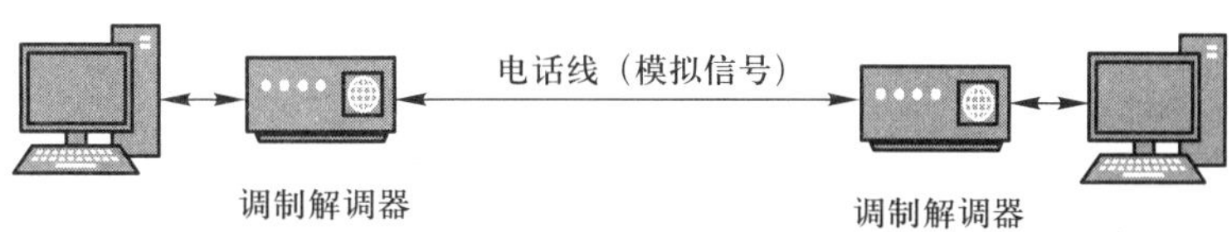

图 4-3 模拟通信与调制解调器

调幅、调频和调相是 3 种常用的调制方法，如图 4-4 所示。

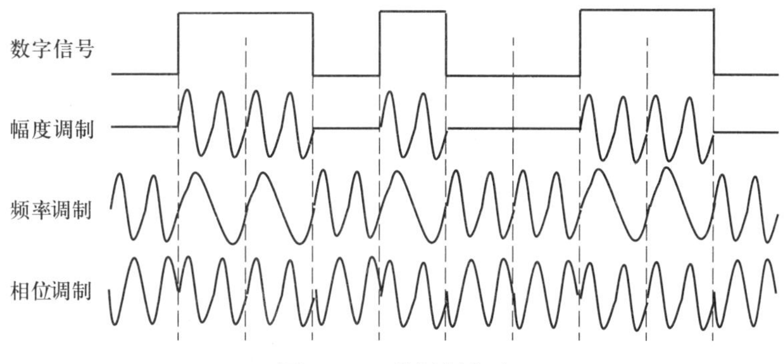

图 4-4 3 种调制方法

调幅是使载波的振幅按照所需传送信号的变化规律而变化，但频率保持不变的调制方法。调幅在有线电或无线电通信和广播中的应用非常广泛。

调频是使载波的瞬时频率按照所需传递信号的变化规律而变化的调制方法。它是一种使受调波瞬时频率随调制信号的变化而改变的调制方法，广泛用于调频广播、电视伴音、微波通信、锁相电路和扫频仪等方面。

调相是相位调制的简称，是载波相位受所传信号控制的一种调制方法，它是数字通信中常用的一种调制方式。

3. 交换技术

在任意两个需要进行通信的计算机之间建立一个临时的通信链路，通信结束后再拆除链路，称为交换技术。由中转节点参与的通信，中转的节点称为交换节点。从通信资源的分配角度来看，“交换”就是按照某种方式动态地分配传输线路的资源。目前常用的交换技术有两种，分别是电路交换和分组交换。

（1）电路交换（线路交换）

电路交换的特点：建立连接的时间长，一旦建立连接就独占线路，线路利用率低，无纠错机制，建立连接后，传输延时小。电话通信的过程即电路交换的过程，相应的电路交换的基本过程可分为连接建立、信息传送和连接拆除 3 个阶段。

（2）分组交换（包交换）

分组交换的原理是将报文划分为若干大小相等的分组进行存储转发，其典型应用是计算机网络中的数字通信网。

分组交换的特点：数据传输前不需要建立一条端到端的通路，有强大的纠错机制、流量控制和路由选择功能。存储量要求较小，可以用内存来缓冲分组。转发延时小，适用于交互式通信。某个分组出错仅重发该分组，各分组可以通过不同的路径传输，可靠性高。分组交换技术广泛应用于计算机网络间的数据传递。

4. 多路复用技术

由于传输线路的建设和维护成本非常高，传输线路的通信容量通常也远超用户信号所需的带宽，为了提高传输线路的利用率，降低通信成本，通常把多个低速信道合成为一个高速信道的技术，从而使一条高速的主干链路同时为多条低速的接入链路提供服务，也就是使网络干线可以同时运载大量的语音和数据传输。简而言之，为了提高线路利用率，设法在一条传输线路上传输多个模拟信号（如语音信息）或数字信号，这就是多路复用，如图 4-5 所示。

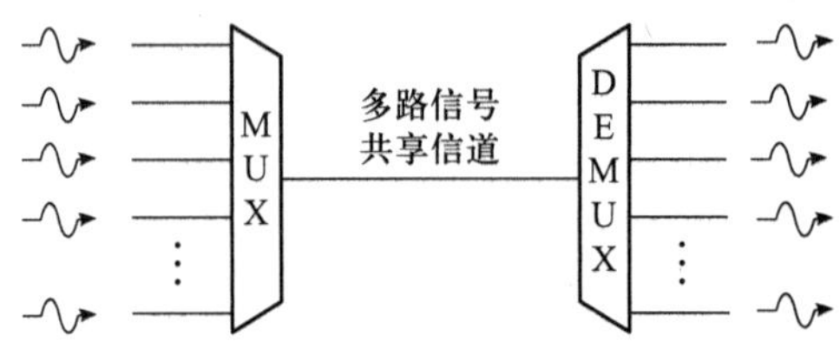

图 4-5　多路复用基本原理图

常见的多路复用技术包括频分多路复用（FDM）、时分多路复用（TDM）、波分多路复用（WDM）和码分多路复用（CDMA），其中时分多路复用又包括同步时分复用和统计时分复用。

① 频分多路复用：将传输线路的频带分成 N 部分，每个部分可作为一个独立的传输信道使用。这样，在一对传输线路上可有 N 对话路信息传送，而每一对话路所占用的只是其中的一个频段，频分通信又称载波通信，它是模拟通信的主要手段。

② 时分多路复用：把一个传输通道进行时间分割以传送若干话路的信息。把 N 个话路设备接到一条公共的通道上，按一定的次序轮流地给各个设备分配一段使用通道的时间，当轮到某个设备时，这个设备与通道接通，执行操作。与此同时，其他设备与通道的联系均被切断。待指定的使用时间间隔一到，则通过时分多路转换开关把通道连接到下一个要连接的设备上去。它是数字通信的主要手段。

③ 波分多路复用：在单一光纤内同步传输多个不同波长的光波，使得数据传输速度和容量获得倍增。

④ 码分多路复用：每个用户可在同一时间使用同样的频带进行通信，但使用的是基于码型的分割信道的方法，即每个用户分配一个地址码，各个码型互不重叠，通信各方之间不会互相干扰，且抗干扰能力强。码分多路复用技术主要用于无线通信系统，特别是移动通信系统。它不仅可以提高通信的话音质量和数据传输的可靠性以及减少干扰对通信的影响，而且增大了通信系统的容量。便携式计算机或个人数字助理（PDA）以及掌上计算机等移动性计算机的联

网通信使用的就是这种技术。

使用复用技术可以在同一物理信道上同时传送多个不同的信号，从而提高了信道的利用率，降低了通信成本。

4.1.2 数字通信技术

1. 模拟通信与数字通信

按信道中传输的信号分类可以分为模拟通信和数字通信。

（1）模拟通信

模拟通信是用模拟信号作为载体来传输信息，或用模拟信号对载波进行模拟调制后再传输的通信方式。模拟传输过程中的信号是经过调制后再送到信道中传输，接收端有相应解调措施的通信方式，又称为频带传输。频带传输是在计算机网络系统的远程通信中把数字信息调制成模拟音频信号后再发送和传输，到达接收端时再把音频信号解调成原来的数字信号的传输技术。

模拟通信的优点是直观且容易实现，但存在两个主要缺点，即保密性差、抗干扰能力弱。模拟通信，尤其是微波通信和有线明线通信，很容易被窃听。只要收到模拟信号，就容易得到信号内容。电信号在沿线路传输过程中会受到外界和通信系统内部的各种噪声干扰，噪声和信号混合后难以分开，从而使得通信质量下降。

（2）数字通信

数字通信是用数字信息化作为载体来传输信息，或用数字信号对载波进行数字调制后再传输的通信方式。数字信号是指由若干明确规定的离散值来表示，而这些离散值的特征量是可以按时间提取的时间离散信号。这种信号没有经过调制而直接送到信道中去传输的通信方式又称为基带传输。

数字通信主要有以下几个特点：

① 抗干扰能力强，差错可以控制，没有噪声积累，可以实现长距离、高质量的传输。

② 灵活性好，能适应各种应用的要求。

③ 由于传输的是数字信号，因而可以直接由计算机进行存储、管理和处理。

④ 由于对数字信号的加密比对模拟信号的加密容易很多，所以通信的安全性更容易得到保证。

⑤ 数字通信中使用的是数字电路。数字电路比模拟电路更容易用大规模集成电路实现，有利于通信设备的小型化、微型化，也降低了功耗。

目前，数字有线电视和手机通信就是数字通信的典型应用。

2. 数字通信的性能和指标

（1）信道带宽

信道带宽简称带宽，是指在给定时间等条件下流过特定区域的最大数据量，带宽的基本单位为比特每秒（b/s）。如果把城市的道路看成网络，道路有双车道、四车道或者八车道。人们驾车从出发点到目的地，途中可能经过单行道、双车道或者四车道。在这里，车道的数量好比是带宽，车辆的数目就好比是网络中传输的信息量。如果车道越多就意味着拥有更宽的带宽，也就是有更大的信息运送能力。

（2）数据传输速率

数据传输速率是描述数据传输系统的重要技术指标之一。数据传输速率在数值上等于每秒钟传输构成数据代码的比特数。常用的数据传输速率单位有 kb/s、Mb/s 和 Gb/s。需要注意的是，数据传输速率的基本单位是比特（bit），譬如，通常所说的家里上网的带宽为 8 Mb/s，就是指连接网络时的最快数据传输速率，经过单位转换后，实际下载文件时的速度也就不到 1 MB/s。

（3）误码率

由于种种原因，数字信号在传输过程中不可避免地会产生差错。例如，在传输过程中受到外界的干扰，或在通信系统内部由于各个组成部分的质量不够理想而使传送的信号发生畸变等。当受到的干扰或信号畸变达到一定程度时，就会产生差错。在一定时间内收到的数字信号中发生差错的比特数与同一时间所收到的数字信号的总比特数之比，就称为“误码率”。误码率是用于衡量数据在规定时间内数据传输精确性的指标。

通常，在选择通信连接时都需要一个带宽和数据传输率高，而误码率低的服务提供商。在选择网络连接设备时，也应该根据具体需求选择合理的方案，以最高的性价比构建不同的通信系统。

4.1.3 有线通信和无线通信

根据信道传输媒质的不同，通信可以分为有线通信和无线通信。

1. 有线通信

有线通信是指传输媒质为导线、电缆、光缆、波导和纳米材料等形式的通信，其特点是媒质能看得见、摸得着。有线通信一般受干扰较小，可靠性和保密性强，但建设费用大。现代的有线通信是指有线电信，即利用金属导线、光纤等有形媒质传送信息的方式。光或电信号可以代表声音、文字和图像等。

常见的金属导体有双绞线和同轴电缆两种。

（1）双绞线

双绞线是最为常见的金属传输介质，它由 4 对 8 根绝缘的金属导线两两拧合而成，外层有护套保护。双绞线有两种，分别为屏蔽双绞线和非屏蔽双绞线，其中屏蔽双绞线中夹有铜质网状物，可以更好地屏蔽外界电磁的干扰。双绞线传输信号的特点是成本低，易受外界电磁干扰，误码率高，传输距离有限。由于成本和环境因素，目前在家庭、学校和单位的网络连接主要使用的是非屏蔽双绞线，如图 4-6 所示。

(a) 屏蔽双绞线　　(b) 非屏蔽双绞线

图 4-6　屏蔽双绞线和非屏蔽双绞线

（2）同轴电缆

同轴电缆也是网络中最常见的传输介质。一般，同轴电缆由 4 层组成，最内层是铜质导体，依次向外为绝缘层、屏蔽层和保护套。其中屏蔽层为铜质精细网状物，用于屏蔽外界的电磁干扰。同轴电缆的特点是成本低，易于安装，方便扩展，传输特性和屏蔽特性较好，可作为中长距离传输信号的载体。在早期局域网连接和家庭有线电视系统中，常用同轴电缆作为其信号传输介质，如图 4-7 所示。

图 4-7　同轴电缆

（3）光导纤维

光导纤维俗称光缆，由折射率较高的纤芯和折射率较低的包层组成，包层用于为光纤提供物理保护，屏蔽外界光源干扰。由于光纤使用光信号而不使用电信号传输数据，因此传输速度更快，带宽更高。随着用户对数据传输速率要求的不断提高，光纤的使用也日渐普遍。对应计算机网络来说，光纤具有独特的优势，是目前和未来发展的方向。如图 4-8 所示为光导纤维。

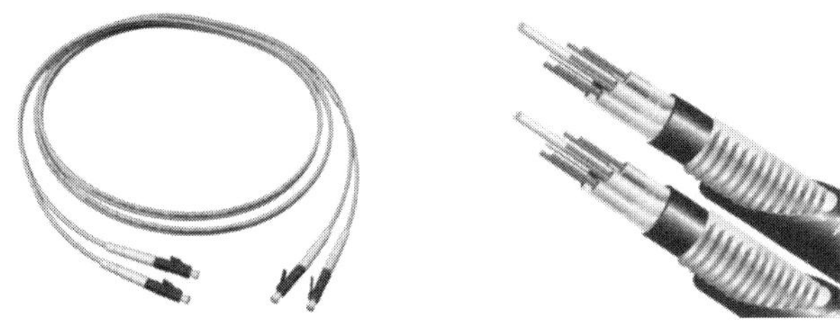

图 4-8　光导纤维

光纤分成两种，分别是单模光纤和多模光纤，其中单模光纤中心玻璃芯很细（芯径一般为 9～10 μm），只能传输一种模式的光。因此，其模间色散很小，适用于远程通信。

光纤通信的特点如下：

① 传输信号的频带宽，通信容量大。

② 传输过程中损耗小，距离长。由于光纤具有较低的衰减，可以长距离传输信号，传输距离可达 5 km 以上。

③ 误码率低，传输可靠性高。

④ 抗干扰性强。由于采用非金属材质制作，所以光纤通信不受电磁波的干扰。

⑤ 保密性好，体积小，重量轻，抗化学腐蚀能力强，都是光纤通信所独特的优点。

由于光纤通信具有上述多种优点，早在 20 世纪 80 年代，各国就开始大规模敷设光纤线路。目前大力建设的全光网因不再进行光/电、电/光转换，使得速度提高，成本降低，它是信息高速公路的基础。由于人们对通信的容量要求越来越高，对通信的业务要求越来越多样化，所以通信系统正迅速向着宽带化方向发展，而光纤通信系统将在通信网中发挥越来越重要的作用。

2. 无线通信

无线通信是指传输媒质看不见、摸不着的一种通信形式，如微波通信、短波通信、移动通信和卫星通信等。无线通信按工作频段可以分为长波通信、中波通信、短波通信和微波通信。

电磁波频（波）段的划分见表4-1。

表4-1 电磁波频（波）段的划分

波段名	射频波段								甚长波	特长波
	亚毫米波（Sub mm）	微波（Microwave）			超短波（Metric wave）	短波（SW）	中波（MW）	长波（LW）		
		毫米波	厘米波	分米波						
波长	0.1～1 mm	1～10 mm	1～10 cm	10～100 cm	1～10 m	10～100 m	100～1000 m	1～10 km	10～100 km	100～1000 km
频率	3000～300 GHz	300～30 GHz	30～3 GHz	3000～300 MHz	300～30 MHz	30～3 MHz	3000～300 kHz	300～30 kHz	30～3 kHz	3000～300 Hz

长波通信是指利用频率低于300 kHz的电磁波进行的无线电通信。1901年12月12日，马可尼第一次横越大西洋的无线电传输试验使用的就是800 kHz的中频信号。短波频率在3～30 MHz之间，它主要利用电离层反射传播，传播距离环绕地球。微波通信是使用波长在0.1 mm～1 m的电磁波进行的通信。它传送的距离有几十千米，且频带很宽，通信容量很大。

微波通信每隔几十千米要建一个微波中继站。微波通信不需要固体介质，当两点间直线距离内无障碍时就可以使用微波传送。利用微波进行通信具有容量大、质量好并可传至很远的距离，因此是国家通信网的一种重要通信手段，也普遍适用于各种专用通信网。

微波通信包括地面微波接力通信、对流层散射通信、卫星通信、空间通信及工作于微波波段的移动通信。微波通信具有可用频带宽、通信容量大、传输损伤小和抗干扰能力强等特点，可用于点对点、一点对多点或广播等通信方式。微波站的设备包括天线、收发信机、调制器、多路复用设备，以及电源设备、自动控制设备等。为了把电波聚集起来成为波束送至远方，一般都采用抛物面天线，其聚焦作用可大大增加传送距离。多个收发信机可以共同使用一个天线而互不干扰。

卫星通信利用人造地球卫星作为中继站来转发或反射无线电信号，自两个或多个地面站之间进行通信。其特点是：通信距离远；通信容量大；不受大气层扰动的影响，通信可靠，但造价高、技术复杂、有一定的延时。卫星通信常分为中、低轨道卫星和同步定点卫星。中、低轨道卫星相对于地面是运动的，地面天线必须跟踪卫星，损耗小，延时少。同步定点卫星位于赤道上空大约36000 km，相对于地面固定不动，覆盖范围大，3颗卫星几乎可以覆盖地球的全部面积。

3. 移动通信

移动通信系统采用无线信道传输信息，是移动状态的对象之间的通信，本质属于无线通信系统范畴。移动通信系统主要有蜂窝系统、卫星通信系统等，其中蜂窝系统是覆盖范围最广的陆地公用移动通信系统。在蜂窝系统中，覆盖区域一般被划分为类似蜂窝的多个小区。每个小区内设置固定的基站，为用户提供接入和信息转发服务。移动用户之间及移动用户和非移动用户之间的通信均需通过基站进行。基站则一般通过有线线路连接到主要由交换机构成的骨干交换网络。蜂窝系统是一种有连接网络，一旦一个信道被分配给某个用户，通常此信道可一直被此用户使用，蜂窝系统一般用于语音通信。移动通信的优点是可克服通信终端位置对用户的限制，能快速、及时地传输信息。

到目前为止，移动通信共经历 5 代，第一代移动通信采用模拟技术；第二代移动通信采用数字技术，GSM 就是属于第二代移动通信；第三代移动通信（俗称 3 G）实现的目标为全球漫游，适应多种环境，提供高质量多媒体业务，提供大容量、高保密性和优质服务，主要标准有 TD-SCDMA、CDMA2000 和 WCDMA；第四代移动通信（俗称 4 G）系统能够提供广泛的电信业务，快速传输高质量的图像、音频和视频等数据；第五代移动通信（俗称 5G）目前已经进入大规模开发试验阶段，预计将于 2020 年全面启用。

移动通信系统由以下 3 部分组成。

① 移动台：移动的通信终端，即接收无线信号的接收机，如手机。

② 基站：与移动台联系的一个固定收发机，它接收移动台的无线信号，每个基站负责与一个特定的区域（10~20 km 的区域）的所有移动台进行通信。

③ 移动交换中心：与基站之间通过无线微波、电缆或光缆交换信息，移动交换中心再与公共电话网进行连接。

基站和移动交换中心之间通过微波或有线交换信息进行彼此联系，移动交换中心再与公共电话网进行连接。每个基站的有效区域既相互分割，又彼此有重叠，整个移动通信网就像是蜂窝，所以也称为“蜂窝式移动通信”，如图 4-9 所示。

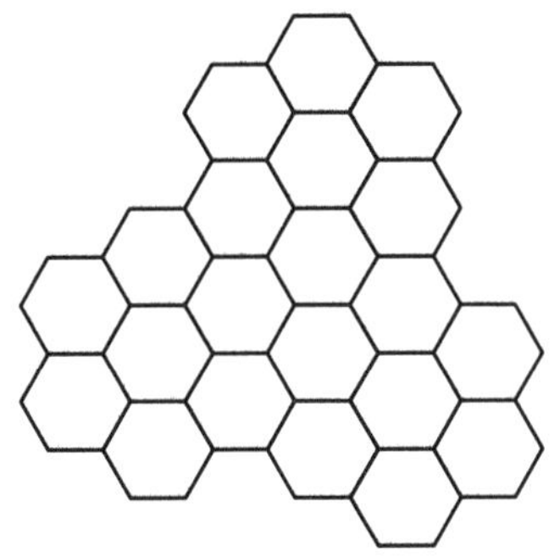

图 4-9　蜂窝式移动通信基站信号有效区域图

任务 4.2　了解计算机网络的组成和分类

20 世纪 50 年代中期，美国半自动防空系统第一次将计算机技术和现代通信技术相结合实现了数据通信，完成了最初的计算机网络尝试。20 世纪 90 年代，随着计算机及其应用技术的发展，计算机网络得以全面高速发展。未来的信息高速公路，是以光纤为传输媒体，传输速率极高，集电话、数据、电报、有线电视和计算机网络等所有网络为一体的信息高速公路网。

4.2.1　计算机网络概述

计算机网络是指将地理位置不同的具有独立功能的多台计算机及其外部设备，通过通信线路连接起来，在网络操作系统、网络管理软件及网络通信协议的管理和协调下，实现资源共享和信息传递的计算机系统。

1. 计算机网络的组成

通常，计算机网络由两部分构成，分别是资源子网和通信子网，并在遵循一系列的通信协议的前提下实现各种不同的网络功能。

计算机网络是一个通信网络，各计算机之间通过通信媒体和通信设备进行数字通信，在此基础上各计算机可以通过网络软件共享其他计算机上的硬件资源、软件资源和数据资源。从计算机网络各组成部件的功能来看，各部件主要完成两种功能，即网络通信和资源共享。把计算机网络中实现网络通信功能的设备及其软件的集合称为网络的通信子网，而把网络中实现资源共享功能的设备及其软件的集合称为资源子网。网络协议为计算机网络中进行数据交换而建立的规则、标准或约定的集合。就像人们说话用某种语言一样，在网络上的各台计算机之间也有一种语言，这就是网络协议。不同的计算机之间必须使用相同的网络协议才能进行通信。

2. 计算机网络的功能

计算机网络的功能主要表现在数据通信、软硬件资源共享以及提高计算机系统的可靠性和可用性 3 个方面。

① 数据通信。计算机分散在不同的部门、不同的单位甚至是不同的国家，网络将这些计算机有机地连接起来，使得它们能够相互通信，传递数据，进行信息的交换，如发送电子邮件、网络聊天和 IP 电话等。

② 资源共享。资源共享允许因特网上的用户远程访问各类大型数据库，可以得到网络文件传送服务、远地进程管理服务和远程文件访问服务，从而避免软件研制上的重复劳动及数据资源的重复存储，也便于集中管理。资源共享还可以在全网范围内提供对处理资源、存储资源和输入/输出资源等昂贵设备的共享，使用户节省投资，也便于集中管理和均衡分担负荷。用户在需要大量计算资源时，可以通过网络，借助于网络上的其他计算机的处理能力，共同完成信息处理的任务。

③ 提高计算机系统的可靠性和可用性。网络中的计算机可以对数据进行备份，当某台计算机出现故障时，可以由别的计算机替代它的地位，共同维持相关的服务，从而提高了网络的可靠性和可用性。

4.2.2 计算机网络分类

网络类型的划分标准有多种，通常有以下几种分类方式。

1. 按照地理范围划分

按照这种标准可以把网络划分为局域网（Local Area Network，LAN）和广域网（Wide Area Network，WAN）两种，有时候也把介于两者之间的网络称为城域网（Metropolitan Area Network，MAN）。

所谓局域网，就是指局部地区范围内的网络，一般情况下，把地域范围有限、归属单一的网络看作局域网。通常，这种网络是方圆几千米以内，将各种计算机、外部设备和数据库等互相连接起来组成的计算机通信网。它可以通过数据通信网或专用数据电路，与远方的局域网、

数据库或处理中心相连接，构成一个较大范围的信息处理系统。局域网可以实现文件管理、应用软件共享、打印机共享、扫描仪共享、工作组内的日程安排、电子邮件和传真通信服务等功能。局域网在严格意义上是封闭型的，可以由办公室内几台甚至成千上万台计算机组成。决定局域网的主要技术要素为：网络拓扑、传输介质与介质访问控制方法。局域网由网络硬件（包括网络服务器、网络工作站、网络打印机、网卡和网络互连设备等）、网络传输介质和网络软件所组成。

广域网覆盖范围比较广，主要用于连接相距较远的局域网，地理范围可从几百千米到几千千米，一般情况下，广域网需要向运营商（如中国电信）租用线路以获得相应的服务。广域网的通信子网主要使用分组交换技术。广域网的通信子网可以利用公用分组交换网、卫星通信网和无线分组交换网，它将分布在不同地区的局域网或计算机系统互连起来，达到资源共享的目的。因特网（Internet）是世界范围内最大的广域网。

2. 根据网络工作模式划分

计算机网络有两种基本的工作模式，一种是对等模式（Peer to Peer）；另一种是客户机/服务器（Client/Server，C/S）模式。

（1）对等模式

在对等网络中，所有计算机的地位平等，没有从属关系，也没有专用的服务器和客户机。网络中的资源是分散在每台计算机上的，每一台计算机都有可能成为服务器，也有可能成为客户机。对等网络能够提供灵活的共享模式，组网简单、方便，但难以管理，安全性能较差。Windows 系统中的“网上邻居”就是采用了对等模式，用户可以通过网上邻居获取联网计算机中共享的文件资源。在 Internet 上使用 BT 下载采用的也是该模式。

（2）客户机/服务器模式

为了使网络通信更方便、稳定、安全，引入了基于服务器的 C/S 结构的网络。这种类型的网络中有一台或几台较大型的计算机集中进行共享数据库的管理和存取，称为服务器，而将其他的应用处理工作分散到网络中的其他计算机上去完成，构成公布式的处理系统。服务器控制管理数据的能力已由文件管理方式上升为数据库管理方式，因此 C/S 结构中的服务器也称为数据库服务器，注重于数据定义、存取安全备份及还原，并发控制及事务管理，执行诸如选择检索和索引排序等数据库管理功能。它有足够的能力做到把通过其处理后用户所需的那一部分数据而不是整个文件通过网络传送到客户机去，减轻了网络的传输负荷。C/S 结构是数据库技术的发展和普遍应用与局域网技术发展相结合的结果。

C/S 结构的优点是能充分发挥客户端计算机的处理能力，很多工作可以在客户端处理后再提交给服务器，对应的特点就是客户端响应速度快。最简单的 C/S 体系结构的数据库应用由两部分组成，即客户应用程序和数据库服务器程序。二者可分别称为前台程序与后台程序。运行数据库服务器程序的机器也称为应用服务器。一旦服务器程序被启动，就随时等待响应客户程序发来的请求；客户应用程序运行在用户自己的计算机上，对应于数据库服务器，可称为客户端计算机，当需要对数据库中的数据进行任何操作时，客户程序就自动地寻找服务器程序，并向其发出请求，服务器程序根据预定的规则作出应答，送回结果，应用服务器运行数据负荷较轻，如图 4-10 所示。

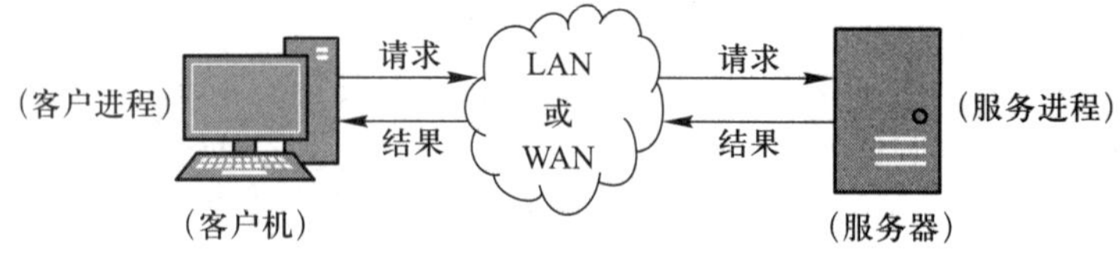

图 4-10　客户机/服务器工作模式图

3. 根据网络的拓扑结构划分

网络拓扑是指网络形状，或者说它在物理上的连通性。构成网络的拓扑结构有很多种。网络拓扑结构是指用传输媒体互连各种设备的物理布局，就是用什么方式把网络中的计算机等设备连接起来。它的结构主要有星形结构、环形结构、总线型结构、树形结构和网状结构等，如图 4-11 所示。

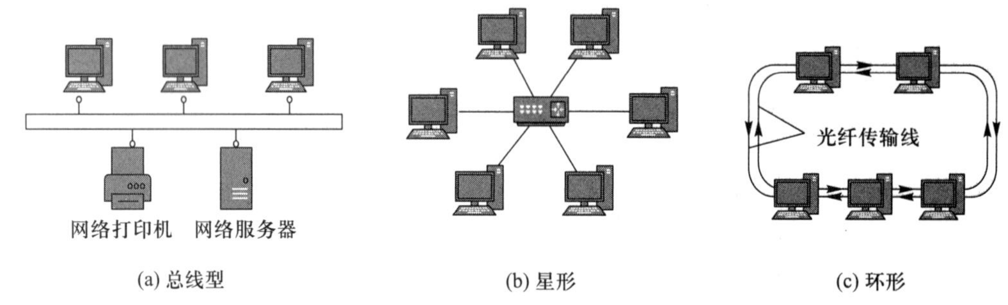

(a) 总线型　　(b) 星形　　(c) 环形

图 4-11　3 种常见的网络拓扑结构

总线型拓扑结构是比较常见的一种网络互连结构，通常采用单根传输线作为总线，所有工作站都共用一条总线。总线型拓扑结构的优点是电缆长度短，布线容易，便于扩充；其缺点主要是总线中任一处发生故障，将导致整个网络的瘫痪，且故障诊断困难。星形结构的使用也很广泛，目前使用最普遍的以太网（Ethernet）就是星形结构，处于中心位置的网络设备称为集线器，或者是交换机。环形网络是使用一个连续的环将每台设备连接在一起。它可保证一台设备上发送的信号可以被环上其他所有的设备都能够看到。在简单的环形网中，网络中任何部件的损坏都将导致系统出现故障，这样将阻碍整个系统进行正常工作。目前，为了保证环形网络的安全，一般采用双环结构，在这种网络结构中，各设备是直接通过电缆来串接的，在出现故障时，最后可以形成一个闭环，以维持网络的正常运行。

4.2.3　计算机网络提供的服务

网络服务是指用户通过计算机网络在共享资源及数据通信等方面能够得到的单机所没有的新增功能。

1. 文件服务

文件服务也称为共享存储服务，它是指网络用户不仅可以使用自己工作站上的程序与数据，而且也可以使用服务器或者其他工作站中可共享的程序与数据。用户可以像使用本地的磁

盘一样，对其中的程序和数据进行存取。

用户也可以直接启动存放在服务器上的程序（如绘图程序）工作，此时该程序就从服务器硬盘加载到工作站的内存储器中，然后开始运行。网络上的许多用户可以同时使用同一个程序，因为网络服务器会把程序的每一份拷贝送到每个用户工作站的内存中，这种工作方式称为程序的共享。程序共享有许多好处，例如节省了工作站的存储空间，软件版本升级时只需要更新服务器上的一个版本，购买网络版软件许可证比购买许多单机版软件在经济上更加划算等。

2. 打印服务

网络上的工作站一般都不再配置单独的打印机，用户需要打印输出时，操作系统将会自动地把输出的文件送到网络打印机中去。对于每一份需要打印的文件，网络打印机按“先来先服务”的顺序将其存放在打印队列中，然后进行处理。对于这些正在打印或排队等待打印的任务，用户借助于工作站上的操作系统可以对它们方便地进行远程管理，例如了解打印任务的排队及完成情况，暂停或取消打印队列中的打印任务等。

3. 消息传递服务

消息传递服务是指网络能实现用户之间的相互通信，在用户之间传递以文本、图像和声音所表示的消息（Message）。与文件服务不同，网络不是简单地将消息保存起来，而是直接传送给用户或者通知应接收消息的用户。

最典型的消息传递服务是电子邮件。其他如网上聊天（QQ 和微信等）、网络电话、网络传真、短消息、网上直播和视频会议等都是消息服务的不同形式，它们都已得到了广泛应用。

4. 应用服务

应用服务是一种为网络用户运行软件的服务，即工作站需要执行的某一项任务，部分甚至全部是由网络上的另一台计算机（称为应用服务器）完成的。应用服务器允许网络上的计算机相互间共享处理能力，协同完成特定的一项任务。

目前，数据库服务器是一种广泛使用的应用服务器，它运行数据库管理系统软件，负责完成数据库中数据的存储与检索，进行复杂的事务处理。网络工作站只要完成一些简单的任务，如说明数据处理（如检索或统计）的要求。这些要求被传送到数据库服务器之后，由数据库服务器进行处理，所得到的结果再传送回工作站，由工作站上的客户程序以列表或图形方式显示给用户。

任务 4.3　了解计算机局域网的组成原理

局域网是在一个局部的地理范围内（如一个学校、工厂和机关内），将各种计算机、外部设备和数据库等互相连接起来组成的计算机通信网。它可以通过数据通信网或专用数据电路，与远方的局域网、数据库或处理中心相连接，构成一个较大范围的信息处理系统。局域网可以实现文件管理、应用软件共享、打印机共享、扫描仪共享、工作组内的日程安排、电子邮件和传真通信服务等功能。局域网在严格意义上是封闭型的，可以由办公室内的多至上千台计算机组成。

4.3.1 局域网的特点与组成

1. 局域网的特点

局域网是指一个较小范围内的计算机网络，是一个单位、几幢建筑物内的计算机互连成网，常见于公司、学校和政府机构，是计算机网络中最流行的一种形式，全世界估计有数百万个计算机局域网。计算机局域网有以下主要特点：

① 归属单一，一般为一个单位所拥有，且地理范围有限。

② 专用信道，使用专门敷设的传输介质连网。

③ 速度较快，延迟时间短，误码率低。

2. 局域网的组成

局域网通常由工作站、服务器（含网络接口卡）、网络打印机、网络接口卡、传输介质和网络互连设备（如集线器、交换机）等组成。网络上的每一台设备包括工作站、服务器及打印机等都称为网络上的一个节点（Node）。网络上的每一个节点都有一块网络接口卡（NIC，简称网卡），网卡通过电缆把节点与网络连接起来，如图4-12所示。

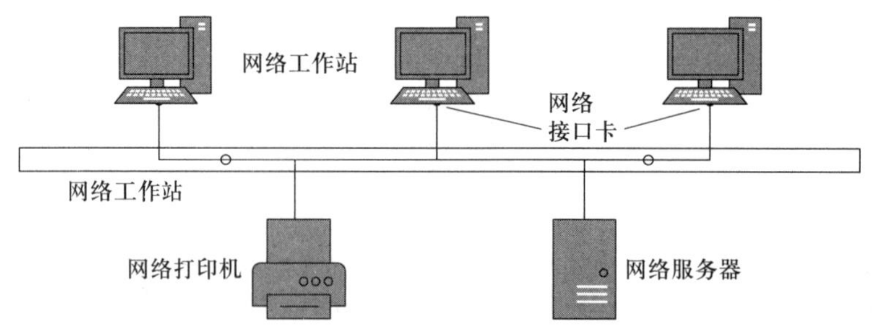

图4-12 局域网的组成

3. MAC 地址与数据帧

在局域网中，网络中的每一台设备，包括打印机都作为网络上的一个节点，为了让每个节点之间能够传输数据，实现节点之间的通信，局域网中的每个节点都有一个唯一的地址，称为介质访问地址（Midea Access Control Address，MAC 地址）。MAC 地址由48位二进制数组成，通常用12位十六进制数表示，每两位数据之间用冒号隔开。例如，00：53：45：05：86：63就是一个 MAC 地址，其中前6位代表网络硬件制造商的编号，它由 IEEE（电气与电子工程师协会）分配，而后6位代表该制造商所制造的某个网络产品（如网卡）的系列号。每台设备上的 MAC 地址在全世界都是唯一的。计算机的 MAC 地址可以在命令行中输入 ipconfig 命令后查看。

局域网中的数据是以被称为帧（Frame）的单位传输的，“帧”数据由两部分组成：帧头和帧数据。帧头包括接、收方主机物理地址的定位及其他网络信息，帧数据区含有一个数据体。每一个数据帧中都要包含自己的 MAC 地址和接收节点的 MAC 地址。数据帧的接收方可以

是一个节点，也可以是一组节点（组播），甚至是网络中的所有节点（广播），如图 4-13 所示。

帧头			帧数据区	
发送MAC地址	接收MAC地址	控制信息	有效载荷(传输的数据)	校验信息

图 4-13　数据帧格式

4. 网卡

网卡是工作在数据链路层的网络组件，是局域网中连接计算机和传输介质的接口，不仅能实现与局域网传输介质之间的物理连接和电信号匹配，还涉及帧的发送与接收、帧的封装与拆封、介质访问控制、数据的编码与解码，以及数据缓存的功能等，网卡的主要功能如下。

① 数据的封装与解封：发送时将上一层传输下来的数据加上首部和尾部，成为以太网的帧。接收时将以太网的帧除去首部和尾部，然后送交上一层。

② 链路管理：主要是 CSMA/CD（Carrier Sense Multiple Access with Collision Detection，带冲突检测的载波监听多路访问）协议的实现。

③ 编码与译码：即曼彻斯特编码与译码。

在不同类型的网络中，由于数据帧的格式不同，因此连接网络的网卡类型也不相同，使用有线传输介质和无线传输介质的网卡也是有区别的。由于网卡功能相对简单，在网络应用不断普及和芯片集成度不断提高的今天，大部分计算机在主板上都集成了网卡芯片，提供网络连接功能。

4.3.2　常见的局域网

1. 以太网

以太网是指由 Xerox 公司创建并由 Xerox、Intel 和 DEC 公司联合开发的基带局域网规范，是当今现有局域网采用的最通用的通信协议标准。以太网使用 CSMA/CD 技术，运行在多种类型的线缆上。

以太网的拓扑结构为总线型结构，采用广播方式进行通信，数据传输以帧为单位，一次传输一帧，由于采用带冲突检测的载波监听多路访问方法，保证任何时候只有一个节点发送消息。早期以太网组建时使用同轴电缆作为传输介质，所需的电缆较少、价格便宜，但是管理成本高，不易隔离故障点。

使用集线器组建的以太网，结构管理方便，容易扩展，需要专用的网络设备作为网络的核心节点，需要更多的网线，对核心设备的可靠性要求高。使用集线器虽然需要的线缆比以往要多，但可以通过级联的方式很方便地将网络扩展到更大的规模，因此得到了广泛的应用，目前绝大部分的局域网都是此类形态的以太网。根据 CSMA/CD 原理，在使用集线器构建局域网时，连接的设备越多，产生冲突的概率就越高，数据传输的效率也就随之降低，一般传输速率为10~100 Mb/s，设备连接时主要使用五类或超五类双绞线。如图 4-14 所示为用集线器组建的以太网。

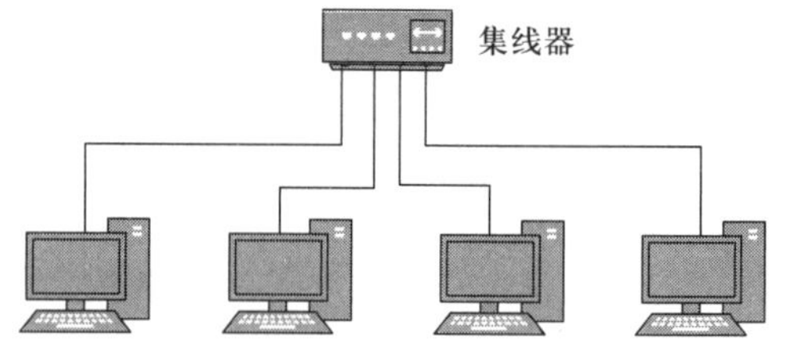

图 4-14　用集线器组建的以太网

交换式以太网，使用交换机作为连接中心，交换机从某个节点接收到信息（数据帧）后根据帧中的目的地址直接将数据转送到指定节点，不再向其他无关节点发送。同时，它还支持多点间的同时通信，提高了传送的效率。与总线型的局域网不同，交换式以太网每个节点独享带宽，即使在网络繁忙时，也不会影响网络传输性能。随着交换机价格的不断降低，集线器在实际应用中已经很少出现。如图 4-15 所示为用交换机组建的以太网。

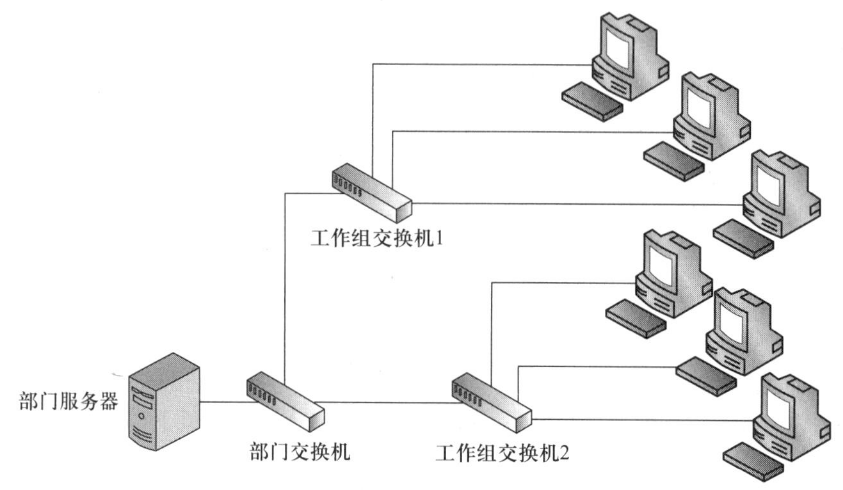

图 4-15　用交换机组建的级联式星形以太网

2. 无线局域网

在有线网络中，网络设备的安放位置受网络位置的限制，而无线局域网在无线信号覆盖区域内的任何一个位置都可以接入网络。无线局域网的另一个最大优点在于其移动性，连接到无线局域网的用户可以移动且能同时与网络保持连接。在利用无线信号组建局域网时有以下几个优势。首先，它可以免去或最大限度地减少网络布线的工作量，一般只要安装一个或多个接入点设备，就可建立覆盖整个区域的局域网络。对于有线网络来说，办公地点或网络拓扑的改变通常意味着重新建网，而重新布线是一个昂贵、费时、浪费和琐碎的过程，无线局域网可以避免或减少以上情况的发生。其次，有线网络一旦出现物理故障，尤其是由于线路连接不良而造成的网络中断，往往很难查明，而且检修线路需要付出很大的代价。无线网络则很容易定位故障，只需要更换故障设备即可恢复网络连接。由于无线局域网有以上诸多优点，因此发展十分迅速。基于 IEEE 802. 11 标准的无线局域网允许在局域网络环境中使用可以不必授权的 ISM 频段中的 2. 4 GHz 或 5 GHz 射频波段进行无线连接。

最近几年，无线局域网已经在企业、医院、商店、工厂和学校等场合得到了广泛的应用。无线局域网的实现协议有很多，其中最为著名也是应用最为广泛的当属无线保真技术（Wi-Fi），它实际上提供了一种能够将各种终端都使用无线进行互连的技术，为用户屏蔽了各种终

端之间的差异性。在实际应用中，无线局域网的接入方式很简单，以家庭无线局域网为例，只需一个无线接入设备路由器，一个具备无线功能的计算机或终端（手机或 PAD），没有无线功能的计算机只需外插一个无线网卡即可。有了以上设备后，具体操作如下：使用路由器将热点（其他已组建好且在接收范围的无线网络）或有线网络接入家庭，并按照说明书进行路由配置（一般需要设置供应商的 PPPoE 接入的用户名和密码），配置好后在家中覆盖范围内（无线局域网稳定的覆盖范围为 20~50 m）放置接收终端，打开终端的无线功能，输入服务商给定的用户名和密码即可接入无线局域网。通常为了安全，可以设置较为复杂的接入密码，同时还可以通过捆绑 MAC 地址的方法只允许合法的用户接入网络，如图 4-16 所示。

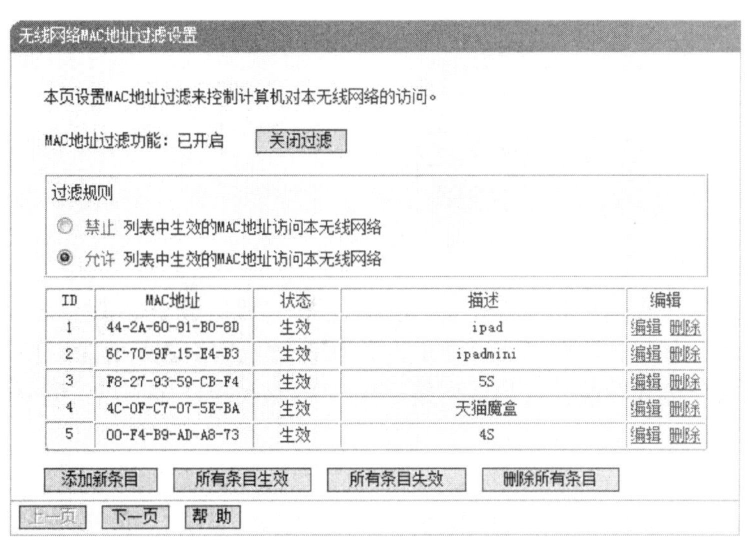

图 4-16　无线网络 MAC 地址过滤设置

蓝牙也是一种近距离无线数字通信的技术标准，它是对 IEEE 802.11 的补充。蓝牙的最高传输速率为 1 Mb/s，传输距离在 10m 以内，常用于办公室或家庭实现无线传输，如手机和便携式计算机的连接。在无线鼠标、键盘和各类遥控器中，蓝牙技术由于自身的优势（传输距离远、传输速度快）已逐步取代早期的红外无线连接。

任务 4.4　掌握因特网的组成原理

因特网是覆盖全球的计算机网络，由不同的主机和大量的局域网构成，为了将它们互连成网以相互通信并传输数据，需要遵循统一的标准和协议。因此，本节首先介绍一下使用最广泛的网络互连协议 TCP/IP，然后再介绍一些计算机接入因特网的方法。

4.4.1　网络互连协议（TCP/IP）的分层结构

OSI（Open System Interconnection，开放系统互连）参考模型是国际标准化组织（ISO）制定的。这个模型把网络通信的工作分为 7 层，分别是物理层、数据链路层、网络层、传输层、会话层、表示层和应用层。OSI 参考模型的设计目的是使其成为一个所有用户都能实现接入的开放网路模型。

1. TCP/IP

TCP/IP（传输控制协议/网际协议）是异构网络互连的通信协议，通过它们可以实现各种异构网络或异种机之间的互连通信。TCP/IP 并不完全符合 OSI 的 7 层参考模型，而是采用了 4 层的层级结构，如图 4-17 所示，每一层都呼叫它的下一层所提供的网络来完成自己的需求。

(a) OSI 参考模型

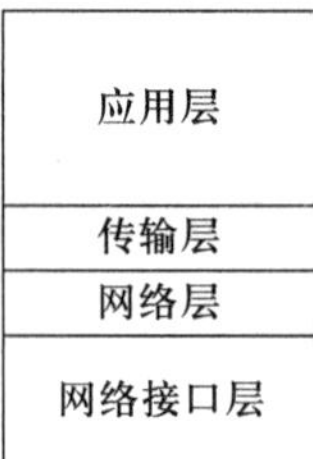

(b) TCP/IP 模型

图 4-17　TCP/IP 的层次结构

TCP/IP 已成为当今计算机网络最成熟、应用最广泛的互连协议。Internet 采用的就是 TCP/IP，网络上各种各样的计算机上只要安装了 TCP/IP，它们之间就能相互通信。运行 TCP/IP 的网络是一种采用包（分组）交换的网络。TCP/IP 是由 100 多个协议组成的协议集（簇），TCP 和 IP 是其中两个最重要的协议。TCP 和 IP 两个协议分别属于传输层和网络层，在 Internet 中起着不同的作用。

第一层，网络接口层，规定了怎样与各种不同的网络互连，并负责将 IP 数据包转换成适合在特定网络中传输的帧格式。

第二层，网络层，主要协议为 IP，规定了整个网络中所有计算机统一使用的编址方案和数据包格式，以及如何将 IP 数据报从一台计算机通过路由器送达到目标的转发机制。

第三层，传输层，主要协议为 TCP 和 UDP（用户数据报协议），规定了怎样进行端对端的数据传输，其中 TCP 负责可靠的数据传输，而 UDP 只是尽力传输数据，但并不保证数据传输的可靠性。

第四层，应用层，主要规定了不同主机上的应用程序之间的互连规则和通信，该层协议有 SMTP（简单邮件传输协议）、HTTP（超文本传输协议）和 FTP（文件传输协议）。

TCP/IP 有以下几个特点：

① 适用于多种异构网络的互连。通过网际互连层的 IP 能够将各种不同的帧或包格式统一起来，实现异种网络的互连。

② 确保可靠的通信连接。传输层的 TCP 可以确保可靠的端对端的通信，例如一台设备向另外一台设备发送信息之前，必须进行握手的过程以建立连接，发送方和接收方相互发送同步信息，在成功确认后数据就可在此连接上传输了。

③ 与操作系统紧密结合。由于 TCP/IP 技术的成熟和大范围的使用，目前流行的 Windows 和 UNIX 操作系统都将 TCP/IP 作为其内核的一个重要组成部分。

2. 路由器

路由器（Router）是因特网的主要互连设备。路由器通过路由决定数据的转发。转发策略

称为路由选择（Routing），这也是路由器名称的由来（Router，转发者）。作为不同网络之间互相连接的枢纽，路由器系统构成了基于TCP/IP的Internet的主体脉络，也可以说，路由器构成了Internet的骨架。路由器的主要功能可以实现异构网络实现互连互通，如以太网和FDDI网络的互连，同时还能够通过自动更新的路由表选择一条最佳路径对数据报进行转发。

如图4-18所示就是交换机和路由器。

(a) 交换机

(b) 路由器

图4-18　交换机和路由器

4.4.2　IP地址与域名系统

1. IP地址

因特网是将全世界范围内的计算机联为一体而构成的通信网络的总称。网络上的两台计算机之间在相互通信时，在它们所传送的数据包里都会含有某些附加信息，这些附加信息就是发送数据的计算机的地址和接收数据的计算机的地址。该标识地址就是IP地址。

根据TCP/IP规定，IP地址有两个版本：IPv4和IPv6。其中IPv4地址由32位二进制数组成。例如某台连接在因特网上的计算机的IP地址为11010010 01001101 10101100 00100010，这些数字对于人来说很难记忆。为了方便记忆，就将组成计算机的IP地址的32位二进制数分成4段，每段8位，中间用小数点隔开，并用十进制数来表示。这样，上述计算机的IP地址就表示成了210.77.172.34。

每个IP地址又可分为两部分，即网络号和主机号，可以用以下公式表示：

IP地址=网络号＋主机号

网络号（Net ID）：用来指明主机所从属的物理网络的编号。

主机号（Host ID）：主机在物理网络中的编号。

按照网络规模的大小，IP地址可以分为A、B、C、D、E共5类，其中A、B、C类是3种主要的类型地址，D类提供多目传送用的多目地址，E类用于扩展备用地址。

A类IP地址：一个A类IP地址由1字节的网络地址和3字节主机地址组成，网络地址在用8位二进制数形式表示时的最高位必须是“0”，因此地址范围为1.0.0.0~126.0.0.0。可用的A类网络共有126个，每个网络能容纳16777214台主机，可以用于主机数特别多的大型网络。

B类IP地址：一个B类IP地址由2字节的网络地址和2字节的主机地址组成，网络地址的二进制形式的最高位必须是“10”，地址范围为128.0.0.0~191.255.255.255。可用的B类网络有16382个，每个网络最多能容纳65534台主机，适用于中等规模的网络。

C类IP地址：一个C类IP地址由3字节的网络地址和1字节的主机地址组成，网络地址二进制形式的最高位必须是“110”，地址范围为192.0.0.0~223.255.255.255。C类网络可达209万余个，每个网络能容纳254台主机，适用于小规模的局域网络。

与二进制IP地址相同，子网掩码也是由1和0组成，且1和0分别连续。子网掩码的长度也是32位，左边是网络位，用二进制数字“1”表示，1的数目等于网络位的长度；右边是主机位，用二进制数字“0”表示，0的数目等于主机位的长度。子网掩码的主要作用就是用于划分IP地址中的网络号和主机号。

2. IP数据报

TCP/IP定义了一个在因特网上传输的包，称为IP数据报（IP Datagram）。IP数据报是通过网络传输的数据的基本单元，包含一个报头（Header）和数据本身，其中报头描述了数据的目的地，以及和其他数据之间的关系，如图4-19所示。

<table>
<tr><td colspan="4">首部(20字节)</td><td colspan="3">数据部分</td></tr>
<tr><td>版本</td><td colspan="2">首部长度</td><td colspan="2">区分服务</td><td colspan="2">总长度</td></tr>
<tr><td colspan="5">标识</td><td>标志</td><td>片偏移</td></tr>
<tr><td colspan="2">生存时间</td><td colspan="3">协议</td><td colspan="2">首部检验和</td></tr>
<tr><td colspan="7">原地址</td></tr>
<tr><td colspan="7">目的地址</td></tr>
<tr><td colspan="6">可选字段（长度可变）</td><td>填充</td></tr>
<tr><td colspan="7">数据部分</td></tr>
</table>

图4-19　IP数据报格式

IP数据报在网络上传输时，中间需要经过很多路由器，每个路由器收到这个数据报时，先取出目的地址，根据这个地址对照内部路由表的信息，决定从哪一个端口将数据发送出去。但是IP数据报的传输并不保证数据的正确性，这些问题由上层的TCP来解决。

3. 域名系统

IP地址由32位二进制数据构成，非常不便于人们记忆和使用。为了能够方便用户，需要使用具有特定含义的符号表示因特网中的每台主机，当然这些符号需要和IP地址相对应。例如，要访问扬州市职业大学的网站，可以输入“http://211.65.8.4/”，但是这样的数字既不直观，也不便于记忆，如果是以下的符号“http://www.yzpc.edu.cn/”，显然要比上面单纯的数字要好得多。实现这种IP和域名相互转换的系统就称为域名系统（Domain Name System，DNS），是因特网的一项核心服务。域名系统作为可以将域名和IP地址相互映射的一个分布式数据库，能够使人更方便地访问因特网，而不用去记住能够被机器直接读取的IP数串，如图4-20所示。

域名在使用时可以是字母、数字和连字符，但必须是由字母和数字开头并结尾，总长不得超过255个字符。因特网上的每台主机的一个IP地址可以对应多个域名，而每个域名只能对应一个IP地址。

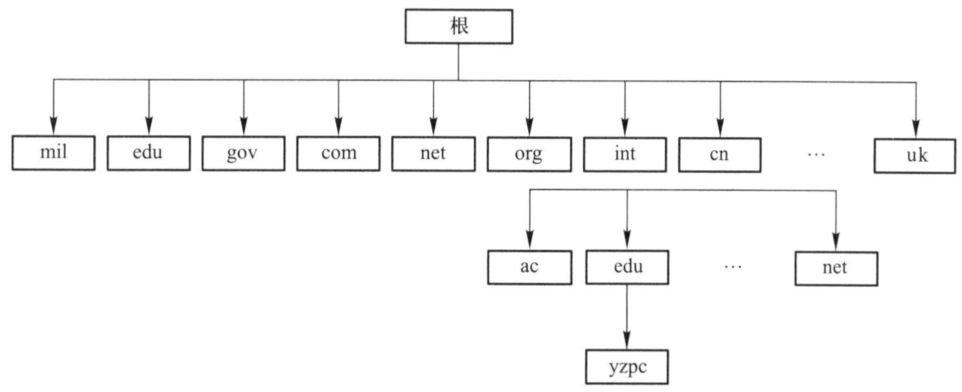

图 4-20　因特网主机名称的命名树

4.4.3　接入因特网

1. 电话拨号上网

在 20 世纪 90 年代刚有因特网时，上网使用最为普遍的一种方式是拨号上网。只要用户拥有一台个人计算机、一个外置或内置的调制解调器和一根电话线，再向本地 ISP 供应商申请自己的账号，或购买上网卡，拥有自己的用户名和密码后，然后通过拨打信息服务提供商 ISP 的接入号就可以连接到 Internet 上。

拨号上网虽然比较灵活，只要有电话线就可以与网络连接，但是也存在以下一些缺点：首先，电话拨号上网速度较低，一般最高只支持 56 kb/s，即便是下载一首 MP3 也要等待很长时间；其次，由于拨号上网时，调制解调器传输数据与语音传送共用一个频率，所以在上网后就不能同时拨打和接听电话了。

2. ADSL

ADSL（Asymmetric Digital Subscriber Line，非对称数字用户环路）是一种新的数据传输方式。因为上行和下行带宽不对称，因此称为非对称数字用户线环路。它采用频分复用技术把普通的电话线分成了电话、上行和下行 3 个相对独立的信道，从而避免了相互之间的干扰。即使边打电话边上网，也不会发生上网速率和通话质量下降的情况。通常，ADSL在不影响正常电话通信的情况下可以提供最高 3.5 Mb/s 的上行速率和最高 24 Mb/s 的下行速率。ADSL 有以下 3 个特点：

① 一条电话线可同时接听或拨打电话并进行数据传输，两者互不影响。

② 虽然使用的还是原来的电话线，但 ADSL 传输的数据并不通过电话交换机，所以 ADSL 上网不需要缴纳额外的电话费，节省了费用。

③ ADSL 的数据传输速率是根据线路的情况自动调整的，它以“尽力而为”的方式进行数据传输。

3. Cable Modem

Cable Modem（电缆调制解调器）与普通的调制解调器在原理上都是将数据进行调制后在 Cable（电缆）的一个频率范围内传输，接收时进行解调，传输机理与普通调制解调器相同。不同之处在于，它是通过有线电视 CATV 的某个传输频带进行调制解调的，而普通调制解调器的传输介质在用户与访问服务器之间是独立的，即用户独享通信介质。电缆调制解调器属于共享介质系统，其他空闲频段仍然可用于有线电视信号的传输。总体来说，有线电视网相对于电信网络具有以下优势：

① 高传输速率。

② 线路始终通畅（不用拨号，没有忙音）。

③ 多用户使用一条线路（包括完整的电视信号）。

④ 不占用公用电话线。

⑤ 提供真正的多媒体功能。

当然，电缆调制解调器也有一些缺点。由于 CATV 是一个树形结构网络，因此极容易造成单点故障。例如，电缆的损坏、放大器故障或传送器故障，都会造成整个节点上的用户服务的中断。此外，由于其网络线路带宽是共享的，在用户达到一定规模后实际上无法提供宽带数据业务，用户分享到的带宽是非常有限的，简单地说，就是用户越多，速度就越慢。

4. 光纤接入

光纤宽带就是把要传送的数据由光信号转换为电信号进行通信。在光纤的两端分别都装有“光猫”进行信号转换。光纤是宽带网络中多种传输媒介中最理想的一种，它的特点是传输容量大，传输质量好，损耗小，以及中继距离长等。光纤传输使用的是波分复用技术，即是把小区里的多个用户的数据分别调制成不同波长的光信号在一根光纤里传输。光纤宽带和 ADSL 接入方式的区别就是：ADSL 是电信号传播，而光纤宽带是光信号传播。

光纤接入具有以下特点：

① 容量大。光纤工作频率比目前电缆使用的工作频率高出 8~9 个数量级，故所开发的容量大。

② 衰减小。光纤每千米衰减比目前容量最大的通信同轴电缆每千米衰减要低一个数量级以上。

③ 体小量轻，有利于施工和运输。

④ 防干扰性能好。光纤不受强电干扰、电气信号干扰和雷电干扰，抗电磁脉冲能力也很强，保密性好。

⑤ 节约有色金属。一般通信电缆要耗用大量的铜、铅或铝等有色金属，而光纤本身是非金属，因此光纤通信的发展将为国家节约大量的有色金属。

⑥ 扩容便捷。一条带宽为 2 Mb/s 的标准光纤专线很容易就可以升级到 4 Mb/s、10 Mb/s、20 Mb/s、100 Mb/s 甚至 1 Gb/s 带宽。

⑦ 上下行对称。光纤介质区别于传统 ADSL 的电话线缆介质的下行大上行小的弊端，能够实现上下行对称传输。

目前，我国正在大力发展光纤接入业务，不少小区都已经改造完成，实现了光纤入户，家庭网络接入速度也得到了前所未有的提升，不少家庭用户的网速都已经达到了 100 Mb/s 带宽，实现了真正的宽带接入。

任务 4.5　掌握因特网服务的使用方法

4.5.1　电子邮件

电子邮件是一种用电子手段提供信息交换的通信方式，是因特网应用最广的服务。通过网络的电子邮件系统，用户可以非常低廉的价格（不管发送到哪里，都只须负担网费）、非常快速的方式（几秒钟之内）与世界上任何一个角落的网络用户联系。

电子邮件地址的格式由 3 部分组成。第一部分为用户信箱的账号，对于同一个邮件接收服务器来说，这个账号必须是唯一的；第二部分“@”是分隔符；第三部分是用户信箱的邮件接收服务器域名，用以标志其所在的位置。例如 10000@189.cn，其中 10000 就是该邮箱的用户名，邮箱服务器域名就是 189.cn。

电子邮件系统是一种新型的信息系统，是通信技术和计算机技术相结合的产物。电子邮件的传输是通过简单邮件传输协议（Simple Mail Transfer Protocol，SMTP）来完成的，它是 Internet 下的一种电子邮件通信协议。而 POP3 是把邮件从电子邮箱中传输到本地计算机的协议。

要想接收和发送电子邮件，用户首先要申请一个免费的邮箱，然后登录自己信箱的服务器，输入用户名和密码，然后通过输入命令的方式将需要发送的邮件发到对方的信箱中。邮件在信箱之间进行传递和交换，也可以与另一个邮件系统进行传递和交换。收信方在取信时，使用特定账号从信箱提取。通常，因特网上的个人用户不能直接接收电子邮件，而是通过申请 ISP 主机的一个电子信箱，由 ISP 主机负责电子邮件的接收。一旦有用户的电子邮件到来，ISP 主机就将邮件转移到用户的电子信箱内，并通知用户有新邮件。因此，当发送一条电子邮件给另一个客户时，电子邮件首先从用户计算机发送到 ISP 主机，再到 Internet，再到收件人的 ISP 主机，最后到收件人的个人计算机，如图 4-21 所示。要想获取邮件，可以通过利用浏览器登录邮箱地址输入账号和密码直接浏览，如图 4-22所示，也可以用专门的邮件收发软件，如微软公司的 Office 办公软件里的 Outlook 软件，就可以经过简单的设置后在连网时直接收发电子邮件。

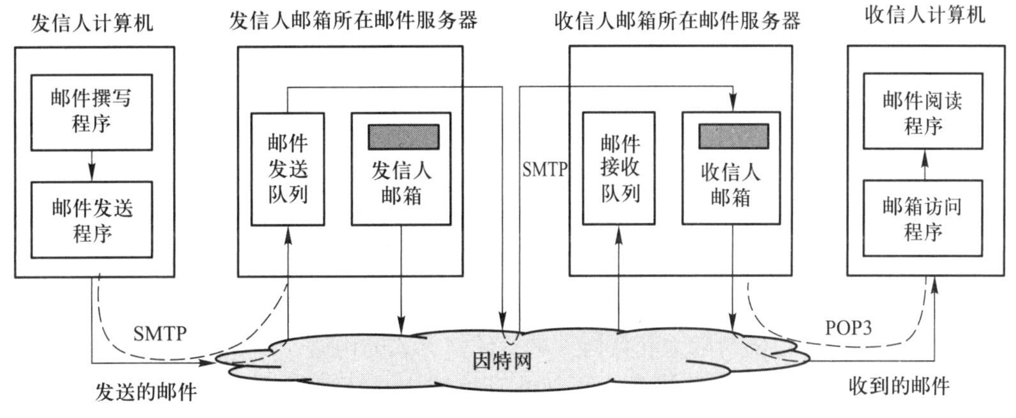

图 4-21　电子邮件系统的工作原理

图 4-22　登录 Web 页面发送电子邮件

用户发送电子邮件时，一般需要填写收件人邮箱地址、主题和正文，如果需要还可以通过附件的形式将文件传送给对方。其中收信人地址可以填写多个，可以将邮件同时发送给多个人，提高发送效率。在接收电子邮件时，如果发现邮件地址是不熟悉的陌生地址，在打开附件时要多加注意，防止附件中夹带病毒，给自己造成不必要的损失。

4.5.2　即时通信

即时通信（Instant Messaging，IM）是指能够即时发送和接收因特网消息等的业务。即时通信是目前因特网上最为流行的通信方式。最近十几年，各种各样的即时通信软件层出不穷，服务提供商也提供了越来越丰富的通信服务功能。目前，即时通信软件逐渐集成了电子邮件、博客、音乐、电视、游戏和搜索等多种功能于一体，为用户提供多种服务。

即时通信软件最早的创始人是 3 个以色列青年，他们在 1996 年制作出来一个名为 ICQ 的软件，意为“我在找你”——“I Seek You”，简称 ICQ。1998 年，当 ICQ 注册用户数达到 1200 万时，被美国在线（AOL）看中，以 2.87 亿美元的天价收购，是当年世界上最大的即时通信系统。由于即时通信软件的兴起，能够进行即时互通的“内容”正迅速由语音全面扩展到图像、文字和数据等方面，不过“多功能”还不是即时通信的全部内涵，能够跨越互联网、手机和固定电话等多个平台进行通信才是即时通信未来的价值所在。经过多年的发展，即时通信已经跨越原来狭义上的“网络”概念，正向更为广义的方向发展，未来的即时通信软件可以随时随地和任何人进行任何方式的沟通，不仅是语音，还包括图像、资料和数据等，不仅在计算机上，还可以在手机、固定电话等任何终端上。在中国，流行的即时通信工具主要有两款，如图 4-23 所示，它们是同属于腾讯公司的“腾讯 QQ”和“微

图 4-23　即时通信工具 QQ 和微信

信”，其中“微信”主打手机无线客户端通信。

1. 腾讯 QQ

QQ 是 1999 年 2 月由腾讯公司自主开发的基于 Internet 的即时通信网络工具——腾讯即时通信（Tencent Instant Messenger，简称 TM 或腾讯 QQ），其合理的设计、良好的应用、强大的功能及稳定高效的系统运行，赢得了用户的青睐。早在 2000 年，腾讯的 QQ 就基本上占领了中国在线即时通信接近 100%的市场，基本上已在国内成了即时通信行业的霸主。

2. 微信

微信（WeChat）是腾讯公司于 2011 年 1 月 21 日推出的一个为智能终端提供即时通信服务的免费应用程序。微信支持跨通信运营商、跨操作系统平台通过网络快速发送免费（需消耗少量网络流量）语音短信、视频、图片和文字，同时，也可以使用通过共享流媒体内容的资料和基于位置的社交插件“摇一摇”“漂流瓶”“朋友圈”“公众平台”“语音记事本”等服务插件。截至 2015 年第一季度，微信已经覆盖了中国 90%以上的智能手机，月活跃用户达到 5.49 亿，用户覆盖 200 多个国家和地区，超过 20 种语言，是亚洲地区最大用户群体的移动即时通信软件。

由于 QQ 和微信的出现，人们传统利用电话和短信进行联系的方式在不断受到挑战。新技术的出现在不断地改变着人们的生活方式和习惯，接受、适应并利用这些新产品确实可以给人们带来了很多便利。未来的发展可能很难预料，但可以相信，科技必将改变生活。

4.5.3 WWW 服务

WWW（World Wild Web）可以译作万维网、环球网，或称 Web 网、3W 网，最初由欧洲核物理研究中心（CERN）提出。WWW 是因特网上使用最广泛的一种服务，由被称为 Web 服务器的计算机和安装了 WWW 浏览器的计算机所组成，Web 服务器中存放着大量以超文本形式表示的需要公开发布的或可共享的信息，这些超文本信息互相链接，从而形成了一个全球范围的互相引用（关联）的信息网络，安装了 WWW 浏览器软件（简称浏览器）的用户，可以查询和获取分布在世界各地的 Web 服务器上的信息资源，如图 4-24 所示。

1. 如何浏览网页

（1）网页与 HTML 语言

Web 服务器中向用户发布的文档通常称为网页（Web Page）。一个单位或者个人的主网页称为主页（Home Page）。网页是一种采用 HTML（超文本标记语言）描述的超文本文件，其文件扩展名通常为 html 或 htm。HTML 文档包括头部和正文两部分。

头部（Head）：包含这个文档的标题及其他说明信息。

正文（Body）：包含该信息资源的具体内容（文字与图片）。

浏览器在收到 Web 服务器送来的 HTML 文档后，进行解释，按照文档中的标记规定进行处理，并最终将页面内容以一定的形式显示在输出终端上，如显示器。

图 4-24　IE 浏览器显示网页内容

（2）统一资源定位器

统一资源定位符（Uniform Resource Locator，URL）由以下两部分组成。

第 1 部分：指出客户端希望得到主机提供的哪一种服务。

第 2 部分：主机名和网页在主机上的位置。

URL 的表示形式为：http://主机域名[:端口号]/文件路径/文件名

http：表示客户端和服务器执行超文本传输协议（Hyper Text Transfer Protocol，HTTP），将远程 Web 服务器上的文件（网页）传输给用户的浏览器。

端口号：通常是默认的，如 Web 服务器使用的是 80，一般不需要给出。

/文件路径/文件名：网页在 Web 服务器中的位置和文件名（URL 中如果没有明确给出文件名，则以 index.html 或者 default.html 为默认的文件名）。

（3）超链接

超链接的链源：可以是文本中的任何一个字、词或句子甚至可以是一幅图像。

超链接的链宿：可以是另一个 Web 服务器上的某个信息资源，它用 URL 指出，也可以是文本内部标记有书签的某个地方。

HTML 文档中指出超链接链源的机制被称为锚（Anchor）。如果超链接的链宿就在文本内部的某个地方，则该处必须标记有一个书签，然后用锚指向该书签。

（4）HTTP

HTTP 主要用于传输 HTML 文档，定义了浏览器发送给服务器的请求格式及服务器返回给浏览器的应答格式，是用于从 WWW 服务器传输超文本到本地浏览器的传输协议。它可以使浏览器更加高效，使网络传输减少。它不仅保证计算机正确快速地传输超文本文档，还确定传输文档中的哪一部分，以及哪部分内容首先显示（如文本先于图形）等。WWW 服务也是按客户机/服务器模式工作的。

2. Web 浏览器

浏览器主要有两个功能：一个是向用户提供友好的使用界面；另一个是可以将用户的信息查询请求传送给 Web 服务器。用户给定了一个文档的 URL 之后，浏览器开始与 URL 指定的计算机进行通信，请求服务器发送文档。Web 服务器接到请求后，就将相应的文档传送给浏览器，浏览器程序便对 HTML 文档进行解释，并将其内容显示给用户，如图 4-25 所示。

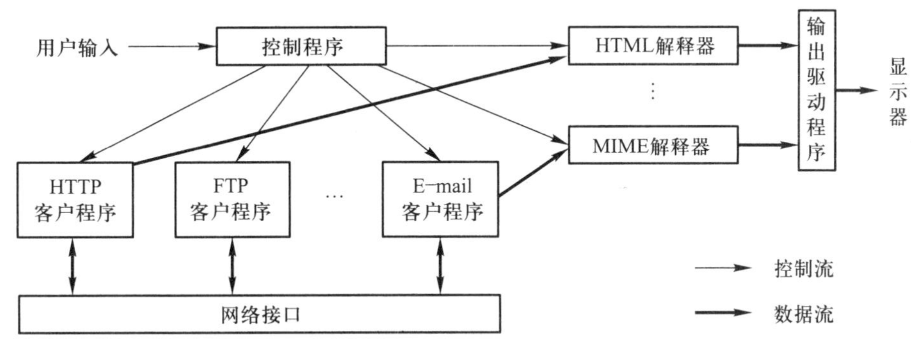

图 4-25 Web 浏览组件

目前，在 Windows 客户端使用最多的浏览器就是 IE（Internet Explorer）浏览器。它是由美国微软公司推出的一款网页浏览器。通过 IE 浏览器查看网页，可以对喜欢的网页加以收藏，也可以通过浏览历史记录，查看曾经看过的内容。在 IE 浏览器中，可以通过“文件”下拉菜单中的“另存为”命令将当前页面的内容保存到硬盘上，既能以 HTML 文档或文本文件的格式存盘，又能实现完整网页的保存，在“文件名”文本框中输入网页的文件名，在“保存类型”下拉列表框中选择“Web 网页，全部（*.htm；*.html）”选项，选择该选项可将当前 Web 页面中的图像、框架和样式表全部保存，并将所有被当前页显示的图像文件一同下载并保存到一个“文件名.file”目录下，而且 IE 浏览器将自动修改 Web 页中的链接，可以方便地离线浏览。最后，单击“保存”按钮即可。

如果想脱机浏览的网页已经加到收藏夹中，单击“收藏夹”菜单，选择“整理收藏夹”命令，弹出“整理收藏夹”对话框，右击要脱机浏览的网页，在弹出的快捷菜单中选择“属性”命令，选择“Web 文档”选项卡，选中“允许该页脱机使用”复选框，这时会增加两个选项卡，选择“下载”选项卡，选择下载网页的层数，再单击“确定”按钮返回。当连接到 Internet 后，单击“工具”菜单，然后选择“同步”命令，待下载过程完成后，脱机工作时，单击“文件”菜单，然后选择“脱机工作”命令。

在 IE 浏览器中，用户还可以自己对工具栏进行设置，操作如下：单击“查看”菜单，选择“工具”命令，再选择“自定义”命令，弹出“自定义工具栏”对话框，在“可用工具栏按钮”中选择要增加的工具按钮，单击“添加”按钮，可以添加到“当前工具栏按钮”中。在“文字选项”下拉列表中可以指定是否在工具栏上显示工具按钮的文字说明以及文字显示的位置，“显示文字标签”是在工具栏上的每个按钮下面显示按钮的名称，“无文字标签”是在工具栏上显示图标。在“图标”下拉列表中可以设置图标的大小。再将鼠标移到工具栏首竖线右侧按下鼠标左键，此时鼠标指针变成带箭头的十字光标，就可以将工具栏移到其他位置。

为了在原有浏览页面的基础上扩展浏览器的功能，IE 浏览器允许第三方厂商通过浏览器帮助对象添加各种功能，并且允许网站通过 Active X 提供丰富的内容。由于这些对象能拥有与浏览器本身一样的权限（在某种情形之下），对于安全就有很大的担心。最新版的 IE 浏览器提供了一个加载项管理器以控制 Active X 控件。

IE 浏览器的服务除了下载、显示和浏览网页之外，还能完成许多其他的 Internet 服务，只要在 URL 中指出相应的服务类型即可，常用的服务类型还有以下几种。

FTP：执行 FTP，使远程 FTP 服务器与用户的计算机进行远程文件传输操作。

Mailto：执行 SMTP，向远程计算机发送电子邮件。

Telnet：执行 Telnet 协议，登录远程计算机。

News：执行 NNTP，向远程计算机提供网络新闻服务。

4.5.4 远程文件传输

FTP（File Transfer Protocol，文件传输协议）是 TCP/IP 网络上两台计算机传送文件的协议，是在 TCP/IP 网络和 Internet 上最早使用的协议之一，它属于网络协议组的应用层。FTP 客户机可以给服务器发出命令来下载文件，上载文件，创建或改变服务器上的目录。FTP 主要有以下几个功能：

① 促进文件的共享（计算机程序或数据）。

② 鼓励间接或者隐式地使用远程计算机。

③ 向用户屏蔽不同主机中各种文件存储系统的细节。

④ 可靠、高效地传输数据。

FTP 用于 Internet 上控制文件的双向传输，同时，它也是一个应用程序，用户可以通过它把个人计算机与世界各地所有运行 FTP 的服务器相连，访问服务器上的大量程序和信息。FTP 的主要作用就是让用户连接上一个远程计算机（这些计算机上运行着 FTP 服务器程序），查看远程计算机中有哪些文件，然后把文件从远程计算机复制到本地计算机上，或把本地计算机中的文件传送到远程计算机中。

实际工作中，往往会给不同的部门或者某个特定的用户设置一个账户。但是，这个账户有个特点，就是其只能访问自己的主目录。服务器通过这种方式来保障 FTP 服务上其他文件的安全性。这类账户，就称为 Guest 用户。拥有这类用户的账户，只能访问其主目录下的目录，而不得访问主目录以外的文件。而 Anonymous（匿名）用户，也是通常所说的匿名访问，是指在 FTP 服务器中没有指定账户，但是其仍然可以进行匿名访问某些公开的资源。一般情况下，当远程主机提供匿名 FTP 服务时，会指定某些目录向公众开放，允许匿名存取，而系统中的其余目录则处于隐匿状态。作为一种安全措施，大多数匿名 FTP 主机都允许用户从其下载文件，而不允许用户向其上传文件。也就是说，用户可将匿名 FTP 主机上的所有文件全部复制到自己的机器上，但不能将自己机器上的任何一个文件复制至匿名 FTP 主机上。即使有些匿名 FTP 主机确实允许用户上传文件，用户也只能将文件上传至某一指定上传目录中。随后，系统管理员会去检查这些文件，并将这些文件移至另一个公共下载目录中，供其他用户下载。利用这种方式，远程主机的用户得到了保护，避免了有人上传有问题（如带病毒）的文件。

任务 4.6 了解如何加强网络信息安全

4.6.1 网络信息安全

1. 网络安全概述

网络安全是指网络系统的硬件、软件及其系统中的数据受到保护，不因偶然的或者恶意的原因而遭受到破坏、更改、泄露，使系统连续、可靠、正常地运行，网络服务不中断。信息传输过程中常见的安全威胁如图 4-26 所示。

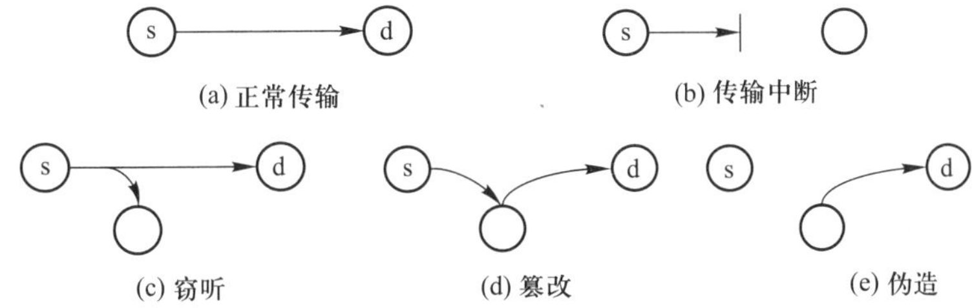

图 4-26 信息传输过程中的安全威胁

网络安全的特点包含以下 5 个含义。

① 完整性：是指信息在传输、交换、存储和处理过程保持非修改、非破坏和非丢失的特性，并保持信息原样性，使信息能正确地生成、存储和传输，这是最基本的安全特征。

② 保密性：是指信息按给定要求不泄露给非授权的个人、实体或过程，或提供其利用的特性，即杜绝有用信息泄露给非授权个人或实体，强调有用信息只被授权对象使用的特征。

③ 可用性：是指网络信息可被授权实体正确访问，并按要求能正常使用或在非正常情况下能恢复使用的特征，即在系统运行时能正确存取所需信息，当系统遭受攻击或破坏时，能迅速恢复并能投入使用。可用性是衡量网络信息系统面向用户的一种安全性能。

④ 不可否认性：是指通信双方在信息交互过程中，确信参与者本身，以及参与者所提供的信息的真实同一性，即所有参与者都不可能否认或抵赖本人的真实身份，以及提供信息的原样性和完成的操作与承诺。

⑤ 可控性：是指对流通在网络系统中的信息传播及具体内容能够实现有效控制的特性，即网络系统中的任何信息要在一定传输范围和存放空间内可控。除了采用常规的传播站点和传播内容监控这种形式外，最典型的如密码托管政策，当加密算法交由第三方管理时，必须严格按规定可控执行。

2. 网络信息安全的常用技术

（1）数据加密

为了在网络通信被窃听的情况下保证数据的安全性，必须对传输的数据进行加密。数据加密的基本思想是通过改变数据排列方式，以掩盖其信息含义，使得只有合法的接收方才能读懂，任何其他人即使截取了信息也无法解开。数据加密目前仍是计算机系统对信息进行保护的一种最可靠的办法。它利用密码技术对信息进行加密，实现信息隐蔽，从而起到保护信息安全的作用。

数据加密的术语有以下几个。

① 明文（Plaintext）：加密前的原始数据（消息）。

② 密文（Ciphertext）：加密后的数据。

③ 密码（Cipher）：将明文与密文进行相互转换的算法。

传统的加密方法有两种：替换和置换。替换的方法是使用密钥将明文中的每一个字符转换为密文中的一个字符；而置换则是仅将明文的字符按不同的顺序重新排列。单独使用这两种方法的任意一种都是不够安全的，但是将这两种方法结合起来就能提供相当高的安全程度。

譬如有一个字符串，明文是 hello world，通过简单的加密后密文为 ifmmp xpsme，这种转换的对应密码就是通过简单的位移，将原有字母表 abcdefghi jklmnopqrstuvwxyz 用 bcdefghi jklmnopqrstuvwxyza 一一替换后得以实现，从而起到了保密作用。

（2）数字签名

数字签名（又称公钥数字签名、电子签章）是一种类似写在纸上的普通的物理签名，但是使用了公钥加密领域的技术来实现，用于鉴别数字信息的方法。一套数字签名通常定义两种互补的运算，一个用于签名，另一个用于验证。

数字签名就是只有信息的发送者才能产生的别人无法伪造的一段数字串，这段数字串同时也是对信息的发送者发送信息真实性的一个有效证明。数字签名属于验证消息发送方的技术。公共密钥加密方法除了提供信息的加密解密外，还可以用作数字签名，以鉴别信息来源。

公共密钥系统实现数字签名的过程：发送方通过使用自己的私有密钥对消息进行加密，实现签名；接收方通过使用发送方的公共密钥对消息进行解密，完成验证。

（3）身份鉴别与访问控制

身份鉴别也称为“身份验证”或“身份认证”，是指在计算机及计算机网络系统中确认操作者身份的过程，从而确定该用户是否具有对某种资源的访问和使用权限，进而使计算机和网络系统的访问策略能够可靠、有效地执行，防止攻击者假冒合法用户获得资源的访问权限，保证系统和数据的安全，以及授权访问者的合法利益。

真实性鉴别是指证实某人或某物的真实身份与其所称的身份是否相符的过程，也称为身份鉴别或身份认证，其目的是为了防止欺诈和假冒。目前最简单也是最普遍的身份鉴别方法是使用口令/密码。

（4）防火墙

防火墙，是指一个由软件和硬件设备组合而成，在内部网和外部网之间、专用网与公共网之间构建的保护屏障，是一种获取安全性方法的形象说法，从计算机流入流出的所有网络通信均要经过此防火墙。它是一种计算机硬件和软件的结合，使 Internet 与 Intranet 之间建立起一个安全网关（Security Gateway），从而保护内部网免受非法用户的侵入。它实际上是一种隔离技术。防火墙是在两个网络通信时执行的一种访问控制尺度，它能允许用户“同意”的人和数据进入自己的网络，同时将用户“不同意”的人和数据拒之门外，最大限度地阻止网络中的黑客来访问自己的网络，但是对于内部用户的入侵行为防火墙并不能起到防范作用。

与因特网连接的计算机可以利用操作系统提供的防火墙软件或者下载专门的防护软件，限

制网络陌生用户的访问行为，从而达到保护个人计算机的目的。

4.6.2　计算机病毒及防范

计算机病毒是一些人蓄意编制的一种寄生性的、有破坏性的计算机程序。计算机病毒与医学上的“病毒”不同，计算机病毒不是天然存在的，是人利用计算机软件和硬件所固有的脆弱性编制的一组指令集或程序代码。它能潜伏在计算机的存储介质（或程序）里，条件满足时即被激活，通过修改其他程序的方法将自己的精确拷贝或者可能演化的形式放入其他程序中，从而感染其他程序，对计算机资源进行破坏。所谓的病毒就是人为造成的，对其他用户的危害性很大，一旦扩散开来，制造者自己也无法控制。它不单是技术问题，而是一个严重的社会问题。

计算机病毒具有以下特点。

① 寄生性：病毒会寄生于某些文件或者程序之中，病毒会在程序开启时开始破坏，程序未执行之前，病毒一般不易被察觉且无破坏作用。

② 隐蔽性：计算机病毒无法通过常规手段检测出来，变化无常，处理起来较为复杂。

③ 传染性：这是病毒的基本特征，计算机病毒会通过已被病毒感染的计算机传到未被感染的计算机上，如果一台计算机上感染了病毒，一定要及时地进行处理；否则，其会通过 U 盘、网络等各种可能的渠道传给其他可能的计算机。

④ 破坏性：计算机中毒后，可能会导致正常的程序无法运行，计算机内的文件可能被删除或受到不同程度的损坏。

⑤ 潜伏性：是指一些计算机病毒的发作是预先设计好的，到了规定的时间才会发作，发作前不易被察觉。

检测与消除计算机病毒最常用的方法是使用专门的杀毒软件。杀毒软件能自动检测及消除内存、主板 BIOS 和磁盘中的病毒。尽管杀毒软件的版本一直在不断升级，功能也在不断扩大，但由于病毒程序与正常程序形式的相似性，以及杀毒软件的目标特指性，使得杀毒软件的开发与更新总是稍滞后于新病毒的出现，因此仍会无法检测出或消除某些病毒。而且，由于谁也无法预计今后病毒的发展及变化，所以很难开发出具有先知先觉功能的可以消除一切病毒的软硬件工具。

要确保计算机不受病毒侵害，关键是做好预防工作，预防计算机病毒侵害的措施有以下几种：

① 不使用来历不明的程序和数据。

② 不轻易打开来历不明的电子邮件。

③ 在机器上安装杀毒软件（包括病毒防火墙软件），使启动程序运行、接收邮件和下载 Web 文档时自动检测与拦截病毒等。

④ 经常性地及时做好系统及关键数据的备份工作。

本章小结

本章主要介绍了通信技术的基本原理，计算机网络的组成和分类，并对常见的局域网传输技术和应用逐一进行了分析。讲解了因特网的运行原理，并在此基础上介绍了电子邮件和万维网等因特网提供的应用，并对网络信息安全和病毒防护进行了简单介绍。通过本章的学习，学生应能够掌握通信技术基本原理，熟悉局域网和因特网的组成与应用。

例题解析

一、选择题

1. 下列介质中，________是局域网中使用最广泛的一种传输介质。

A. 双绞线电缆　　B. 光纤电缆

C. 地面光波　　D. 同轴电缆

分析：在局域网中，双绞线由于拥有较高的组网性价比，所以使用最为广泛。

答案：A。

2. 下列关于路由器的叙述中，正确的是________。

A. 网络中的路由器可不分配 IP 地址

B. 网络中的路由器不能有 IP 地址

C. 网络中路由器应分配两个或两个以上的 IP 地址

D. 网络中的路由器只能分配一个 IP 地址

分析：网络中的路由器每个端口都至少分配一个 IP 地址，路由器用于网络连接，至少有两个以上的端口，因此网络中的路由器至少有两个 IP 地址。

答案：C。

3. 下列地址中，属于 154. 100. 80. 128/26 的可用主机地址是________。

A. 154. 100. 80. 128　　B. 154. 100. 80. 190

C. 154. 100. 80. 192　　D. 154. 100. 80. 254

分析，由于子网掩码网络号为 26 位，所以主机号为 32-26=6 位，每个网段有 64 个 IP 地址号，其中主机号 62 个，网络号为 154. 100. 80. 128/26 所在网络的主机号范围为 129~190。

答案：B。

4. 宽带接入技术中，“非对称数字用户线”的英文缩写是________。

A. ADSL　　B. HDLC

C. NAT　　D. PPP

分析：ADSL 是目前最常用的宽带接入方式，由于 ADSL 上行和下行的速率不等，下行速率要远远大于上行速率，因此称为“非对称数字用户线”。

答案：A。

5. 若某主机的 IP 地址为 192. 168. 1. 2，子网掩码为 255. 255. 255. 0，则主机所属网络的可分配 IP 地址数（包括该主机地址）是________。

A. 100　　B. 200

C. 254　　D. 255

分析：网络的可分配主机号由子网掩码决定，由子网掩码 255. 255. 255. 0 可知主机号为 8 位，因此可分配 IP 地址数为 254。

答案：C。

6. IPv4 和 IPv6 地址的二进制位数分别是________。

A. 16 位和 32 位　　B. 32 位和 48 位

C. 32 位和 128 位　　D. 48 位和 128 位

分析：IPv4 和 IPv6 地址的二进制位数分别是 32 位和 128 位，而 MAC 地址是 48 位。

答案：C。

7. TCP/IP 中用于实现网络主机域名到 IP 地址映射的是________。

A. DNS　　B. HTTP

C. RARP　　D. SMTP

分析：DNS 用于实现网络主机域名到 IP 地址映射，HTTP 用于实现超文本传输，ARP 和 RARP 用户实现 MAC 地址和 IP 地址之间的映射，SMTP 用于发送电子邮件。

答案：A。

8. 在网络层实现互连的设备是________。

A. 集线器　　B. 网桥

C. 交换机　　D. 路由器

分析：集线器运行在物理层，网桥和交换机运行在数据链路层，路由器和三层交换机运行在网络层。

答案：D。

9. 广域网通信中，________不是包交换机的任务。

A. 检查包的应用层语义

B. 检查包的目的地址

C. 将包送到交换机端口进行发送

D. 从缓冲区中提取下一个包

分析：交换机的主要功能是检查包的目的地址、将包送到交换机端口进行发送，并从缓冲区中提取下一个包。

答案：A。

10. 下面关于目前最常用的无线通信信道的说法中，错误的是________。

A. 红外线通信一般局限于一个小区域，并要求发送器直接对准接收器

B. 利用微波可将信息集中向某个方向进行定向信息传输，以防止他人截取信号

C. 无线电波可用于广播、电视和手机，也可以用于传输计算机数据

D. 激光能在长距离内保持聚焦并能穿透物体，因而可以传输很远的距离

分析：微波在信息传输时并不能防止他人截取信号，但是可以通过对信号的加密保证信息传输时的安全性。

答案：B。

二、判断题

1. 从系统功能的角度看，计算机网络主要由资源子网和通信子网两部分组成。其中通信子网主要包括连网的计算机、终端、外部设备、网络协议及网络软件等。

分析：计算机网络由两部分组成，一部分是资源子网，由计算机系统、终端、终端控制

器、连网外设、各种软件资源与信息资源组成；另一部分是通信子网，主要提供连网功能，包括连网的计算机、终端、外部设备、网络协议及网络软件等。

答案：对。

2. 常见的数据交换方式有电路交换、报文交换及分组交换等，因特网采用的交换方式是电路交换方式。

分析：因特网采用的交换方式主要是分组交换，而电路交换用户主要应用于电话通信网中，完成电话交换。

答案：错。

3. 计算机网络是一个非常复杂的系统，网络中的所有设备必须遵循一定的通信协议才能高度协调地工作。

分析：通信协议是指双方实体完成通信或服务所必须遵循的规则和约定。要使网络中的所有设备能协同工作实现信息交换和资源共享，其必须共同遵循一定的通信协议。

答案：对。

4. 网卡的 MAC 地址是标识主机的硬件地址，由 48 位二进制数组成，通常用十六进制数表示。

分析：网卡的 MAC 地址是标识主机的硬件地址，在局域网中数据传输时就是通过数据帧中的 MAC 地址识别目标的。

答案：对。

5. 目前以太网常用的拓扑结构是星形结构。

分析：以太网的拓扑结构是总线型的，在利用接线器和交换机组建的局域网的物理结构才是星形结构。

答案：错。

6. 防火墙可以将来自网络的计算机病毒在进入个人主机之前杀掉。

分析：防火墙主要是用于防范外部用户对内容网络的入侵，起边界防护作用，但是对于来自内部的攻击和病毒却束手无策。

答案：错。

7. Modem 由调制器和解调器两部分组成。调制是指把模拟信号变换为数字信号，解调是指把数字信号变换为模拟信号。

分析：为了能够长距离传输信息，需要对信号进行调制，而信号的恢复又称之为解调，Modem 就是进行调制解调的设备。

答案：错。

8. 电话系统的通信线路是用来传输语音的，因此它不能用来传输数据。

分析：早期的电话拨号上网就是利用电话系统传输数据信息的。

答案：错。

9. 数字签名实质上是采用加密的附加信息来验证消息发送方的身份，以鉴别消息来源的真伪。

分析：数字签名主要就是通过加密的方式用于验证消息发送方的身份，保证数据来源的真实性。

答案：对。

10. 全面的网络信息安全方案不仅要覆盖到数据流在网络系统中的所有环节，还应当包括信息使用者、传输介质和网络等各方面的管理措施。

分析：网络的安全涉及网络系统中的所有环节，是全方位的安全。

答案：对。

三、填空题

1. 无线通信的常见形式有无线电通信、微波通信和________。

分析：无线通信的 3 种常见形式为无线电通信、微波通信和卫星通信。

答案：卫星通信。

2. 假设有某 Internet 用户，其 POP 主机域名是 mail. hz. zj. cn，账户名为 zhangsan，则相应的 E-mail 地址是________。

分析：E-mail 地址由 3 部分构成：用户名+@ +邮件服务器地址。

答案：zhangsan@ hz. zj. cn。

3. 局域网一般由网络系统软件、工作站、网络服务器、________、网间连接器和传输媒体组成。

分析：网卡是局域网中连接计算机和传输介质的接口，不仅能实现与局域网传输介质之间的物理连接和电信号匹配，还涉及帧的发送与接收、帧的封装与拆封、介质访问控制、数据的编码与解码，以及数据缓存的功能等。

答案：网卡。

4. ________通信是一种无线通信，可以传输大容量信号，但只能直线传输，受环境影响较大。

分析：微波是指频率为 300 MHz~300 GHz 的电磁波，是无线电波中一个有限频带的简称，即波长为 1 mm~1 m 的电磁波，常用于无线通信。

答案：微波。

5. ________是在多个网络和介质之间实现网络互连的一种设备。

分析：路由器（Router）是因特网的主要互连设备。路由器通过路由决定数据的转发。转发策略称为路由选择（Routing），路由器可以在多个网络和介质之间实现网络互连。

答案：路由器。

6. 静态网页使用标签来组织需要呈现的内容，这种标签语言称为________。

分析：静态网页使用超文本标记语言进行编辑，这种标签语言又称为 HTML。

答案：HTML。

7. 无线局域网是局域网与无线通信技术相结合的产物，其英文简写为________。

分析：无线局域网的英文为 Wireless Local Area Networks，简写为 WLAN。

答案：WLAN。

8. WWW 服务是按客户机/服务器模式工作的，当浏览器请求服务器下载一个 HTML 文档时，必须使用 HTTP，该协议的中文名称是________。

分析：HTTP 又称为超文本传输协议，是因特网上应用最为广泛的一种网络协议。所有的 WWW 文件都必须遵守这个标准。

答案：超文本传输协议

9. WWW 服务器提供的一个信息页面称为________。

分析：WWW 服务器提供的一个信息页面称为主页，其中每个网站的主页一般默认名为 index. html 或 defaul. html。

答案：主页。

10. 以太网中，数据以________为单位在网络中传输。

分析：以太网属于局域网的一种，局域网中数据传输的基本单位是“帧”。

答案：数据帧。

课后习题

一、判断题

1. GSM 和 CDMA 手机通信系统，也需要采用多路复用技术。（　　）
2. TCP/IP 中的 TCP 是一种能保障端-端（源计算机-目的计算机）可靠地进行数据传输的通信协议。（　　）
3. Web 浏览器通过统一资源定位器（URL）向 WWW 服务器发出请求，并指出要浏览的是哪一个网页。（　　）
4. 按客户机/服务器模式工作的网络中，普通 PC 只能用作客户机。（　　）
5. 非对称数字用户线（ADSL）技术能为上行流提供较下行流更高的传输速率。（　　）
6. 采用波分多路复用技术时，光纤中只允许一种波长的光波进行传递。（　　）
7. 采用分组交换技术传输数据时，交换机必须在检查包（分组）中传输的用户数据内容后，决定包是否转发。（　　）
8. 电话干线（中继线）采用数字方式传输语音信号，它们也可以用来传输数据。租用电话线路实现计算机之间的远程连接是构建广域网的手段之一。（　　）
9. 电缆调制解调器（Cable Modem）具有稳定性好、通信速度快等特点，它已替代 ADSL 成为家庭用户上网的主要技术。（　　）
10. 分组交换必须在数据开始传输之前预先在通信双方之间建立一条固定的物理连接线路。（　　）
11. 共享式以太网通常采用广播式的数据通信方式。（　　）
12. 光纤传输信号损耗很小，所以光纤通信是一种无中继通信。（　　）
13. 计算机网络中，一台计算机要么充当服务器，要么充当客户机，不可同时身兼两职。（　　）
14. 局域网利用电信局提供的通信线路进行数据通信。（　　）
15. 蓝牙是一种近距离高速有线数字通信的技术标准。（　　）
16. 路由器（Router）常被用来连接异构网络，它所使用的 IP 地址个数与连接的物理网络数目有关。（　　）
17. 目前市场上提供多种家用无线路由器，如 D-LINK、TP-LINK，组网时大多采用 Web 方式对其进行参数设置。（　　）
18. 杀毒软件的病毒特征库中汇集了所有已知病毒的特征，因此可以查杀所有已知的病

毒，但并不能完全查杀未知病毒。（ ）

19. 使用 Outlook Express 发送电子邮件时，如果要对方确信不是他人假冒发送的，可以采用数字签名的方式进行发送。（ ）

20. 使用多路复用技术能够很好地解决信号的远距离传输问题。（ ）

21. 使用口令（密码）进行身份认证时，由于只有自己知道，他人无从得知，因此不会发生任何安全问题。（ ）

22. 使用双绞线作为通信传输介质，具有成本低、可靠性高、传输距离长等优点。（ ）

23. 数字签名主要目的是鉴别消息来源的真伪，它不能发觉消息在传输过程中是否被篡改。（ ）

24. 调制解调器的作用是利用现有的电话线传输数字信息，将计算机接入网络。（ ）

25. 通信系统概念上由 3 个部分组成：信源与信宿、携带了信息的信号以及传输信号的信道，三者缺一不可。（ ）

二、填空题

1. TCP/IP 将计算机网络的结构划分为应用层、传输层、网络层和网络接口层等 4 个层次，其中 IP 属于________层。

2. 按 IP 的规定，在数据传输时发送方和接收方计算机的 IP 地址应放在________的头部。

3. 计算机局域网由网络工作站、网络服务器、网络打印机、网络接口卡、________和网络互连设备等组成。

4. 家庭无线局域网由无线路由器、ADSL Modem、计算机等组成，其中接入点（热点）设备是________。

5. 理论上，大多数 10/100 Mb/s 传输速率的以太网采用的传输介质是________类双绞线。

6. 浏览器可以下载安装一些________程序，以扩展浏览器的功能，如播放 Flash 动画或某种格式的视频等。

7. 目前，因特网中有数以千计的 FTP 服务器使用________作为其公开账号，用户只须将自己的邮箱地址作为密码就可以访问 FTP 服务器中的文件。

8. 目前广泛使用的交换式以太网，采用的是________拓扑结构。

9. 能把异构的计算机网络相互连接起来，且可根据路由表转发 IP 数据报的网络设备是________。

10. 使用域名访问因特网上的信息资源时，由网络中的域名服务器将域名翻译成 IP 地址，该服务器的英文缩写是________。

11. 搜索引擎现在是 Web 最热门的应用之一，它能帮助人们在 WWW 中查找信息，目前国际上广泛使用的可以支持多国语言的搜索引擎是________。

12. 网络操作系统运行在服务器上，可以提供网络资源共享并负责管理整个网络，其英文缩写（3 个字母）为________。

13. 网络工作模式分为客户机/服务器模式和对等模式。文件传输协议（FTP）是按照________模式来工作的。

14. 微软公司提供的免费即时通信软件是________。

15. 为了解决异构网互连的通信问题，IP 定义了一种独立于各种物理网络的数据包格式，称之为 IP________，用于网络之间的数据传输。

16. 为了提高信道的利用率，使多路信号共用一个信道传输，常采用________技术。

17. 卫星通信是利用人造地球卫星作为中继器来转发________信号以实现通信的。

18. 无线局域网是以太网与无线通信技术相结合的产物，它借助________信号进行数据通信。

19. 现代通信指的是使用________或光波传输信息的技术，通常称为电信。

20. 一个使用 C 类 IP 地址的局域网中，通常情况下最多只能连接________台主机。

21. 以太网中的每台计算机必须安装有网卡，用于发送和接收数据。大多数情况下网卡通过________线把计算机连接到网络。

22. 因特网中大量的应用采用了________工作模式，因而网络中有许多各种不同用途的服务器。

23. 因特网中的路由器是一种功能更强的分组交换机，它所传输的“分组”是________。

24. 因特网中两个异构的局域网，通过一个路由器互连，那么路由器上应至少配置________个 IP 地址。

25. 与电子邮件的异步通信方式不同，即时通信是一种以________方式为主进行消息交换的通信服务。

26. 在 WWW 上进行信息检索的工具有两种，一种是主题目录，另一种是________。

27. 在计算机网络中，为确保网络中不同计算机之间能正确地传送和接收数据，它们必须遵循一组共同的规则和约定。这些规则、约定或标准通常被称为________。

28. 如图 4-27 所示是电子邮件收发示意图，图中标识为 B 的协议常用的是________协议。

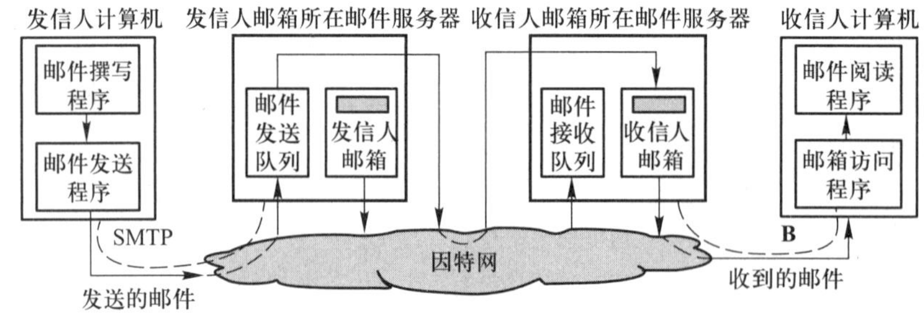

图 4-27　填空题第 28 题图

29. 以太网中需要传输的数据必须预先组织成若干帧，每一数据帧的格式如图 4-28 所示，其中“?”表示的是________。

源计算机 MAC地址	?	有效载荷(传输的数据)	校验信息

图 4-28　填空题第 29 题图

30. 如图 4-29 所示是一个多路复用器的原理示意图，请根据图中输出数据流判断一下，该图中采用的是________多路复用技术。

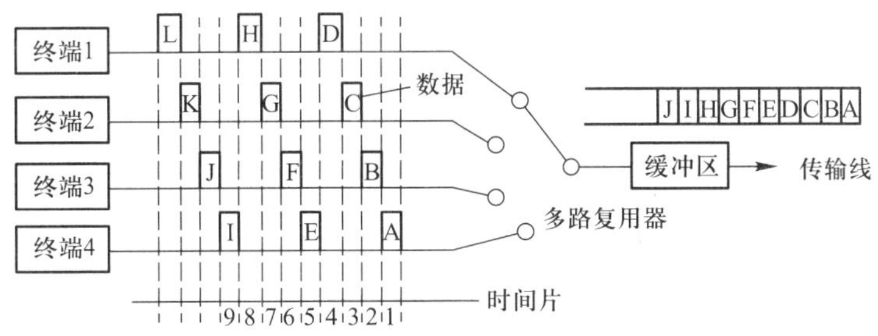

图 4-29　填空题第 30 题图

三、选择题

1. ADSL 是现在比较流行的一种接入因特网的技术，下列关于 ADSL 的叙述中，正确的是________。

A. 下行流传输速率高于上行流

B. 上网时无法打电话

C. 传输速率高达 1 Gb/s

D. 只允许 1 台计算机在线，不能支持多台计算机同时上网

2. 采用分组交换技术传输数据时，________不是分组交换机的任务。

A. 检查包中传输的数据内容

B. 检查包的目的地址

C. 将包送到交换机相应端口的缓冲区中排队

D. 从缓冲区中提取下一个包进行发送

3. 传输电视信号的有线电视系统，所采用的信道复用技术一般是________多路复用。

A. 时分　　B. 频分

C. 码分　　D. 波分

4. 电信局利用本地电话线路提供一种称为“不对称用户数字线”的宽带上网服务，它在传输数据时，下载的速度远大于上载的速度，这种技术的英文缩写是________。

A. ATM　　B. CATV

C. FTTH　　D. ADSL

5. 电子邮件是一种________。

A. 网络信息检索服务　　B. 利用网络交换信息的非实时服务

C. 通过网页发布公告信息的服务　　D. 通过网络实时交换信息的服务

6. 给局域网分类的方法很多，下列________是按拓扑结构分类的。

A. 高速网和低速网　　B. 以太网和 FDDI 网

C. 有线网和无线网　　D. 星形网和总线型网

7. 下列关于计算机网络分类的描述中，错误的是________。

A. 按网络覆盖的地域范围可分为 LAN、WAN 和 MAN

B. 按网络使用性质可分为公用网与专用网

C. 按网络使用范围及对象可分为企业网、校园网、政府网等

D. 按网络用途可分为星形网及总线网

8. 下列关于计算机组网目的的描述中，不完全正确的是________。

A. 进行数据通信　　B. 提高计算机系统的可靠性和可用性

C. 增强计算机系统的安全性　　D. 共享网络中的软硬件资源

9. 衡量计算机网络中数据链路性能的重要指标之一是“带宽”。下列有关带宽的叙述中，错误的是________。

A. 数据链路的带宽是该链路的平均数据传输速率

B. 电信局称 ADSL 下行速率为 2 Mb/s，其实指的是带宽为 2 Mb/s

C. 千兆校园网的含义是学校中大楼与大楼之间的主干通信线路带宽为 1 Gb/s

D. 通信链路的带宽与采用的传输介质、传输技术和通信控制设备等密切相关

10. 计算机广域网中采用的交换技术大多是________。

A. 电路交换　　B. 报文交换

C. 分组交换　　D. 自定义交换

11. 计算机网络有客户机/服务器和对等模式两种工作模式。下列有关网络工作模式的叙述中，错误的是________。

A. Windows XP 操作系统中的“网上邻居”是按对等模式工作的

B. 在 C/S 模式中通常选用一些性能较高的计算机作为服务器

C. 因特网“BT”下载服务采用对等工作模式，其特点是“下载的请求越多、下载速度越快”

D. 两种工作模式均要求计算机网络的拓扑结构必须为总线型结构

12. 甲通过网络购物，发消息说同意以 500 元成交。随后甲反悔，说发过的消息只同意 400 元成交而不是 500 元。为了预防这种情况发生，网络购物系统应采用下面的________技术。

A. 访问控制　　B. 数据加密

C. 防火墙　　D. 数字签名

13. 交换式以太网是最常用的一种局域网，其数据传输速率目前主要有 3 种，下列________不属于其中一种。

A. 56 kb/s　　B. 10 Mb/s

C. 1 Gb/s　　D. 100 Mb/s

14. 交换式以太网与共享式以太网的差异在于________。

A. 传输介质不同　　B. 拓扑结构不同

C. 数据帧的格式不同　　D. 使用的网卡不同

15. 局域网是指较小地域范围内的计算机网络。下列关于计算机局域网的描述中，错误的是________。

A. 局域网的数据传输速率高　　B. 通信可靠性好（误码率低）

C. 通常由电信局进行建设和管理　　D. 经授权可共享网络中的软硬件资源

16. 利用 ADSL 组建家庭无线局域网接入因特网，不需要________硬件。

A. 带路由功能的无线交换机（无线路由器）

B. ADSL Modem

C. 无线交换机与便携式计算机连接的网线

D. ADSL Modem 与无线交换机连接的网线

17. 利用有线电视系统接入因特网时，有线电视网所使用的传输介质是________。

A. 双绞线
B. 仅同轴电缆
C. 仅光纤
D. 光纤-同轴电缆混合线路（HFC）

18. 路由器的主要功能是________。

A. 将有线网络与无线网络进行互连
B. 将多个异构或同构的物理网络进行互连
C. 放大传输信号，实现远距离数据传输
D. 用于传输层及以上各层的协议转换

19. 路由器用于连接异构的网络，它收到一个 IP 数据报后要进行许多操作，这些操作不包含________。

A. 域名解析
B. 路由选择
C. 帧格式转换
D. IP 数据报的转发

20. 目前使用比较广泛的交换式局域网是一种采用________拓扑结构的网络。

A. 星形
B. 总线型
C. 环形
D. 网状

21. 我国曾经广泛使用的 GSM（全球通）手机属于________移动通信。

A. 第一代
B. 第二代
C. 第三代
D. 第四代

22. 如果没有特殊声明，匿名 FTP 服务的登录账号为________。

A. user
B. anonymous
C. guest
D. 用户自己的电子邮件地址

23. 使用 ADSL 接入因特网时，下列叙述中正确的是________。

A. 在上网的同时可以接听电话，两者互不影响
B. 在上网的同时电话处于“占线”状态，电话无法打入
C. 在上网的同时可以接听电话，但数据传输暂时中止，挂机后再恢复传输
D. 线路会根据两者的流量动态调整各自所占比例

24. 使用 IP 进行通信时，必须采用统一格式的 IP 数据报传输数据。下列有关 IP 数据报的叙述中，错误的是________。

A. IP 数据报格式由 IP 规定
B. IP 数据报包括头部和数据区两个部分
C. IP 数据报与各种物理网络数据帧格式无关
D. IP 数据报的大小固定为 53 字节

25. 使用以太网交换机构建以太网与使用以太网集线器相比，其主要优点在于________。

A. 扩大网络规模
B. 降低设备成本
C. 提高网络带宽
D. 增加传输距离

26. 网络通信协议是计算机网络的组成部分之一，它的主要作用是 ________。

A. 规定网络中计算机相互通信时需要共同遵守的规则和约定
B. 负责说明本地计算机的网络配置

C. 负责协调本地计算机中的网络硬件与软件

D. 规定网络中所有通信链路的性能要求

27. 网络中的域名服务器存放着它所在网络中全部主机的________。

A. 域名　　B. IP 地址

C. 用户名和口令　　D. 域名和 IP 地址的对照表

28. 网上银行、电子商务等交易过程中保证数据的完整性特别重要，下面有关保证数据完整性的叙述中，正确的是________。

A. 就是保证传送的数据信息不被第三方监视和窃取

B. 数字签名能保证传送的数据不被篡改，任何修改均可发现

C. 就是保证发送方的真实身份，任何假冒均可识破

D. 就是保证发送方不能抵赖曾经发送过某数据信息

29. 无线局域网采用的通信协议主要有 IEEE 802.11 及________等标准。

A. IEEE 802.3　　B. IEEE 802.4

C. IEEE 802.8　　D. 蓝牙

30. 下列不属于杀毒软件的是________。

A. 金山毒霸　　B. FlashGet

C. NortonAntiVirus　　D. 卡巴斯基

31. 下列关于共享式以太网的说法中，错误的是________。

A. 拓扑结构采用总线结构　　B. 数据传输的基本单位称为 MAC

C. 以广播方式进行通信　　D. 需使用以太网卡才能接入网络

32. 下列关于使用同轴电缆进行通信的描述中，错误的是________。

A. 同轴电缆的信道容量比光纤高很多

B. 同轴电缆具有良好的传输特性及屏蔽特性

C. 有线电视系统进入用户室内所使用的是同轴电缆

D. 同轴电缆需要耗费大量金属材料，成本比光缆高

33. 下列关于无线接入因特网方式的叙述中，错误的是________。

A. 采用无线局域网接入方式，可以在任何地方接入因特网

B. 采用 3G 移动电话上网较 GPRS 快得多

C. 采用移动电话网接入，只要有手机信号的地方，就可以上网

D. 目前采用 3G 移动电话上网的费用还比较高

34. 下列几个字符串中，________用作口令的安全性较高。

A. 888888　　B. 620911

C. Q5c_w4　　D. goodby

35. 下列网络应用中，采用 C/S 模式工作的是________。

A. BT 下载　　B. Skype 网络电话

C. 电子邮件　　D. 迅雷下载

36. 下列网络应用中，采用对等模式工作的是________。

A. Web 信息服务　　B. FTP 文件服务

C. 网上邻居　　D. 打印服务

37. 下列有关网络两种工作模式（客户机/服务器模式和对等模式）的叙述中，错误的是________。

A. 近年来盛行的“BT”下载服务采用的是对等工作模式

B. 基于客户机/服务器模式的网络会因客户机的请求过多、服务器负担过重而导致整体性能下降

C. Windows XP 操作系统中的“网上邻居”是按客户机/服务器模式工作的

D. 对等网络中的每台计算机既可以作为客户机也可以作为服务器

38. 下列有关以太网的叙述中，正确的是________。

A. 它采用点到点的方式（而非广播方式）进行数据通信

B. 信息帧中只需要包含接收节点的 MAC 地址

C. 信息帧中需要同时包含发送节点和接收节点的 MAC 地址

D. 以太网只采用总线型拓扑结构

39. 以太网交换机是局域网中常用的设备。对于以太网交换机，下列叙述中正确的是________。

A. 连接交换机的全部计算机共享一定带宽

B. 连接交换机的每个计算机各自独享一定的带宽

C. 采用广播方式进行通信

D. 只能转发信号但不能放大信号

40. 以下关于 TCP/IP 的叙述中，错误的是________。

A. TCP 和 IP 是 TCP/IP 协议簇中两个最基本、最重要的协议

B. TCP/IP 中的协议有 100 多个，它们共分成 7 层

C. TCP/IP 协议簇中部分协议由硬件实现，部分由操作系统实现，部分由应用软件实现

D. 因特网采用的通信协议是 TCP/IP

41. 以下所列的因特网接入技术中，下行流比上行流传输速率更高的是________。

A. 电话拨号接入

B. 无线接入

C. ASDL 接入

D. 光纤接入

42. 用户开机后，在未进行任何操作时，发现本地计算机正在上传数据，不可能出现的情况是________。

A. 上传本机已下载的视频数据

B. 上传本机已下载的“病毒库”

C. 本地计算机感染病毒，上传本地计算机的敏感信息

D. 上传本机主板上 BIOS ROM 中的程序代码

43. 域名是因特网中主机的符号名。下列有关域名叙述中，正确的是________。

A. 主机域名和 IP 地址是一一对应的

B. 网络中的主机必须有一个域名

C. 网络中的主机可能有域名，也可能没有域名

D. 域名必须是四段结构，中间用圆点分隔

44. 在分组交换机转发表中，选择哪个端口输出与________有关。

A. 包（分组）的源地址

B. 包（分组）的目的地址

C. 包（分组）的源地址和目的地址

D. 包（分组）的路径

45. 单位用户和家庭用户可以选择多种方式接入因特网（如图 4-30 所示），下列有关该图叙述正确的是________。

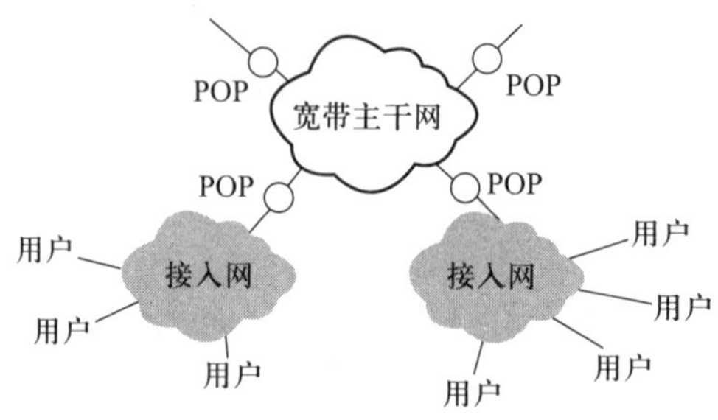

图 4-30　选择题第 45 题图

A. 宽带主干网的拓扑结构为星形

B. 用户可以选择电话线、有线电视电缆、光纤等不同的传输介质及相关技术接入因特网

C. POP 指的是发送邮件服务器

D. 目前用户不可以通过无线信道连入因特网

第 5 章 多媒体技术

本章学习任务：

1. 掌握字符编码的方法。
2. 掌握数字图像的处理方法。
3. 掌握数字声音的处理方法。
4. 了解数字视频与计算机动画。

媒体是信息表示和传输的载体。文字、图像、声音及视频是人们表示和传递信息最常用的媒体形式，它们在计算机中如何表示、处理和存储，则是开发计算机应用程序的人员需要掌握的重要基础知识。

本章将首先介绍字符编码方法与文字信息的处理，然后对图像、声音和视频信息的处理与应用分别进行简单介绍。

任务 5.1 掌握字符编码的方法

5.1.1 字符编码

文字是一种书面语言，它由一系列字符组成，包含中文和西文。文字信息在计算机中称为“文本”，它是计算机中最常用的一种数字媒体，在计算机中采用二进制编码表示。

1. 西文字符的编码

西文字符是由拉丁字母、数字、标点符号及一些特殊符号组成，目前在计算机中使用最广泛的是标准 ASCII 字符集及其编码。ASCII 码又称为美国标准信息交换码，国际上通用的是 7 位二进制数版本，共 128 个元素，其中控制字符 34 个，如 ESC、CR 等；阿拉伯数字 10 个（0~9）；大小写英文字母 52 个（26 个大写字母和 26 个小写字母）；各种标点符号和运算符号 32 个，如“ * ”“%”“=”等。ASCII 字符集及其编码如图 5-1 所示（此图中的 ASCII 码采用十六进制表示）。

$b_6b_5b_4$ ＼ $b_3b_2b_1b_0$	0	1	2	3	4	5	6	7	8	9	A	B	C	D	E	F
0	32个控制字符，不可打印															
1																
2	20 空格	21 !	22 "	23 #	24 $	25 %	26 &	27 '	28 (	29)	2A *	2B +	2C ,	2D -	2E .	2F /
3	30 0	31 1	32 2	33 3	34 4	35 5	36 6	37 7	38 8	39 9	3A :	3B ;	3C <	3D =	3E >	3F ?
4	40 @	41 A	42 B	43 C	44 D	45 E	46 F	47 G	48 H	49 I	4A J	4B K	4C L	4D M	4E N	4F O
5	50 P	51 Q	52 R	53 S	54 T	55 U	56 V	57 W	58 X	59 Y	5A Z	5B [	5C \	5D]	5E ^	5F _
6	60 `	61 a	62 b	63 c	64 d	65 e	66 f	67 g	68 h	69 i	6A j	6B k	6C l	6D m	6E n	6F o
7	70 p	71 q	72 r	73 s	74 t	75 u	76 v	77 w	78 x	79 y	7A z	7B {	7C |	7D }	7E ~	

图 5-1 标准 ASCII 字符集及其编码

要确定一个数字、字母、符号或控制字符的 ASCII 码，可在图中先查出它的位置，然后确定它所在位置对应的行和列。根据行数可确定被查字符的高位编码，再根据列数确定低位编码，再将高位和低位编码连在一起就是所查字符的 ASCII 码。例如，字母 B 所在位置的行编码是 4，列编码是 2，所以字母“B”的 ASCII 码为 42H = 1 000 010B。

在计算机中，为了表示方便，通常一个 ASCII 码值占一个字节（8 个二进制位），每个字节中多余出来的一位（最高位）可设置为 0，用做数据传输时的奇偶校验。

2. 汉字的编码

汉字的历史源远流长，世界上四分之一的人口使用汉字，汉语被联合国列为法定 6 种正式语言和工作语言之一。中文文本的基本组成单位是汉字，汉字数量大，同音、异体字多，因而

汉字在计算机内部的表示与处理、传输与交换，以及汉字的输入、输出等都比西文复杂许多，随着计算机技术的不断进步，计算机的不断普及，汉字的编码也在不断变化。目前汉字编码主要有 GB 2312、GBK 和 GB 18030 等。

（1）GB 2312 汉字编码

GB 2312 汉字编码是我国在 1981 年颁布的第一个国家标准，在该标准中有 3 755 个一级常用汉字（按汉语拼音排列）、3 008 个二级常用汉字（按偏旁部首排列）和 682 个非汉字字符，如图 5-2 所示。GB 2312 的所有字符分布在一个 94 行×94 列的二维平面内，行号称为区号，列号称为位号，各用两位十进制数表示。为了计算机处理的方便，也为了与 ASCII 字符编码相区别，在计算机内部每个汉字采用 2 个字节来表示，并把每个字节的最高位均规定为 1。这种高位均为 1 的双字节汉字编码就称为 GB 2312 汉字的“机内码”，又称为“内码”。目前 PC 中 GB 2312 汉字不论采用何种方法录入，在机器内部都统一用机内码表示。

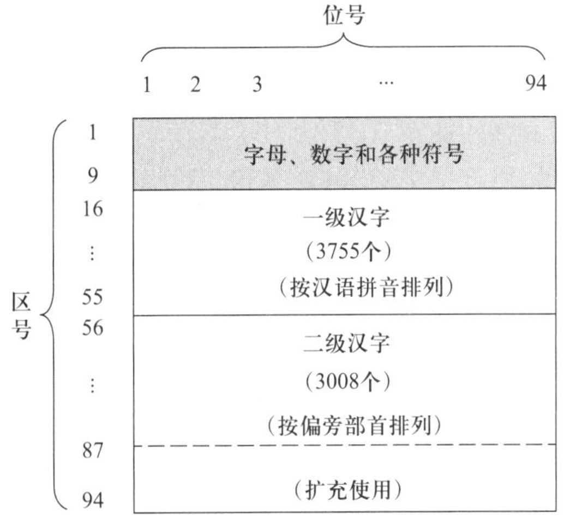

图 5-2　GB 2312 字符集

（2）GBK 汉字内码扩充规范

由于 GB 2312 编码只有 6 763 个汉字，且均为简体字，在实际应用中经常不够使用，工作时常会碰到一些名字中的特殊汉字无法输入到计算机中的问题，有些原来很少用的字，后来变成了常用字，例如，朱镕基的“镕”字，未收入 GB 2312—80，当时报纸出刊只得使用（金+容）、（金容）和（左金右容）等来表示，形式不一而同，这使得表示、存储、输入和处理都非常不方便，而且这种表示没有统一标准。为了解决这些问题，全国信息技术化技术委员会于 1995 年 12 月 1 日颁布《汉字内码扩展规范》。GBK 向下与 GB 2312 完全兼容，也采用双字节表示，由于与 GB 2312 向下兼容，因此所有与GB 2312相同的字符，其编码也保持相同；新增加的符号和汉字则另外编码，它们的第一个字节最高位必须为 1，第二个字节的最高位可以为 1，也可以为 0，如图 5-3 所示。

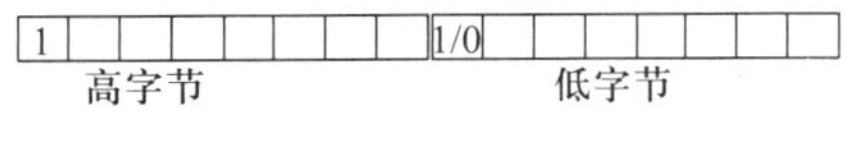

图 5-3　GBK 汉字的编码方式

在 GBK 1.0 中共收录了 21 886 个符号，汉字有 21 003 个。它分为汉字区和图形符号区，汉字区包括 21 003 个字符。

（3）Unicode 字符集（简称为 UCS）

Unicode 字符集编码是（Universal Multiple-Octet Coded Character Set）通用多八位编码字符集的简称，支持世界上超过 650 种语言的国际字符集。Unicode 允许在同一服务器上混合使用不同语言组的不同语言。它是由一个名为 Unicode 学术学会（Unicode Consortium）的机构制定的字符编码系统，支持现今世界各种不同语言的书面文本的交换、处理及显示。它为每种语言中的每个字符设定了统一且唯一的二进制编码，以满足跨语言、跨平台进行文本转换和处理的要求。

为了适应各种不同的计算机平台，与已经使用的字符编码保持向下兼容，Unicode 在计算机中实现时可以采用几种不同的编码方案。最常用的有两种，一种是 UTF-8 的单字节可变长编码，另一种是 UTF-16 的双字节可变长编码。

在 Unicode 的 UTF-8 编码方案中，标准 ASCII 字符继续使用单字节编码，带变音符号的拉丁字母、标点符号和希腊字母等文字使用双字节编码，中、日、韩统一汉字（CJK 汉字）使用 3 字节编码。辅助平面字符则使用 4 字节。

在 Unicode 的 UTF-16 编码方案中，ASCII 字符、标点符号、希腊字母和拉丁字母等都使用双字节编码，其他不常用字符使用四字节编码。

目前 Unicode 编码方案在网络、Linux 操作系统及 Windows 操作系统等大型软件中得到了广泛应用。

（4）GB 18030 汉字编码标准

GB 18030 的全称是 GB 18030—2000《信息交换用汉字编码字符集基本集的扩充》，是我国政府于 2000 年 3 月 17 日发布的汉字编码国家标准。

GB 18030 字符集标准解决了汉字、日文平假名、朝鲜语和中国少数民族文字组成的大字符集的计算机编码问题。

GB 18030 标准采用单字节、双字节和四字节共 3 种方式对字符进行编码：ASCII 字符用单字节，与 ASCII 码兼容；汉字用双字节编码，与 GBK 保持兼容；其他字符用四字节编码，与 Unicode 编码标准接轨。目前在我国信息处理产品中强制贯彻执行。

几种汉字编码标准之间的关系见表 5-1。

表 5-1　几种汉字编码对照表

编码名称	GB 2312	GBK	GB 18030—2005	Unicode 5.0
汉字数目	6 763 个汉字（简体字）	21 003 个汉字（简、繁体均有）	70 244 个汉字（包括中、日、韩统一汉字）	70 217 个汉字（国际标准）
字节数	双字节存储和表示，每个字节的最高位均为 1	双字节存储和表示，第 1 个字节的最高位必为 1	部分双字节、部分四字节表示	变字节编码
兼容性	向左兼容 ←			只与 GB 18030 编码兼容

5.1.2 文本媒体的分类和表示

1. 文本的分类

根据是否具有排版格式，可以将文本分为简单文本、丰富格式文本和超文本三大类。

（1）简单文本

简单文本又称为纯文本，是由一连串字符或汉字的编码组成，几乎不包含任何其他的格式信息和结构信息，其文件扩展名是 txt。Windows 附件中的记事本程序所编辑处理的文本就是简单文本，如图 5-4 所示。

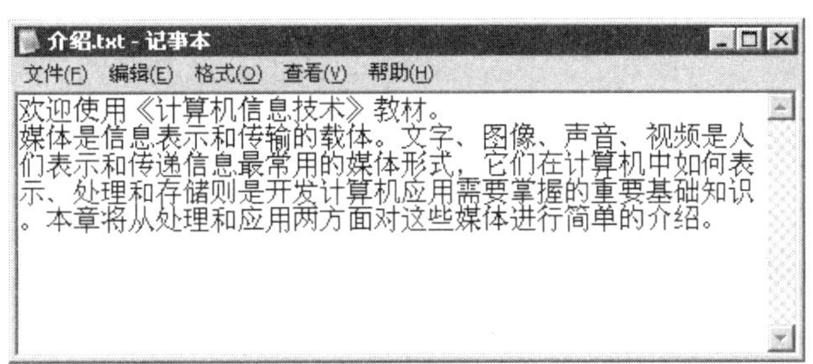

图 5-4　记事本程序

简单文本是一种线性结构，按顺序进行写作或阅读。该类文件体积小、通用性好，几乎所有的文字处理软件都能识别和处理，但是它没有字体和字号的变化，不能插入图片和表格，也不能建立超链接。手机短消息使用的就是简单文本。

（2）丰富格式文本

在日常生活中，为了使文本能美观、醒目地展现给用户，人们通常需要对纯文本进行加工和排版，这样的文本就是“丰富格式文本”，如微软公司的文字处理软件 Word 所处理的 DOC 文件、Adobe 公司的文字编辑软件 Acrobat 所处理的 PDF 文件等。

在丰富格式文本中，除正文之外，还有许多用来说明文本的版面结构、内容组织和文字属性的信息，这些信息被称为“标记”，这些标记及其使用规则被称为“标记语言”。不同的软件使用的标记语言并不相同，相互之间不一定兼容。为了便于丰富格式文本在不同的软件和系统中互换使用，一些公司还联合提出了一种公用的中间格式，称为 RTF 格式。

（3）超文本

超文本的英文原名为 Hypertext，是美国学者纳尔逊于 1965 年自造的英语新词。它是用超链接的方法，将各种不同空间的文字信息组织在一起的网状文本，如图 5-5 所示。超文本更是一种用户界面范式，用以显示文本及与文本之间相关的内容。现实中超文本普遍以电子文档方式存在，其中的文字包含有可以链接到其他位置或者文档的链接，允许从当前阅读位置直接切换到超文本链接所指向的位置。超链接是有向的，起点位置称为链源，可以是网页中的一个标题、一个句子或一幅画等；目的地称为链宿，可以是另一个网页（在本网站或其他网站中），也可以是同一个网页中的其他部分。

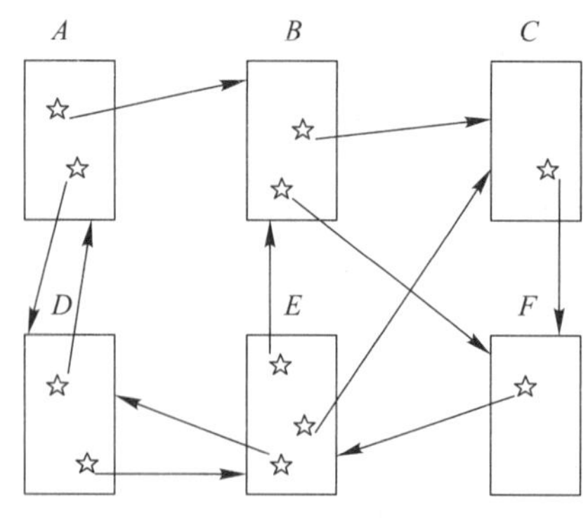

图 5-5　超文本结构图

超文本的格式有很多，目前最常使用的是超文本标记语言（Hyper Text Markup Language，HTML）及丰富文本格式（Rich Text Format，RTF）。人们日常浏览的网页上的链接都属于超文本，它可以使用“写字板”程序，以及 Word、FrontPage 等软件制作、编辑和浏览。

2. 文本的输入

使用计算机制作文本，首先要向计算机输入该文本所包含的字符信息。常用的输入方法有两类：人工输入和自动识别输入，如图 5-6 所示。

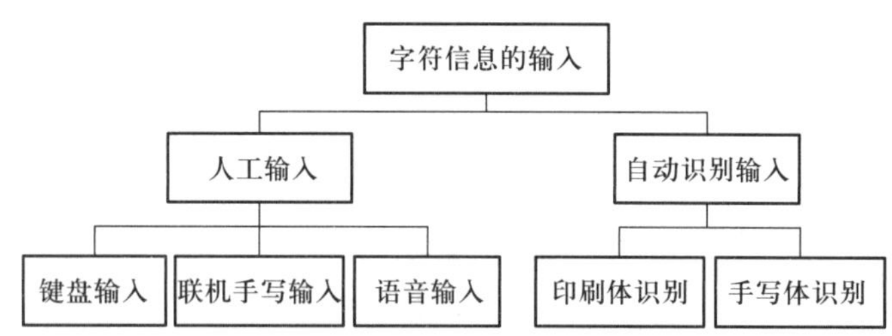

图 5-6　字符信息的输入方式

人工输入，即通过键盘完成信息输入，某些场合也会使用语音输入和联机手写输入等方法。总体来说，人工输入速度慢、成本高，但使用方便。

自动识别技术是指对字符数据的载体进行机器自动识别，自动获取被识别对象的相关信息，并提供给计算机处理系统来完成相关后续处理的一种技术。它是一种高度自动化的信息或者数据采集技术，这种输入方式速度快、效率高。文字的自动识别分为印刷体识别和手写体识别两种。印刷体自动识别技术是将纸介质上的文本通过识别技术自动转换为文字的编码。这种输入方式速度快、效率高，通常应用于需要大批量输入文字资料的档案管理、图书情报等应用领域。手写体识别技术在智能手机、掌上电脑等移动设备上得到了广泛应用。

3. 文本的输出

文本的输出通常分为打印输出和屏幕输出。由于存放在计算机存储器中的文本是数字形式的、不可见的，因此，无论是打印还是屏幕显示，它们都需要专门的软件进行文本格式的翻译和显示。承担文本输出任务的软件称为阅读器或浏览器，如微软的 Word、IE 浏览器，Adobe 公司的 Adobe Reader 等。

近几年市场上流行的平板电脑、手机等都带有电子书阅读功能，可以用于阅读 TXT、DOC、HTML 或 PDF 等电子文件，采用电子墨水屏，被动发光，持续工作时间长，阅读效果接近纸质图书。

数字电子文本虽然有很多优点，但阅读时需要使用专门的设备和软件，成本较高，也不方便，还很容易被复制，版权和信息安全得不到保证。另外，就当前显示器的技术水准而言，阅读电子文本的效率较低，也容易疲劳，这些都是有待进一步解决的问题。

5.1.3　文本的编辑、排版与处理

使用计算机作为文本制作的工具，不但提高了文本的质量与制作效率，也大大降低了制作成本，更加便于文件的保存和传输。在文本的制作过程中，除了将文本中的文字、图片和表格输入到计算机之外，还必须对它们进行必要的编辑、排版和处理。

1. 文本的编辑和排版

在许多场合，为了实际需要，文本必须美观、清晰，所以需要对字、词及段落进行添加、删除、修改及格式的设置等排版工作，而这些解决文本外观的问题就是文本编辑的主要任务。如图 5-7 所示是排版前后的对照图。

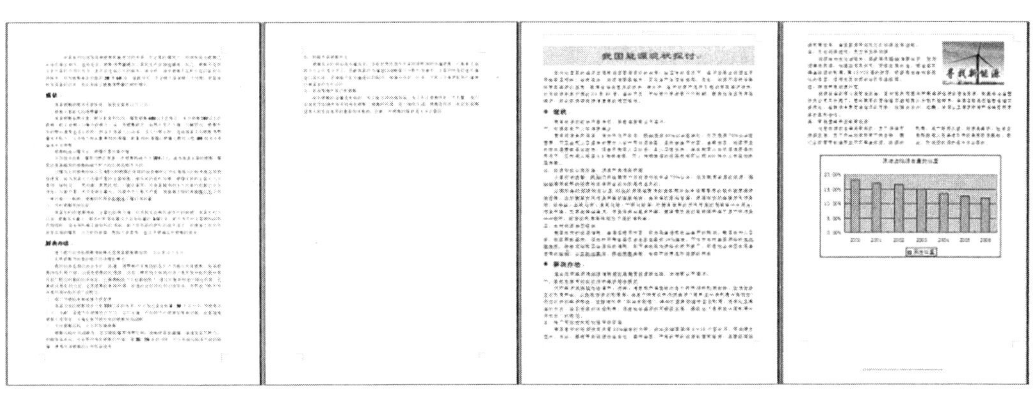

图 5-7　排版前后对比效果图

文本编辑与排版的主要功能包括以下几个。

① 对字、词、句和段落进行添加、删除、修改、移动及复制等操作。

② 文字的格式处理：设置字体、字号、字的排列方向、间距、颜色和效果等。

③ 段落的格式处理：设置行距、段间距、段缩进、对称方式、特殊格式和分页效果等。

④ 表格及图形的绘制和美化。

⑤ 定义超链接。

⑥ 页面的布局与排版：设置纸型、页边距、页眉页脚、装订线、分栏、每页行列数和插图位置等。

常用的文字处理软件，如 Microsoft Word 、WPS、FrontPage 和 Adobe Acrobat 等都具有丰富的文本编辑和排版功能。

2. 文本的处理

如果说文本的编辑和排版是解决文本的外观问题，文本的处理强调的则是使用计算机对文本中所含文字信息的形、音和义等进行分析和处理，如字数统计、词语错误检测和文语转换等。

上面列举的这些文本处理功能，比较简单的在文字处理软件（如 Word）中就可以实现，而复杂一点的如机器翻译、文语转换和文本检索等，一般需要用独立的软件来实现，还有一些功能尚在研究开发中。

文本处理最广泛的应用就是文本检索，如 Google 检索或百度检索。

任务 5.2 掌握数字图像的处理方法

计算机中的数字图像按其生成方法可分为两大类：一类是直接从自然界通过扫描仪、数码相机等设备获取的图像，可简称为位图图像，以下简称图像；另一类是由计算机合成的图像，一般称为矢量图形或简称图形。

位图图像是由不同亮度和颜色的像素所组成的，适合表现大量的图像细节，可以很好地反映明暗的变化、复杂的场景和颜色，它的特点是能表现逼真的图像效果，但是文件比较大，并且缩放时清晰度会降低并出现锯齿，如图 5-8 所示。位图有许多种文件格式，常见的有 JPEG、PCX、BMP、PSD、PIC、GIF 和 TIFF 等。

图 5-8 位图图像

而矢量图形则使用直线和曲线来描述图形，这些图形的元素是一些点、线、矩形、多边形、圆和弧线等，它们都是通过数学公式计算获得的，所以矢量图形文件一般较小。矢量图形的优点是无论放大、缩小或旋转等都不会失真，如图 5-9 所示；缺点是难以表现色彩层次丰富

图 5-9 矢量图形

的逼真图像效果，而且显示矢量图也需要花费一些时间。矢量图形主要用于插图、文字，以及可以自由缩放的徽标等图形。一般常见的文件格式有 AI 等。

5.2.1　数字图像的获取

从现实世界中获取数字图像的过程称为图像的获取，扫描仪和数码相机就是最常用的图像获取设备。图像获取的过程实际上就是模拟信号数字化的过程，它的处理步骤大体分为 4 步，如图 5-10 所示。

① 扫描：模拟图像通过扫描过程被划分成若干个网格，每个网格就是一个取样点。

② 分色：将彩色图像取样点的颜色分成 3 个基色（如红、绿、蓝三基色），如果是灰度图像或黑白图像则不必分色。

③ 取样：测量每个取样点的每个基色的亮度值。

④ 量化：将这些分量进行模/数转换，即将模拟量表示的亮度值用数字来表示。

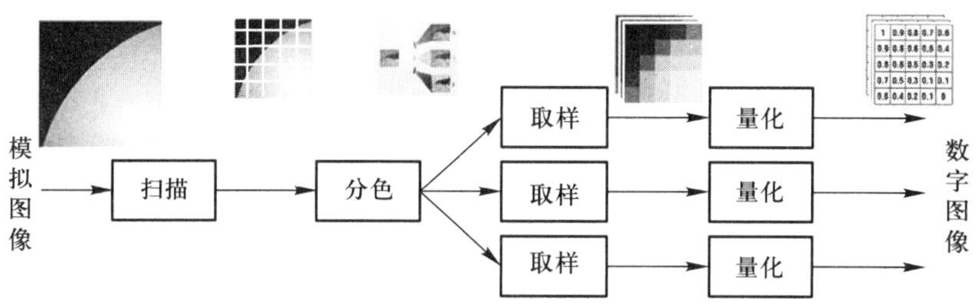

图 5-10　图像的数字化过程

经过上述步骤就能将模拟图像数字化，从而得到计算机中所需要的“数字图像”。

5.2.2　数字图像的表示与编码

图像取样点的基本单位是像素，灰度图像和黑白图像只有一个矩阵（即亮度分量），如图 5-11 所示，其取值仅有 0（黑）和 1（白）两种；彩色图像通常由一组（一般是 3 个）矩阵组成，如图 5-12 所示，矩阵的行数称为图像的垂直分辨率，列数称为图像的水平分辨率，矩阵中的元素是像素颜色分量的亮度值。

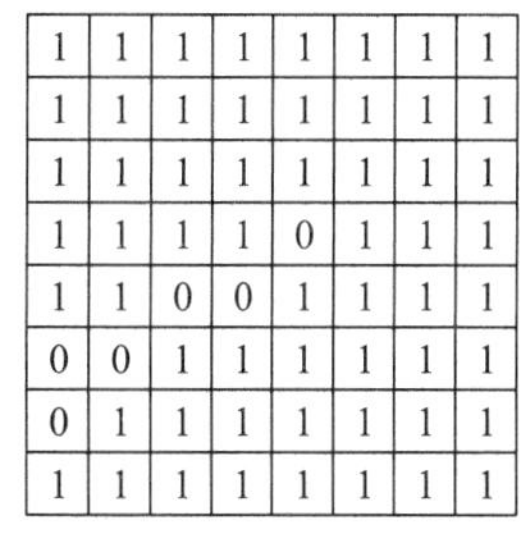

1	1	1	1	1	1	1	1
1	1	1	1	1	1	1	1
1	1	1	1	1	1	1	1
1	1	1	1	0	1	1	1
1	1	0	0	1	1	1	1
0	0	1	1	1	1	1	1
0	1	1	1	1	1	1	1
1	1	1	1	1	1	1	1

图 5-11　亮度矩阵

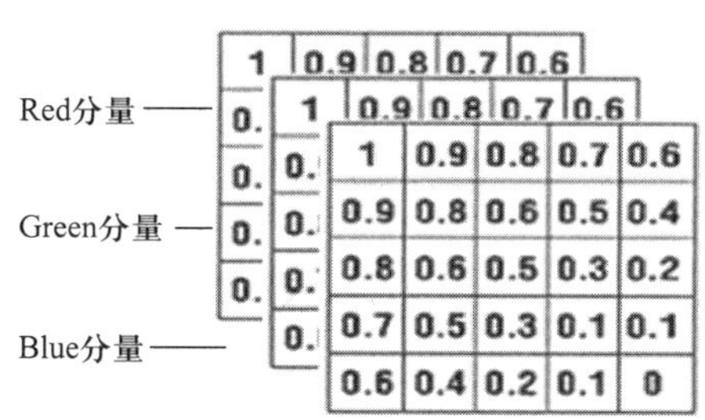

图 5-12　彩色分量图

1. 图像的主要参数

在计算机中存储的每一幅数字图片，除了所有像素数据之外，还必须给出一些基本描述信息。

① 图像大小，也称为图像分辨率，如 800×600 dpi、1 024×768 dpi 等。若图像的分辨率超过了屏幕或窗口的分辨率，则屏幕只能显示图像的一部分，用户需要通过滚动条才能看到全部图像。

② 颜色空间的类型，是指彩色图像所使用的颜色描述方法，也称颜色模型。常用的颜色模型有灰度（Grayscale）模型、RGB 模型、HSB 模型和 CMYK 模型等。它们的特点分别如下。

- 灰度模型：该模型只有灰度色（图像的亮度），没有彩色。在灰度色图像中，每个像素都以 8 位或 16 位表示，取值范围在 0（黑色）~255（白色）之间。
- RGB 模型：用红（R）、绿（G）、蓝（B）三基色来描述颜色的方式称为 RGB 模型。对于真彩色，R、G、B 三基色分别用 8 位二进制数来描述，共 256 种。R、G、B 的取值范围在 0~255 之间，可以表示的颜色数目为 256×256×256 = 16 777 216 种颜色。这是计算机绘图中经常使用的模型。
- HSB 模型：该模型是利用颜色的三要素来表示颜色的，它与人眼观察颜色的方式最接近，是一种定义颜色的直观方式。其中，H 表示色调（也称色相，Hue），S 表示色饱和度（Saturation），B 表示亮度（Brightness）。这种方式与绘画的习惯相一致，用来描述颜色比较自然，但实际使用中不方便。
- CMYK 模型：该模型是一种基于四色印刷的印刷模型，是相减混色模型。C 表示青色，M 表示品红色，Y 表示黄色，K 表示黑色，是一种最佳的打印模型。虽然 RGB 模型可以表示的颜色较多，但打印机与显示器不同，打印机不能创建色彩光源，只可以吸收一部分光线和反射一部分光线，它不能打印出这么多的颜色。CMYK 模型主要用于彩色打印和彩色印刷。

几种模型各有优缺点，在实际应用中可灵活使用。从理论上讲，这些模型都可以相互转换。

③ 像素深度，即像素的所有颜色分量的二进位数之和，它决定了不同颜色（亮度）的最大数目。例如，只有 1 位平面的单色图像，若像素深度是 8 位，则不同的亮度的数目为 $2^8 = 256$；又如，由 R、G、B 这 3 个位平面组成的彩色图像，若 3 个位平面中的像素位数分别为 8、8、8，则该图像的像素深度为 24，最大颜色数目为 $2^{8+8+8} = 2^{24} = 16\ 777\ 216$，称为真彩色。

2. 图像的编码

要得出一幅图像在计算机中的数据量，一般可用下面的公式进行计算（以字节为单位）。

图像数据量 = 图像水平分辨率×图像垂直分辨率×像素深度/8

例如，一幅分辨率为 1 024 像素×768 像素、24 位真彩色的数字图像，它的数据量为：

$$1\ 024 \times 768 \times 24 / 8 = 2\ 359\ 296\ \text{B} = 2.25\ \text{MB}$$

从上例中可以看出，未压缩的图像所需的数据量是比较大的，这就增加了存储成本，也影响了图像的传输速度，因此大幅度压缩图像的数据量是非常必要的。由于图像中的数据相关性很强，或者说冗余度较大，同时人眼的视觉也存在着一定的局限性，即使压缩前后图像有一定的失真，在允许的误差范围之内人眼也是无法区分的，这就给图像压缩带来了可能性。

数字图像的压缩分为无损压缩和有损压缩两类，它们的主要区别是指使用压缩后的数据进行图像还原时是否与原图一致。无损压缩时与原始图像完全相同，但压缩幅度不大；有损压缩时则有一定的误差，但不影响对图像的正确理解，压缩比例较大，现在常用有损压缩。评价一种压缩编码方法的优劣主要看 3 个方面：压缩倍数的大小、重建图像的质量和压缩算法的复杂程度。

3. 图像的常用文件格式

图像文件的格式多达几十种，不同的格式都有不同的特性，常用的图像文件格式见表 5-2，下面分别介绍。

表 5-2　常用的图像文件格式

名称	压缩编码方法	性　　质	典型应用	开发公司（组织）
BMP	RLE（行程长度编码）	无损	Windows 应用程序	Microsoft
TIF	RLE，LZW（字典编码）	无损	桌面出版	Aldus，Microsoft
GIF	LZW	无损	因特网	CompuServe
JPEG	DCT（离散余弦变换），Huffman 编码	大多数为有损	因特网、数码相机等	ISO/IEC
JP2	小波变换，算术编码	无损/有损	医学应用等	ISO/IEC

（1）BMP 格式

BMP（BityMap-file）图像是微软公司在 Windows 操作系统下使用的一种标准图像文件格式，该格式结构较简单，每个文件只存放一幅图像，可以进行无损压缩，也可以不压缩。对于压缩的 BMP 格式图像文件，它使用行编码方法进行压缩，压缩比适中，压缩和解压缩较快；对于非压缩的 BMP 格式，是一种通用的格式，几乎所有的 Windows 应用软件都能支持。

（2）JPEG 格式

JPEG（Joint Photographic Experts Group）是目前最流行的一种压缩图像文件格式，是由 ISO 和 IEC 两个国际机构联合制定的一种标准，有 JPEG 和 JPEG 2000 两种格式。该标准特别适合处理各种连续色调的彩色或灰度图像，算法复杂度适中，大多为有损压缩。一幅 260 像素×195 像素、24 位真彩色的 BMP 格式的图像，文件大小为 148 KB，而相同参数的 JPEG 格式的图像文件大小只有 18.9 KB，是 BMP 格式的八分之一，而图像效果几乎一样。该标准现已广泛用于因特网和数字照相机中。

（3）TIFF 格式

TIFF（Tagged Image File Format）图像文件格式大量应用于扫描仪和桌面出版，能支持多种压缩方法和多种不同类型的图像，有许多应用软件都支持这种文件格式。

（4）GIF 格式

GIF（Graphics Interchange Format）是一种在因特网上广泛使用的图像文件格式。该格式颜色数目有限（不超过 256 色），文件小，能支持透明背景，还能将多张图像保存在一个文件中，按预先规定的时间间隔逐一显示，从而达到简单动画的效果。

4. 图像处理常用的软件及其应用

使用计算机对来自数码相机、摄像机、传真机、扫描仪、医用 CT、X 光机及核磁共振等的图像，进行去噪、增强、复原、分割、提取特征、压缩、存储和检索等操作处理，称为数字图像处理。

图像处理软件较多，如 Windows 操作系统附件中的画图软件、ACD System 公司的 ACDSee 等，其中最有名的是 Adobe 公司的 Photoshop，它提供了多种图像涂抹、修饰、编辑、合成、分色及打印的方法，并给出了许多处理图像的特殊手段，可广泛地应用于美工设计、广告和影视特技等领域。

数字图像处理在通信、遥感、电视、出版、医疗诊断和公安等领域都有广泛的应用，如可视电话、计算机断层摄影（即 CT）和指纹辨识等。

5.2.3 图形的处理与应用

1. 计算机图形的概念

计算机根据景物的模型生成的数字图像称为计算机合成图像，也称为计算机矢量图形。而研究如何在计算机中表示图形，以及利用计算机进行图形的计算、处理和显示的相关原理与算法被称为计算机图形学。

图形与图像两个概念间的区别越来越模糊，但还是有区别的：图像纯指计算机内以位图形式存在的灰度信息，而图形含有几何属性，或者说更强调场景的几何表示，是由场景的几何模型和景物的物理属性共同组成的。

2. 计算机图形的应用

图形通常由点、线、面和体等几何元素，以及灰度、色彩、线型和线宽等非几何属性组成。从构成要素上看，图形主要分为两类：一类是几何要素在构图中具有突出作用的图形，如工程图、等高线地图和曲面的线框图等；另一类非几何要素在构图中具有突出作用的图形，如明暗图、晕渲图和真实感图形等。

计算机不但能生成实际存在的具体景物的图像，还能生成假象或抽象景物的图像；不但能生成静止图像，还能生成各种运动、变化的动态图像。因此，计算机图形的应用领域也很广，如智能 CAD、计算机美术、计算机设计、计算机动画艺术和虚拟现实等。

流行的矢量绘图软件有 Corel 公司的 CorelDraw、Adobe 公司的 Illustrator、Macromedia 公司的 FreeHand 及微软公司的 Microsoft Visio 等，它们主要用来绘制 2D 的矢量图形。

任务 5.3 掌握数字声音的处理方法

声音是传递信息的一种重要媒体，也是计算机信息处理的对象之一，它在多媒体技术中起着重要作用。声音信息和图像、文字一样，必须数字化后才能被计算机所处理、存储和传输。由于声音的数据量较大，所以对存储和传输的要求比较高。

5.3.1 数字波形声音的获取与播放

1. 声音信号的数字化

自然界中的声音是由振动而产生，通过空气进行传播。声音是由不同频率的谐波组成。谐波的频率范围称为声音的带宽，单位是赫兹（Hz），可分为 4 种类型：次声、可听声、超声与特超声。多媒体技术处理的声音主要是人耳可听到的 20 Hz～20 kHz 的可听声，现实世界中的许多声音，如音乐声、风雨声和汽车声都在该频率范围中。

声音是一种模拟的音频信息，是连续量。为了能使用计算机进行处理，必须将它转换成数字编码的形式，这个过程称为声音信号的数字化。

声音信号数字化的过程如图 5-13 所示，主要有以下 3 个步骤。

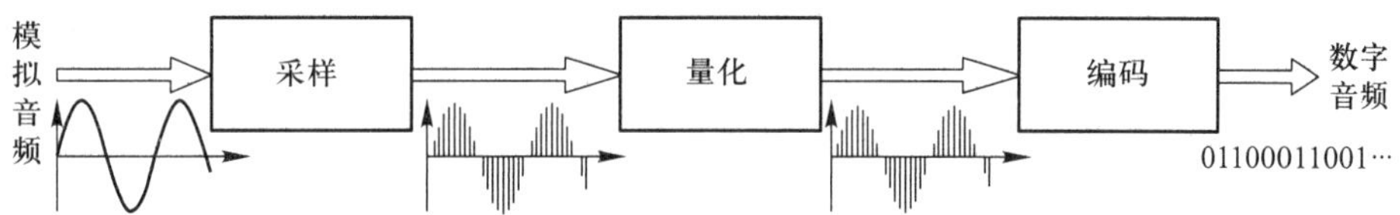

图 5-13　声音信号数字化

① 采样。为了实现 A/D 转换，需要每隔一个时间间隔在模拟声音的波形上取得一个幅度值，从而把时间上的连续信号变成时间上的离散信号，这一过程称为采样。该时间间隔称为采样周期，其倒数为采样频率，也就是每秒钟抽取声音波形振幅值的次数，单位是赫兹（Hz）。采样频率越高，波形表示越精确。为了使声音不失真，采样频率必须高于声音频率的两倍。一般语音信号的采样频率是 8 kHz，音乐频率应在 40 kHz 以上。

② 量化。将采样后得到的音频信息数字化的过程称为量化。声音信号的量化精度一般为 8 位、12 位或 16 位。量化精度越高，声音的保真度越好，反之，则越差。

③ 编码。经过处理后的声音，还必须按照一定的要求进行编码，即对它进行数据压缩，以减少数据量，以便计算机存储、处理并在网络上传输。

通过采样、量化和编码，可以得到便于计算机处理的数字语音信息。

2. 波形声音的重建

若要重新播放数字化声音，还必须要对声音进行重建，再通过扬声器发出。声音重建是声音信号数字化的逆过程，主要由声卡完成。声音重建也分为 3 步，如图 5-14 所示。

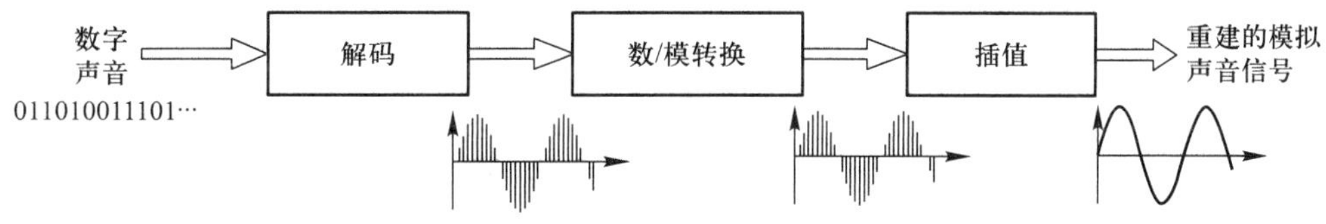

图 5-14　声音的重建

① 解码。解码是编码的逆过程，主要是将数字声音恢复成压缩前的状态。

② 数/模转换。将声音的数字信息转化为模拟信息。

③ 插值。弥补采样过程中引起的语音信号的损失，使得恢复后的声音更加自然。

重建后的声音信号需要送到音箱中去发音。音箱分为普通音箱和数字音箱，普通音箱接收的是重建的模拟声音信号，数字音箱则可直接接收数字声音信号，由音箱自己完成声音重建，从而避免了信号在传输中发生的畸变和干扰，其效果更加突出。

3. 声音处理设备

声音处理设备包括麦克风、声卡和音箱。麦克风的作用是将声波转换为电信号，然后由声卡进行数字化；声卡既参与声音的获取，也负责声音的重建，它控制并完成声音的输入与输出，主要功能包括波形声音的获取与数字化、声音的重建与播放、MIDI 声音的输入，以及 MIDI 声音的合成与播放；音箱的作用是接收声卡输出的波形信号进行播放。

声卡以数字信号处理器（DSP）为核心，DSP 是一种专用的微处理器，它在完成数字声音的编码、解码、MIDI 声音合成及声音编辑操作中起着重要作用。声卡的工作过程如图 5-15 所示，其中混音器的功能是将不同的声音信号进行混合，并进行功率放大和音量控制。

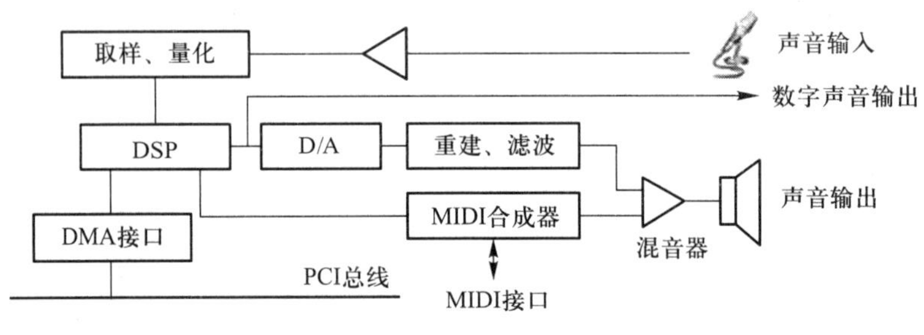

图 5-15　声卡的工作过程

5.3.2　数字波形声音的编码与压缩

数字化的波形声音是一种使用二进制表示的串行比特流，它按照一定的标准进行编码，其数据按时间顺序组织，文件扩展名为 wav。

波形声音的主要参数包括取样频率、量化位数、声道数目和使用的压缩编码方法。这些参数决定了波形声音的数码率（每秒钟的数据量，单位为 b/s），数字声音未压缩前，其计算公式为：

波形声音的数码率=采样率×量化精度×声道数

例如，以采样率 16 kHz、量化精度 16 位、双声道录制数字声音，没有压缩时的数码率为：

$$16\,000\ \text{Hz} \times 16\ \text{b} \times 2 = 512\,000\ \text{b/s}$$

数字化波形声音的数据量很大，上例中 1 分钟的数字声音数据量大约是 4 MB，而 CD 上所存储的立体声高保真的数字音乐 1 小时的数据量大约是 640 MB。为了降低存储成本和提高在网络上的传输效率，必须对数字波形声音进行数据压缩。压缩编码以后的码率则为压缩前的码率除以压缩倍数。目前常用的几种压缩编码有 MPEG 编码、Dolby AC 编码等，它们的编码形式和常见应用见表 5-3。

表 5-3 全频带声音压缩编码标准

标准名称	压缩后的码率（每个声道）	声道数目	主要应用
MPEG-1 audio 层 1	192 kb/s（压缩 4 倍）	2	数字盒式录音带
MPEG-1 audio 层 2	128 kb/s（压缩 6 倍）	2	VCD
MPEG-1 audio 层 3	64 kb/s（压缩 12 倍）	2	Internet，MP3 音乐
MPEG-2 audio	与 MPEG-1 层 1，层 2，层 3 相同	5.1，7.1	同 MPEG-1
Dolby AC-3	64 kb/s	5.1，7.1	DVD，家庭影院

为了在因特网环境中能实时点播音乐，一方面要求数字声音压缩后的数据量小，另一方面还要求声音数据的组织适合于连续播放，能实现这些要求的媒体被称为“流媒体”。目前流行的流媒体有 Real Networks 公司的 RA、微软公司的 WMA（Windows Media Audio）和苹果公司的 Quick Time 等，它们都能做到从网络上边下载边播放，而不用先下载再播放。

5.3.3 计算机合成声音

与计算机能合成图像一样，计算机也能合成声音。计算机合成声音有两类：一类是计算机合成的语音，另一类是计算机合成的音乐。

计算机合成语音就是让计算机模仿人朗读文字，这个过程称为文语转换（TTS），它们主要应用于股票交易、航班查询和语音秘书等业务中。

计算机合成音乐是指计算机自动演奏乐曲。它需要 3 个要素：乐器、乐谱和“演奏人员”。乐器指的是 PC 中的声卡，它一般带有“音乐合成器”，能像电子琴一样模仿几十种不同的乐器；乐谱是由一种被称为 MIDI 的音乐描述语言来表示的，使用 MIDI 描述的音乐称为 MIDI 音乐，一首乐曲对应于一个 MIDI 文件，其文件扩展名为 mid；演奏人员则是指计算机中的“媒体播放器”软件。

MIDI 标准生成的文件比较小，容易编辑，可以作为背景音乐，也可以和其他媒体一起播放，加强演示效果。但是与高保真的波形声音相比，MIDI 音乐在音质方面还有一些差距，而且尚无法合成所有声音（如语音），目前主要应用于音乐作曲、自动伴奏等领域。

在制作多媒体文件时，人们经常需要自己编辑数字波形声音。目前最简单的声音编辑软件是 Windows 自带的“录音机”程序。它能对声音进行播放、录制、编辑、简单的效果处理和格式转换等，同时还可以用动态方式来显示即时声波的波形。“录音机”中编辑的声音文件必须是未压缩的，录下的声音被保存为波形（.wav）文件。

另外一款很著名的声音编辑软件 Cool Edit 则功能较强，它包含高品质的数字效果组件，能进行多音轨音频混编和任意时间长度的录音，同时还支持多种声音文件格式，以及它们之间的转换，使用很方便，很受广大用户的欢迎。

任务 5.4 了解数字视频和计算机动画

视频是指内容随时间变化的一个图像序列，也称为活动图像，它是人们最喜爱的一种信息表示形式。随着数字技术的发展，以及它所具有的优越性，视频技术也正在全面实现数字化。

5.4.1 数字视频的获取

数字视频信息的获取主要分为两种方式：其一，通过数字化设备如数码摄像机、数码照相机和数字摄像头等获得；其二，通过模拟视频设备如摄像机、录像机等输出模拟信号，再通过视频采集卡将其转换成数字视频存入计算机中。

目前使用的最多的方式是第一种。比如数字摄像机就是一种最常用的离线数字视频获取设备，它将拍摄的视频图像及记录的伴音使用 MPEG 进行压缩编码，存储在磁带或硬盘上，需要用时再通过 USB 或 IEEE 1394 接口输入到计算机中进行处理。

5.4.2 数字视频的编辑和应用

数字视频的数据量很大，一部 2 小时左右未压缩的数字视频其数据量大约是 120 GB，如此大的数据量，无论是存储、传输还是编辑，困难都较大，而产生这么大的数据量则是因为原始的视频图像信息存在很大的冗余。在视频信息中，相邻画面之间有高度的连贯性，再加上人眼的视觉对于颜色分辨力弱的特点，所以数字视频的数据量可以压缩几十倍甚至几百倍。

目前，国际标准化组织制定了几个有关数字视频压缩编码的标准，其应用范围见表 5-4。

表 5-4 视频压缩编码的标准及其应用

名称	源图像格式	主 要 应 用
MPEG-1	360×288	适用于 VCD、数码摄像机等
MPEG-2	720×576、1 440×1 152	广泛应用于 DVD、数字有线电视和高清电视等
MPEG-4	多种视频格式	应用于虚拟现实、远程教学和 MP4 播放等

数字视频的编辑处理，通常是在非线性编辑器的软件支持下进行的。最流行的一种编辑软件则是 Adobe 公司的 Premiere，它可以根据需要对不同长短、不同顺序的素材进行剪辑，同时配上字幕、特技和音乐等，最终制作成所需要的视频节目。另外，Windows Movie Maker、会声会影等软件也常用来进行视频动画的编辑处理。

随着视频处理技术的日渐成熟，数字视频已在许多场合进行应用，如教育训练、远程医疗、数字通信和视频监控等。

5.4.3 计算机动画技术

作为多媒体应用系统中不可缺少的重要技术之一，计算机制作的动画成为目前最受欢迎的一种信息表现形式，它广泛应用于专业影视片的制作、广告宣传和工程设计等领域。

计算机动画是计算机图形学和艺术相结合的产物，是伴随着计算机硬件和图形算法高速发展起来的一门高新技术，它综合利用计算机科学、艺术、数学、物理学和其他相关学科的知识，用计算机生成绚丽多彩的连续的虚拟真实画面，给人们提供了一个充分展示个人想象力和艺术才能的新天地。目前计算机动画已从早期的二维动画发展到三维动画，一些在高性能机器

上制作的动画甚至可以达到以假乱真的程度，比如电影《侏罗纪公园》中的恐龙、《星球大战》中的 X 机翼的战斗机和《阿凡达》中的纳威人等。

动画与运动是分不开的，可以说运动是动画的本质，动画是运动的艺术。计算机动画是采用连续播放静止图像的方法产生景物运动的效果，即是使用计算机产生图形、图像运动的技术。计算机动画的原理与传统动画基本相同，只是在传统动画的基础上把计算机技术用于动画的处理和应用，并可以达到传统动画所达不到的效果。由于采用数字处理方式，动画的运动效果、画面色调、纹理和光影效果等可以不断改变，输出方式也多种多样。

计算机动画的分类方式有多种，按不同的方法有不同的分类。按生成动画的方式分为帧到帧动画和实时动画；按运动控制方式分为关键帧动画、算法动画和基于物理的动画等。动画文件是指由相互关联的若干帧静止图像所组成的图像序列，常用的格式有 GIF、MOV 和 SWF 等。常用的动画制作软件有 Softimage 3D、Maya、3ds Max 和 Flash 等。

本章小结

本章主要介绍了多媒体与多媒体技术的基本概念，以及文本处理、数字图像、数字音频和数字视频等处理技术，并对常用的几种多媒体应用软件进行了简单介绍。

文本处理主要有西文字符和中文编码两种，西文字符常用 ASCII 码进行编码，而中文编码标准较多，有 GB 2312、GBK、GB 18030 和 UCS/Unicode 等，同一个汉字输入方法有多种，但是它们在计算机中的机内码却是一样的。根据文本的排版格式，文本也可以分为简单文本、丰富格式文本和超文本三大类。

数字图像可以通过数码相机等设备从现实世界中获取，再经过取样、分色和量化等过程进行处理。一幅图像通常具有一些属性，如颜色空间的类型、水平分辨率、垂直分辨率和像素深度等，根据这些数据可以得知图像文件的数据量。图像的压缩分为有损压缩和无损压缩两种，目前最流行的 JPEG 格式就是一种有损压缩。

自然界中的声音是一种模拟的音频信息，是连续量，而计算机只能处理离散量的数字量。为了便于计算机进行处理，必须将其转换成数字编码的形式，这个过程称为声音信号的数字化。声音信号数字化的过程可分为采样、量化和编码 3 步。计算机中用于声音数字化的硬件称为声卡。影响波形声音质量好坏的主要参数有采样率、量化精度、声道数和使用的压缩方法。MIDI 音乐是乐曲数字化的又一种形式，具有占用的存储空间小、容易编辑等优点。

数字视频与计算机动画是多媒体技术处理的重要内容。数码摄像机与视频卡是视频数字化的主要设备。MPEG-1、MPEG-2 和 MPEG-4 是目前使用较多的视频编码标准，大家所熟悉的 VCD 采用的是 MPEG-1 标准，DVD 采用的则是 MPEG-2 标准。计算机动画是视频的一种特殊表现形式，可用相应的动画制作软件完成。

例题解析

一、选择题

1. 下列字符中，其 ASCII 编码值最小的是________。

A. 6　　B. F　　C. e　　D. 空格

分析：本题主要考察 ASCII 字符集在 ASCII 码表中的分布情况。ASCII 字符集主要包括控制字符（即不可见字符）、常用标点符号和运算符号、数字和大小写英文字母。在 ASCII 码表中的分布顺序依次是控制字符、数字以及常用标点符号和运算符号、大写和小写英文字母，而空格属于控制字符，所以 ASCII 码值最小的是空格。

答案：D。

2. 中文标点符号“《”在计算机中存储时占用________个字节。

A. 2　　B. 1　　C. 4　　D. 3

分析：本题主要考察中西文字符编码的主要区别，由于西文字符集是小字符集，因此在西文字符编码中，用一个字节来存放一个西文字符，而中文字符集是大字符集，因此在中文字符编码中，用两个字节来存放一个中文字符。

答案：A。

3. 下列字符编码标准中，既包含了汉字字符的编码，也包含了如英语、希腊字母等其他语言文字编码的国际标准是________。

A. GB 18030　　B. UCS/Unicode　　C. ASCII　　D. GBK

分析：本题主要考察字符编码的国内标准和国际标准，GB 18030 和 GBK 都是国内标准，ASCII 不包含汉字字符的编码，只有 UCS/Unicode 是国际标准化组织制定的将全世界现代书面文字使用的所有字符和符号都包含进去的字符编码的国际标准。

答案：B。

4. 文本编辑的目的是使文本正确、清晰、美观，下列________操作不属于文本处理而属于文本编辑功能。

A. 文本检索　　B. 词语错误检测

C. 添加页眉和页脚　　D. 文语转换

分析：本题主要考察文本编辑与文本处理的区别，文本编辑主要是解决文本的外观问题，而文本处理主要是使用计算机对文本中所含文字信息的形、音、义等进行分析和处理。

答案：C。

5. 下面关于图像的叙述中，错误的是________。

A. 图像的压缩方法很多，但是一台计算机只能选用一种

B. 图像的扫描过程指将画面分成 $m \times n$ 个网格，形成 $m \times n$ 个取样点

C. 分色是将彩色图像取样点的颜色分解成 3 个基色

D. 取样是测量每个取样点每个分量（基色）的亮度值

分析：本题主要考察图像的压缩和数字化的步骤，选项 A 有错误，一台计算机可以选用多种图像压缩方法，而选项 B、C、D 是图像数字化过程中的 3 个重要步骤。

答案：A。

6. 彩色图像表示 R、G、B 这 3 个基色的二进位数目分别是 2 位、2 位、4 位，因此可显示颜色的总数是________种。

A. 14　　B. 256　　C. 65 536　　D. 16 384

分析：本题主要考察图像的主要参数，图像有图像大小、颜色空间类型和像素深度 3 个主要参数，其中像素深度指像素的所有颜色分量的二进位数之和，它决定了不同颜色的最大数

目。在题目中3个分量的像素位数分别为2、2、4，则该图像的像素深度为8，最大颜色数目为：$2^{2+2+4}=256$。

答案：B。

7. 下列关于计算机合成图像（计算机图形）的应用中，错误的是________。

A. 可以用来设计电路图

B. 可以用来生成天气图

C. 计算机只能生成实际存在的具体景物的图像

D. 可以制作计算机动画

分析：本题主要考察计算机图形的主要应用领域，与数字图像相比，计算机图形的主要优点就是不但能生成实际存在的具体景物的图像，还能生成假想或抽象景物的图像。

答案：C。

8. 使用计算机绘制景物图形的两个主要步骤依次是________。

A. 扫描，取样　　B. 建模，绘制

C. 取样，A/D转换　　D. 绘制，建模

分析：本题主要考察合成图像也就是图形的生成过程，景物在计算机内的描述即为该景物的模型，进行景物描述的过程称为建模，根据景物的模型生成其图像的过程称为绘制，所以主要步骤是先建模，后绘制。

答案：B。

9. 声卡不具有________的作用。

A. 波形声音的重建　　B. 将声波转换为电信号

C. MIDI声音的输入　　D. MIDI声音的合成

分析：本题主要考察波形声音的获取设备，它包括麦克风和声卡，其中声卡的主要功能有波形声音的获取与数字化、声音的重建与播放、MIDI声音的输入，以及MIDI声音的合成与播放。而将声波转换为电信号是麦克风的功能，不是声卡的功能。

答案：B。

10. 对带宽为300~3 400 Hz的语音，若采样频率为8 kHz、量化位数为8位、双声道，则其未压缩时的码率约为________。

A. 64 kb/s　　B. 64 kB/s　　C. 128 kb/s　　D. 128 kB/s

分析：本题主要考察波形声音的主要参数，它包括取样频率、量化位数、声道数目、使用的压缩编码方法和码率。其中波形声音的码率=取样频率×量化位数×声道数，由此可知未压缩时的码率为8 kHz×8 b×2=128 kb/s。

答案：C。

二、判断题

1. WMA格式声音可以与MP3格式声音进行相互转换。

分析：本题主要考察波形声音的编辑软件，它们能够方便直观地对波形声音进行各种编辑处理，其中一个主要功能就是可以将不同取样频率和量化位数的波形声音进行转换，甚至可以转换为不同的格式。

答案：对。

2. 用 Flash 制作的动画是矢量图形，它便于在因特网上传输，而且还采用流媒体技术，用户能一边下载一边播放动画。

分析：本题主要考察计算机动画的制作，Flash 是由美国 Macromedia 公司开发的一个广泛使用的 Web 网页动画制作软件，题目所述正是它的主要特点。

答案：对。

3. 灰度图像的像素有 R、G、B 共 3 个亮度分量。

分析：本题主要考察图像的表示方法，彩色图像的像素是由 R、G、B 共 3 个彩色分量组成，而灰度图像和黑白图像都只有一个亮度分量。

答案：错。

4. 视频卡可以将输入的模拟视频信号进行数字化，生成数字视频。

分析：本题主要考察数字视频的获取原理与设备，PC 中用于视频信号数字化的插卡称为视频采集卡，简称视频卡，它能将输入的模拟视频信号进行数字化，然后存储在硬盘中。

答案：对。

5. JPEG 是目前因特网上广泛使用的一种图像文件格式，它可以将许多张图像保存在同一个文件中，显示时按预先规定的时间间隔逐一进行显示，从而形成动画的效果，因而在网页制作中大量使用。

分析：本题主要考察常见图像文件格式及其特点，题目所述是 GIF 格式图像文件的主要特点，而不是 JPEG 的特点。

答案：错。

三、填空题

1. 一架数码相机，一次可以连续拍摄 65 536 色的 1024×1024 的彩色相片 40 张，如不进行数据压缩，则它使用的 Flash 存储器容量是________MB。

分析：本题主要考察图像数据量的计算，图像数据量=图像水平分辨率×图像垂直分辨率×像素深度/8，水平分辨率和垂直分辨率题目中已经给出，而像素深度可以由颜色数目得到，题目中提到颜色数目是 65 536，而 $2^{16}=65\,536$，所以像素深度是 16，由此就可以得到一张相片的数据量=1 024×1 024×16/8 B=1024×2 KB=2 MB，40 张相片的数据量就是 80 MB。

答案：80。

2. 将文本转换为语音输出所使用的技术是 TTS，它的中文名称是________。

分析：本题主要考察语音合成，计算机合成声音有两类：一类是计算机合成的语音，另一类是计算机合成的音乐。其中计算机合成语音就是让计算机模仿人把一段文字朗读处来，这个过程称为文语转换，简称 TTS。

答案：文语转换。

3. 目前在计算机中描述音乐乐谱所使用的一种标准称为________。

分析：本题主要考察音乐合成，乐器在计算机中既不用简谱也不用五线谱表示，而是使用一种被称为 MIDI 的音乐描述语言来表示，MIDI 是乐谱的数字表示方法，使用 MIDI 描述的音乐称为 MIDI 音乐。

答案：MIDI。

4. VCD 在我国已比较普及，其采用的音视频编码标准是________。

分析：本题主要考察数字视频的应用，VCD 与 DVD 是数字视频的主要应用之一，其中 VCD 采用了 MPEG-1 音视频编码标准；DVD 采用了 MPEG-2 音视频编码标准，画面品质比 VCD 明显提高。

答案：MPEG-1。

5. 数字电视普及以后，传统的模拟电视机需要外加一个________才能收看数字电视节目。

分析：本题主要考察数字视频的应用，数字电视是它的主要应用之一，有 3 种主要形式：一种是传统模拟电视接收机的换代产品——数字电视接收机，另一种是传统模拟电视机外加一个数字机顶盒，第三种是可以接收数字电视的 PC。

答案：数字机顶盒。

课后习题

一、判断题

1. GB 18030 是一种既保持与 GB 2312、GBK 兼容，又有利于与 UCS/Unicode 接轨的汉字编码标准。（　　）

2. 简单文本也叫作纯文本，在 Windows 操作系统中的扩展名为 rtf。（　　）

3. 汉字的键盘输入编码方案曾经有几百种之多，能被广泛接受的编码方案应易学易记，容量大、效率高，重码尽可能少。（　　）

4. 要通过口述的方式向计算机输入汉字，需要配备声卡、麦克风等设备和安装相应的软件。（　　）

5. 现在大多数文本编辑软件的用户界面都已经做到“所见即所得”，即一方面所有的编辑操作其效果立即可以在屏幕上看到，另一方面在屏幕上看到的效果与打印机的输出结果保持一致。（　　）

6. 使用微软公司的文字处理软件 Word 生成的 DOCX 文件，与使用记事本程序生成的 TXT 文件一样，都属于简单文本文件。（　　）

7. 为了处理汉字方便，汉字与 ASCII 字符必须互相区别。所以在计算机内，以最高位均为 1 的 2 个字节表示一个 GB 2312 汉字。（　　）

8. 目前计算机中使用最广泛的西文字符集及其编码是 ASCII 字符集和 ASCII 码。（　　）

9. 超文本中超链的起点只能是节点中的某个句子，不能是一个单词。（　　）

10. JPG 图像文件采用了国际压缩编码标准 JPEG，在数码相机中广泛使用，支持有损压缩。（　　）

11. 我国发布使用的汉字编码有多种，它们都与 Unicode 编码保持兼容。（　　）

12. 计算机中的“图”按其生成方法可分为图像与图形两大类，两者在外观上并无明显区别，但各自具有不同的属性，一般需要使用不同的软件进行处理。（　　）

13. 若图像大小为 400×300，则它在 800×600 分辨率的屏幕上以 100%的比例显示时，只占屏幕大小的 1/4。（　　）

14. 医院中通过 CT 诊断疾病属于数字图像处理的重要应用之一。（　　）

15. 由于数字图像的数据量很大，图像往往压缩后再存储。一般说来，压缩比越低，重建

图像的质量越差；压缩比越高，重建图像的质量就越好。（　　）

16. 在图像数字化过程中，分色是将彩色图像取样点的颜色分解成红、绿、蓝三种基色。（　　）

17. TIF 文件格式是一种在扫描仪和桌面出版领域中广泛使用的图像文件格式。（　　）

18. 机械零件图利用扫描仪直接输入计算机，形成的是矢量图形。（　　）

19. Windows 平台上使用的 AVI 是一种音频/视频文件格式，AVI 文件中存放的是压缩后的音视频数据。（　　）

20. 波形声音的数码率也称为比特率，简称码率，它指的是每分钟的数据量。（　　）

21. 声卡在计算机中用于完成声音的输入与输出，即输入时将声音信号数字化，输出时重建声音信号。（　　）

22. 声音信号的量化精度一般为 8 位、12 位或 16 位，量化精度越高，声音的保真度越好，但噪声也越大；量化精度越低，声音的保真度越差，噪声也越低。（　　）

23. 声音重建的原理是将数字声音转换为模拟声音信号，其工作过程是解码、D/A 转换和插值处理。（　　）

24. MPEG-4 编码的音像文件比较适合于交互式和移动多媒体应用。（　　）

25. 采用迅雷在线播放视频，本地机不仅从网上多点（计算机）下载视频，同时也向网上上传已下载到本地机的视频。（　　）

26. 计算机游戏中屏幕上显示的往往是假想的景物，为此首先需要在计算机中描述该景物（建模），然后再把它绘制出来，与此相关的技术称为数字图像处理。（　　）

27. 数字视频的数据压缩比可以很高，几十甚至上百倍是很常见的。（　　）

28. DVD 影碟存储容量比 VCD 大得多，压缩比也较高，因此画面品质不如 VCD。（　　）

29. 将数字音像节目刻录在 CD 光盘上发行，其代表产品是 VCD。（　　）

30. 使用计算机生成假想景物的图像，其主要的两个步骤是建模和绘制。（　　）

二、填空题

1. 1 KB 的内存空间中最多能存储 GB 2312 汉字内码个数为________。

2. WORD 文档由文字组成，文字带有字体、颜色等格式信息，将其复制到记事本中，其________信息将丢失。

3. 汉字输入编码方法大体分为数字编码、字音编码、字形编码、形音编码四类，五笔字型法属于________编码类型。

4. 在字符编码 ASCII、GB 2312、GB 18030 中，可用于繁体汉字编码的是________。

5. 某图书馆需要将图书馆藏书数字化，构建数字图书资料系统，在键盘输入、联机手写输入、语音识别输入和印刷体识别输入方法中，最有可能被采用的是________输入。

6. 大写字母“A”的 ASCII 码其等值的十进制数是 65，若 ASCII 码等值的十进制数为 68，则它对应的字母是________。

7. 通常以一个字节来存放一个标准 ASCII 字符，其中实际只用________位对字符编码。

8. 在微软 Word、Media Player 和 Adobe 公司的 Acrobat Reader 这些软件中，不具备文本阅读器功能的是________。

9. 为了适应计算机处理汉字信息的需要，我国颁布了一系列汉字编码的国家标准，如

GB 2312、GBK、GB 18030 等，其中收录字符最多，并能与国际标准 UCS（Unicode）接轨的是________。

10. 文本检索是将文本按一定的方式进行组织、存储、管理，并根据用户的要求查找所需文本的技术和应用，包括关键词检索和________检索，例如百度搜索引擎就提供这些功能进行网页的检索。

11. 使用计算机制作的数字文本若根据它们是否具有排版格式来分，可分为简单文本和丰富格式文本两大类。用 Word 生成的 DOCX 文件属于________文件。

12. 美国 Adobe 公司的软件 Acrobat 使用________格式文件将文字、字型、格式、声音和视频等信息封装在一个文件中，实现了纸张印刷和电子出版的统一。

13. 扩展名为 htm 的文件是使用________标记语言描述的 Web 网页。

14. 根据景物的模型生成其图像的过程称为“绘制”（Rendering），绘制过程计算量很大，需要________卡提供支持。

15. 计算机图形图像处理的软件非常多，其中 Photoshop 主要用于________处理。

16. 目前市场上流行的图形图像处理软件有 Photo Editor、Photoshop、AutoCAD、ACDSee32 等，其中不属于图像处理软件的是________。

17. 如果需要拍摄分辨率为 1024×768 的数码相片，至少需要________万像素的数码相机。

18. 图像数据压缩的一个主要指标是________，它用来衡量压缩前、后数据量减少的程度。

19. 黑白图像或灰度图像只有________个位平面，彩色图像有 3 个或更多的位平面。

20. 一幅宽高比为 16∶10 的数字图像，假设它的水平分辨率是 1280，能表示 65 536 种不同颜色，没有经过数据压缩时，其文件大小大约为________kB（1 k = 1000）。

21. 在 TIF、JPEG、GIF 和 WAV 文件格式中，________不是图像文件格式。

22. 声音信号的数字化过程有采样、量化和编码 3 个步骤，其中第 2 个步骤实际上是进行________转换。

23. 所谓 5.1 或 7.1 多声道全频带声音编码系统，它提供 5 或 7 个全频带声道和________个超低音声道，效果十分逼真。

24. MPEG-1 的声音压缩编码按算法复杂程度分成________个层次，分别应用于不同场合，MP3 只是其中的一个层次。

25. 1994 年由 JVC、Philips 等公司联合定义了一种在 CD 光盘上存储数字视频和音频信息的规范——VCD，该规范规定了将________编码格式的音频/视频数据记录在 CD 光盘上的文件系统的标准。

26. 使用计算机制作的数字文本结构，可以分为线性结构与非线性结构，简单文本呈现为一种________结构，写作和阅读均按顺序进行。

27. 数字有线电视所传输的音频、视频所采用的压缩编码标准是________。

28. 用 Flash 制作的动画文件较小，便于在因特网上传输，而且它还采用________媒体技术，用户能一边下载一边播放动画。

29. 在数字视频应用中，英文缩写 VOD 的中文名称是________。

30. DVD 影碟采用 MPEG-2 标准的视频图像，画面品质比 VCD 明显提高，其画面的长宽比有________的普通屏幕方式和 16∶9 的宽屏幕方式。

三、选择题

1. 美国标准信息交换码（ASCII码）中，共有128个字符，包括________个可打印字符和32个控制字符。

A. 52　　B. 96　　C. 116　　D. 101

2. 不同的文本格式有不同的特点和应用，大多数Web网页使用的格式是________。

A. RTF格式　　B. HTML格式　　C. DOC格式　　D. TXT格式

3. 若西文采用标准ASCII码，汉字采用GB 2312编码，设有一段简单文本的内码（十六进制）为CBF5D0B45043CAC7D6B8，则在这段文本中，含有________。

A. 2个汉字和1个西文字符　　B. 4个汉字和2个西文字符

C. 8个汉字和2个西文字符　　D. 4个汉字和1个西文字符

4. 下列汉字输入方法中，需要掌握某种汉字输入编码的是________。

A. 联机手写输入　　B. 语音识别输入

C. 键盘输入　　D. 印刷体识别输入

5. 下列汉字输入方法中，最适合于将书、报、刊物、档案资料中的大量文字输入计算机的方法是________。

A. 印刷体汉字识别输入　　B. 语音识别输入

C. 联机手写输入　　D. 键盘输入

6. 下列有关字符编码标准的叙述中，正确的是________。

A. UCS/Unicode编码实现了全球不同语言文字的统一编码

B. ASCII、GB 2312、GBK是我国为适应汉字信息处理需要而制定的一系列汉字编码标准

C. UCS/Unicode编码与GB 2312编码保持向下兼容

D. GB 18030标准等同于Unicode编码标准，它是我国为了与国际标准UCS接轨而发布的汉字编码标准

7. 一本100万字（含标点符号）的现代中文长篇小说，以TXT文件格式保存在U盘中时，需要占用的存储空间大约是________。

A. 512 KB　　B. 1 MB　　C. 2 MB　　D. 4 MB

8. 在未进行数据压缩情况下，一幅图像的数据量与下列________因素无关。

A. 水平分辨率　　B. 图像内容　　C. 垂直分辨率　　D. 像素深度

9. 在利用拼音输入汉字时，有时虽正确输入了拼音码但却找不到所要的汉字，其原因可能有多种，其中最不可能的是________。

A. 计算机显示器不支持该汉字的显示

B. 文字处理软件不能正常工作

C. 当前所选择的某种字体不包含该汉字

D. 汉字输入软件所选择的模式不支持该汉字

10. Windows操作系统中的“帮助”文件（HLP文件）也是一种文本，其类型属于________。

A. 纯文本　　B. 超文本　　C. 简单文本　　D. 中间格式文本

11. 文本编辑与排版操作的目的是使文本正确、清晰、美观，下列________操作不属于文本编辑排版操作。

A. 添加页眉和页脚　　B. 设置字体和字号

C. 设置行间距，首行缩进　　D. 对文本进行压缩

12. 下列字符编码标准中，不属于我国发布的汉字编码标准的是________。

A. GB 2312　　B. GBK　　C. UCS（Unicode）　　D. GB 18030

13. 在 Word 文档“doc1”中，把文字“图表”设为超链接，指向一个名为“Table1”的 Excel 文件，则链宿为________。

A. 文字“图表”　　B. 文件“Table1. xlsx”

C. Word 文档“doc1. docx”　　D. Word 文档的当前页

14. Photoshop 是一种________软件。

A. 多媒体创作　　B. 网页制作软件　　C. 图像编辑处理　　D. 矢量绘图软件

15. 存放一幅 1024×768 像素的未经压缩的真彩色（24 位）图像，大约需要________字节的存储空间。

A. 1024×768×12　　B. 1024×768×24

C. 1024×768×3　　D. 1024×768×2

16. 对于下列功能：① 图像缩放；② 图像区域选择；③ 图像配音；④ 添加文字；⑤ 图层操作；⑥ 动画制作通常。其中，________通常是图像处理软件的主要功能。

A. ①、③、④、⑤　　B. ①、④、⑤、⑥

C. ①、②、④、⑤　　D. ②、④、⑤、⑥

17. 使用计算机绘制景物图形的两个主要步骤依次是________。

A. 扫描、取样　　B. 绘制、建模

C. 取样、A/D 转换　　D. 建模、绘制

18. 数字图像的获取步骤大体分为四步，以下顺序正确的是________。

A. 扫描、分色、量化、取样　　B. 扫描、分色、取样、量化

C. 量化、取样、扫描、分色　　D. 分色、扫描、量化、取样

19. 数字图像的基本属性（参数）中不包含________。

A. 像素的数目　　B. 分辨率

C. 像素深度　　D. 颜色空间的类型

20. 为了与使用数码相机、扫描仪得到的取样图像相区别，计算机通过对景物建模然后绘制而成的通常称为________。

A. 位图图像　　B. 3D 图像　　C. 矢量图形　　D. 点阵图像

21. 下列格式中，属于目前因特网和 PC 常用的图像文件格式的是________。① BMP；② GIF；③ WMF；④ TIF；⑤ AVI；⑥ 3DS；⑦ MP3；⑧ VOC；⑨ JPG；⑩ WAV。

A. ①、②、④、⑨　　B. ①、②、④、⑤、⑨

C. ①、②、⑦　　D. ①、②、③、⑥、⑧、⑨

22. 下列不属于数字图像应用的是________。

A. 可视电话　　B. 卫星遥感

C. 计算机断层摄影（CT）　　D. 绘制机械零件图

23. 下列关于计算机图形的应用中，错误的是________。

A. 可以用来绘制机械零部件图

B. 计算机只能绘制实际存在的具体景物的图形，不能绘制假想的虚拟景物的图形

C. 可以用来设计电路图

D. 可以制作计算机动画

24. 下列关于图像获取的叙述中，错误的是________。

A. 尺寸大的彩色图片扫描输入后，其数据量必定大于尺寸小的图片的数据量

B. 图像的数字化过程大体可分为扫描、分色、取样、量化四个步骤

C. 像素是构成图像的基本单位

D. 黑白图像或灰度图像不必进行分色处理

25. 像素深度为6位的单色图像中，不同亮度的像素数目最多为________个。

A. 64　　B. 256　　C. 4096　　D. 128

26. 一个80万像素的数码相机，它可拍摄相片的分辨率最高为________。

A. 1280×1024　　B. 800×600　　C. 1024×768　　D. 1600×1200

27. 把图像（或声音）数据中超过人眼（耳）辨认能力的细节去掉的数据压缩方法属于________。

A. 无损数据压缩　　B. 有损数据压缩

C. LZW 压缩　　D. RLE 压缩

28. 不同的图像文件格式往往具有不同的特性，有一种格式具有图像颜色数目不多、数据量不大、能实现累进显示、支持透明背景和动画效果、适合在网页上使用等特性，这种图像文件格式是________。

A. TIF　　B. GIF　　C. BMP　　D. JPEG

29. 下列关于 MIDI 声音的叙述中，错误的是________。

A. MIDI 声音的特点是数据量很少，且易于编辑修改

B. MID 文件和 WAV 文件都是计算机的音频文件

C. MIDI 声音既可以是乐曲，也可以是歌曲

D. 类型为 MID 的文件可以由 Windows 的媒体播放器软件进行播放

30. 人们的说话声音必须数字化之后才能由计算机存储和处理。假设语音信号数字化时取样频率为16 kHz，量化精度为16位，数据压缩比为2，那么每秒钟数字语音的数据量是________。

A. 16 kB　　B. 8 kB　　C. 2 kB　　D. 1 kB

31. MP3 是目前比较流行的一种数字音乐格式，从 MP3 网站下载 MP3 音乐主要是使用了计算机网络的________功能。

A. 资源共享　　B. 数据解密

C. 分布式信息处理　　D. 系统性能优化

32. 获取数字声音时，为了保证对频带宽度达 20 kHz 的全频道音乐信号采样时不失真，其采样频率应达到________以上。

A. 40 kHz　　B. 8 kHz　　C. 12 kHz　　D. 16 kHz

33. 以下关于全频带声音的压缩编码技术的说法中，错误的是________。

A. MPEG-1 层 1 主要用于数字盒式录音磁带

B. 杜比数字 AC-3 在数字电视、DVD 和家庭影院中广泛使用

C. MPEG-1 的第 3 层最复杂，主要用于数字音频广播（DAB）和 VCD 等

D. MPEG-2 声音压缩编码支持 5.1 和 7.1 声道的环绕立体声

34. 网上在线视频播放，采用________技术可以减轻视频服务器负担。

A. 边下载边播放的流媒体技术　　B. P2P 技术实现多点下载

C. 提高本地网络带宽　　D. 优化本地操作系统设置

35. 扩展名为 wma 的数字媒体文件，其媒体类型属于________。

A. 动画　　B. 音频　　C. 视频　　D. 图像

36. 下列关于动画制作软件 Adobe Flash 的说法中，错误的是________。

A. Flash 制作的动画可以是三维动画

B. 与 GIF 不同，用 Flash 制作的动画可支持矢量图形，放大缩小都清晰可见

C. Flash 制作的动画文件扩展名为 swf

D. Flash 动画在播放过程中用户无法与播放的内容进行交互

37. 下列关于计算机动画制作软件的说法中，错误的是________。

A. Flash 是美国 Adobe 公司推出的一款优秀的 Web 网页动画制作软件

B. AutoCAD 是一款优秀的三维动画软件

C. 制作 GIF 动画的软件很多，如 ImageReady、Fireworks、GifAnimator 等

D. 3D Studio Max 由国际著名的 Autodesk 公司制作开发，是一款集造型、渲染和动画制作于一身的三维动画制作软件

38. 下列关于数字电视的说法中，错误的是________。

A. 我国不少城市已开通了数字有线电视服务，但目前大多数新买的电视机还不能直接支持数字电视的接收与播放

B. 目前普通的模拟电视不能接收数字电视节目，因此，要收看数字电视必须要购买新的数字电视机

C. 数字电视是数字技术的产物，目前电视传播业正进入向全面实现数字化过渡的时代

D. 数字电视的传播途径是多种多样的，因特网性能的不断提高已经使其成为数字电视传播的一种新媒介

39. 下列关于数字视频获取设备的叙述中，错误的是________。

A. 数字摄像机是一种离线的数字视频获取设备

B. 数字摄像头需通过视频卡才能获取数字视频

C. 数字摄像头通过光学镜头和 CCD（或 CMOS）器件采集视频图像

D. 视频卡可以将输入的模拟视频信号进行数字化，生成数字视频

40. 在国际标准化组织制订的有关数字视频及伴音压缩编码标准中，VCD 影碟采用的压缩编码标准为________。

A. H.261　　B. MPEG-1　　C. MPEG-2　　D. MPEG-4

第 6 章 数据库技术

本章学习任务：

1. 了解计算机信息系统与数据库。
2. 熟悉关系数据库。

当今社会，信息已经成为人类的重要资源，对不断增长的信息进行有效的管理也成为人们广泛的需求，由此进行信息管理的数据库技术也得到了迅猛的发展和广泛的应用。

本章将在了解信息系统基本概念的基础上，对数据库的相关知识进行基本的介绍。

任务 6.1　了解计算机信息系统与数据库

6.1.1　计算机信息系统的概念

自 20 世纪 80 年代以来，计算机网络技术和数据库技术得到了长足的发展，以信息为中心的计算机系统成为主流的计算机应用系统。这里所说的计算机信息系统，是指由计算机硬件、软件、网络和通信设备，以及信息资源等组成的以提供信息服务为主要目的数据密集型的人机交互式的计算机系统。它具有以下几个特点：

① 涉及的数据量非常大，甚至是海量的，一般需要保存在外存中。

② 数据具有持久性，或者说信息资源具有非消耗性，不会随着程序的执行结束而消失。

③ 原始数据的来源具有分散性。

④ 这些持久的数据可被多个用户或多个应用程序共享。

⑤ 信息服务功能多样性，除具有数据存储、传输及管理等功能外，还可向用户提供信息检索、分析、预测和决策等多种不同的信息服务。

计算机信息系统是一个广泛的概念。它以计算机在管理领域的应用为主体内容，大体上可划分成管理信息系统、决策支持系统和办公信息系统。而计算机信息系统的结构可以抽象为 3 个层次，如图 6-1 所示。

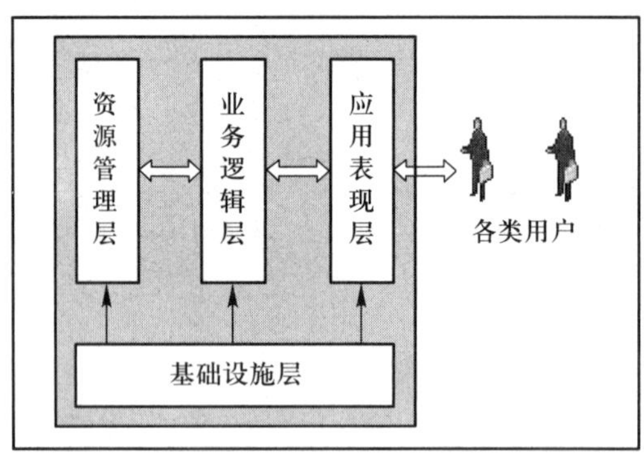

图 6-1　信息系统的结构

① 应用表现层，直接面向各类用户，提供人机交互，将业务逻辑和资源加以结合，并直观形象地向用户展现信息处理的结果。

② 业务逻辑层，用以实现各种业务功能、流程、规则及策略等应用业务的一组程序代码。

③ 资源管理层，包括各类数据信息和资源管理系统。主要有数据库、数据库管理系统和目录服务系统等。

目前，计算机信息系统的应用已深入到社会各个领域和行业，从功能上来分，常见的有电子数据管理、管理信息系统、决策支持系统和联机事务处理系统；从信息来源来分，有地理信息系统、数字地球和多媒体信息系统等；从应用领域来分，有电子政务系统、电子商务系统、办公自动化系统和医疗信息等典型的信息系统。

6.1.2　数据模型

信息系统中的资源管理层是由数据库和数据库管理系统组成的，而为了能够有效地对数据库中的数据进行处理，数据库中的数据按照指定的数据模型进行有序存储。数据模型是数据特征的抽象，是对客观事物及其联系的逻辑组织描述。这种描述是一个逐步转化的过程，它分为两个阶段，首先是将现实世界中的客观对象抽象为信息世界，然后将信息世界转换为计算机世界，如图6-2所示。数据模型具有数据结构、数据操作和数据约束3个基本要素。

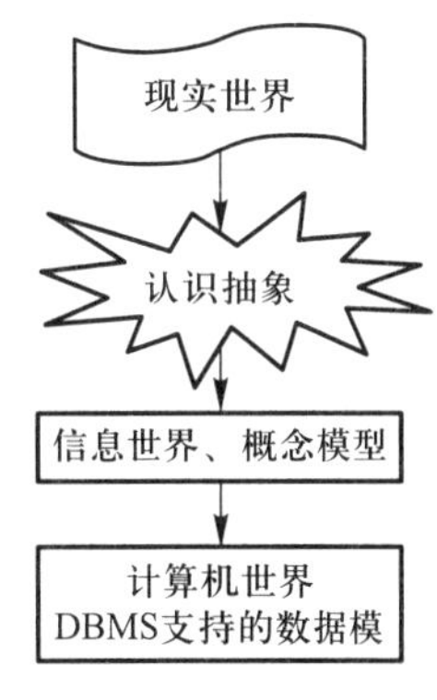

图6-2　数据的转化过程

在数据库的发展过程中，出现的数据模型主要有层次模型、网状模型、关系模型和面向对象数据模型。层次模型是数据库中出现最早的数据模型，它采用树形结构来表示各类实体及实体之间的联系，如图6-3所示。层次模型对具有一对多的层次关系的描述非常自然、直观、易于理解。

网状模型则是采用网络结构来表示实体类型及其实体之间联系的模型，如图6-4所示。顾名思义，一个事物和另外的几个都有联系，从而构成一张网状图。网状模型能明确而方便地表示数据间的复杂关系，但网状结构的复杂性增加了用户查询和定位的困难。

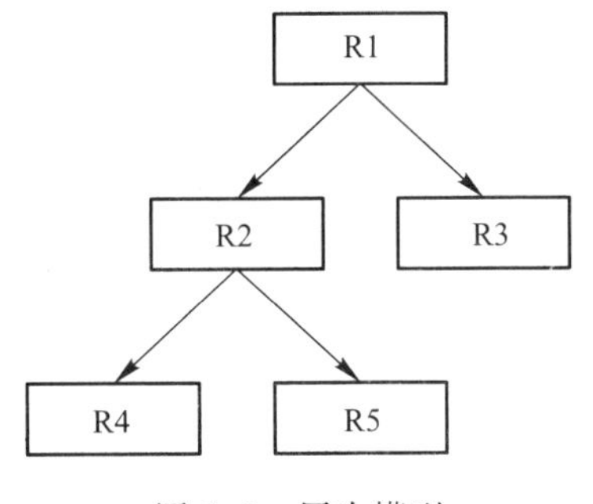

图6-3　层次模型

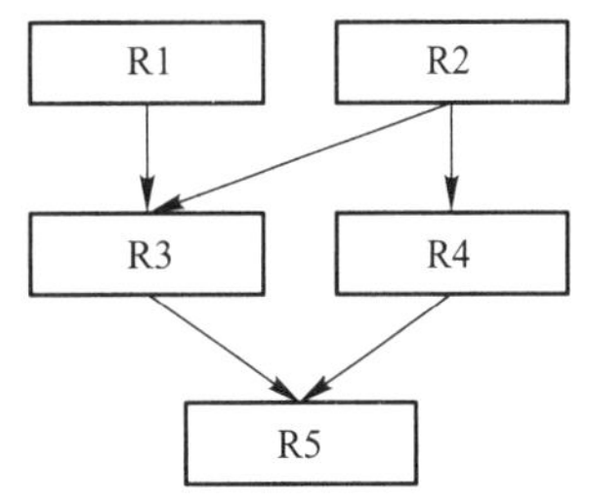

图6-4　网状模型

关系数据模型则是现在广泛使用的一种数据模型，它以记录组或数据表的形式组织数据，如图6-5所示，表格中的每一行是一个学生的有关数据的记录，它由6个数据项组成，每一列用来指出对应数据项的属性，这种方式更加便于进行数据的分析和统计。自20世纪80年代起，基于关系模型的关系数据库已经成为数据库技术的主流。

学号	姓名	性别	出生日期	民族	籍贯
01	李霞	女	1990-9-05	汉	江苏南京
02	章静	女	1990-12-26	汉	陕西西安
03	李强	男	1991-02-19	汉	江苏苏州
04	孙钧	男	1990-03-20	汉	江苏盐城

图6-5　关系模型举例

6.1.3 数据库系统的相关概念

20 世纪 60 年代后期以来，计算机用于管理的规模越来越大，数据量急剧增大，同时多种应用、多种语言互相覆盖地共享数据集合的要求也越来越强烈。为了解决多用户、多应用共享数据的需求，数据库系统应运而生。

1. 数据

数据（Data）是数据库中存储的基本对象。数据可以定义为描述现实世界中事物的符号记录。数据可以是数字、文字、图形、图像或声音等，它可以有多种不同的表现形式，但都可以经过数字化后存入计算机。数据是信息存在的一种形式，而通过解释或处理的数据则成为有用的信息。

2. 数据库

数据库（Database，DB）通俗地说就是存放数据的仓库，是长期保存于计算机中的一组相互联系的若干文件的集合。数据库中的数据按一定的数据模型组织、描述和存储，具有较小的冗余度、较高的数据独立性和易扩展性，而且可以提供多个用户和多类应用多共享。

3. 数据库管理系统

数据库管理系统（Database Management System，DBMS）是为数据库的建立、使用和维护而配置的软件，是专门用于数据管理的软件。数据库管理系统是数据库系统的核心，它建立在操作系统基础上，对数据库进行统一的管理控制。数据库管理系统还必须提供以下几个方面的数据控制功能：

① 数据定义，DBMS 提供数据定义语言。

② 数据操作，DBMS 提供数据操作语言供用户实现对数据的追加、删除、更新和查询等操作。

③ 数据库的运行管理。

④ 数据组织、存储与管理。

⑤ 数据库的维护。

目前，数据库管理系统较多，具有代表性的关系数据管理系统有美国甲骨文公司的 Oracle，微软公司的 SQL Sever、Visual FoxPro、Access，IBM 公司的 DB2，以及 Sybase 和 MySQL 等。

4. 数据库系统

数据库系统（Database System，DBS）是指具有管理和控制数据库功能的计算机应用系统。其基本组成包括数据库、数据库管理系统、支持数据库运行的软硬件环境、应用程序和数据库管理员等。

数据库系统的特点主要如下：

① 数据结构化。数据结构化是数据库与文件系统的根本区别。

② 数据的共享性高，冗余度低，易扩充。数据库系统从整体角度看待描述数据，数据不再面向某个应用而面向整个系统，因此可以被多个用户、多个应用共享，数据共享可以大大减少数据冗余，节省存储空间。

③ 数据独立性高。数据独立性包括数据的物理独立性和逻辑独立性。

④ 数据由数据管理系统统一管理和控制。数据库的共享是并发的共享，也就是多个用户可以同时存取数据库中的数据。

6.1.4 数据库系统的应用结构

数据库系统从最终用户角度来看，有单用户结构、主从式结构、分布式结构、客户/服务器结构和浏览器/服务器结构。

其中，单用户结构是一种早期的最简单的数据库系统，整个数据库系统都装在一台计算机上，由一个用户独占，不同机器之间不能共享数据。主从式结构是一个主机带多个终端的多用户结构，所有处理任务都由主机来完成，各个用户通过主机的终端并发地存取数据库，共享数据资源。分布式结构的数据库系统是计算机网络发展的必然产物，数据库中的数据在逻辑上是一个整体，但物理地分布在计算机网络的不同节点上。

随着工作站功能的增强和广泛使用，开始把 DBMS 的功能和应用分开，网络中某些节点上的计算机专门用于执行 DBMS 功能，称为数据库服务器，简称服务器，其他节点上的计算机安装 DBMS 的外围应用开发工具，支持用户的应用，称为客户机，这就是客户/服务器结构（C/S），如图 6-6 所示。在这种模式中，服务器只负责各种数据的处理和维护，为各个客户机应用程序管理数据；客户机包含文档处理软件、决策支持工具和数据查询等应用逻辑程序，通过网络使用 SQL 语言发送、请求和分析从服务器接收的数据。基于 C/S 结构的访问模式，客户机直接面向用户，在网络上只传输查询语句和结果，如此则减少了网络数据传输量，系统效率得到了很大的提高。

目前最流行的是浏览器/服务器结构（B/S）。B/S 结构是三层模式，在三层结构中，应用逻辑程序已从客户机上分离出来，不但作为一个应用服务器，而且又成为一个浏览的 Web 服务器，如图 6-7 所示。在 B/S 体系结构系统中，用户通过浏览器向分布在网络上的许多服务器发出请求，服务器对浏览器的请求进行处理，将用户所需信息返回到浏览器。而数据请求、加工、结果返回，以及动态网页生成、对数据库的访问和应用程序的执行等工作全部由 Web Server 完成。B/S 模式的第三层是数据库服务器层，它专门接收使用 SQL 语言描述的查询请求，ODBC/JDBC 是中间层与数据库服务器的标准接口，它既可以连接一个数据库服务器，也可以连接多个不同的数据库服务器，显然 B/S 结构应用程序相对于传统的 C/S 结构应用程序是一个非常大的进步。

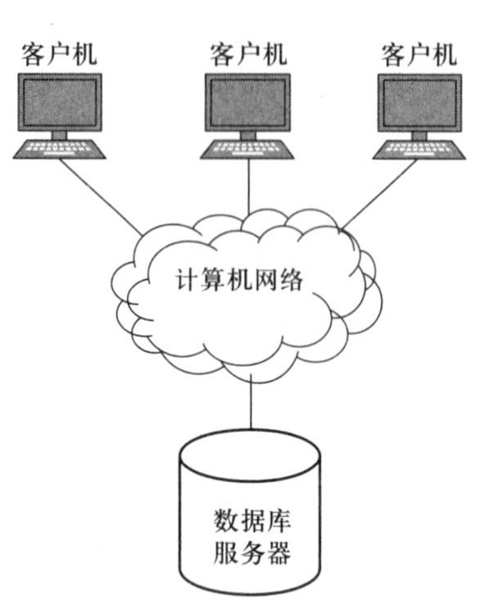

图 6-6　C/S 模式的数据库访问

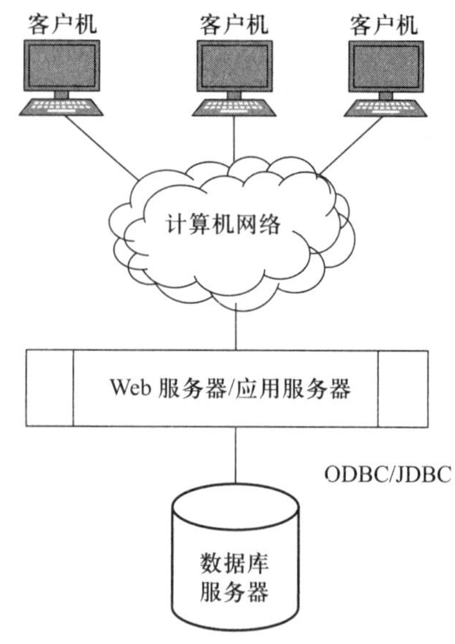

图 6-7　B/S 模式的数据库访问

任务 6.2　熟悉关系数据库

数据模型是数据库系统的基础，目前大部分数据库都是建立在关系模型基础上的关系数据库系统。

6.2.1　关系数据库的概念

1. 关系模型

关系模型用二维表表示实体集，通过外部关键字来表示实体之间的联系。关系模型一般由 3 部分组成：数据结构、数据操作和完整性规则。

① 数据结构：用来描述数据库的静态特征，是对数据的类型、内容、性质，以及数据间的联系等的描述。数据库中的所有数据及其相互联系都被组织成关系的形式。

② 数据操作：是对数据库动态特性的描述，主要描述在相应的数据结构上允许的操作类型和操作方式。关系模型提供了一组完备的关系运算（包括关系代数和关系演算），并支持对数据库的各种操作。

③ 完整性规则：是一组完整性规则的集合，用来保证数据的正确性、有效性和合法性，包括实体完整性规则、参照完整性规则和用户定义的完整性规则。

实体完整性约束和参照完整性约束是关系数据库所必须遵守的规则，在任何一个关系数据库管理系统中均由系统自动支持。用户定义完整性规则是针对某数据库的约束条件，由应用环境决定。

2. 域

域是一组具有相同数据类型的值的集合。如“学生信息表”中的“姓名”列的取值均为字符型数据，“出生日期”列均为日期型数据，这就可以称为一个域。

3. 元组

前面已经介绍了关系是用二维表来表示的，那么元组就是表中的一个数据行，也可以称为一个记录。如“学生信息表”中的（“01”，“李霞”，“女”，1991-09-05，“汉”，“江苏南京”）就是该关系中的一个元组。

4. 属性

二维表中的一列就是一个属性值，也称为一个字段，当然每个属性都有其唯一的属性名。

5. 主键

主键是表中可以用以唯一确定一个元组的属性或属性组合。如“学生信息表”中的“学号”。

6. 外键

当一张二维表（如R）的主关键字被包含到另外一张二维表（如S）中时，它就称为S的外部关键字（Foreign Key）。如图6-8所示，在学生表信息表中“学号”是主键，而对于成绩表来说，“学号”则是外键。

学生信息表

学号	姓名	性别	出生日期	民族	籍贯
01	李霞	女	1990-9-05	汉	江苏南京
02	章静	女	1990-12-26	汉	陕西西安
03	李强	男	1991-02-19	汉	江苏苏州
04	孙钧	男	1990-03-20	汉	江苏盐城

成绩表

学号	课程号	成绩
01	A01	90
01	B01	85
02	A01	76
03	B01	88

图6-8 学生信息表和成绩表

在数据库中每个二维表的结构各不相同，它们是用“关系数据模式”来进行说明的，其表示形式为：

$$R(A_1, A_2, A_3, \cdots, A_i, \cdots, A_n)$$

其中，R是关系模式名，也就是二维表的名，如前面的“学生信息表”。A_n是属性名，“学号”“姓名”等都是属性名。由此，“学生信息表”表示成关系模式就是：

学生信息表(学号,姓名,性别,出生日期,民族,籍贯)

关系模式是稳定的，而关系是随着时间不断变化的，因为数据库中的数据是不断变化的。

6.2.2 关系的相关操作

对关系数据库进行查询时，要找到用户需要的数据，这就要对关系进行一定的关系运算。

关系的基本运算有两类：一类是传统的集合运算（交、并、差）；另一类是专门的关系运算（选择、投影、连接），有的查询则需要几个基本运算组合。需要说明的是，对关系进行运算后其结果仍然是关系。

1. 传统的集合运算

关系可以看作是若干元组的集合，因此对关系可以进行交、并、差等集合运算。进行交、并、差运算的关系必须具有相同的关系模式，也就是说要具有相同的结构。

（1）交

两个具有相同结构的关系 R 与 S 经过交运算后所得到的关系由那些既在 R 内又在 S 内的元组组成，记为 R∩S。

（2）并

两个具有相同结构的关系 R 与 S 经过并运算后所得到的关系由同时属于 R 和 S 关系的元组组成，记作 R∪S。

（3）差

两个具有相同结构的关系 R 与 S 经过差运算后所得到的关系由属于 R 而不属于 S 的元组构成的集合，记作 R-S。

2. 专门的关系运算

（1）选择

选择是单目运算，也称一元操作，也就是说只对一个关系施加的运算。按照给定的条件从关系中挑选出满足条件的元组，这些元组构成一个新的关系。例如，从“学生信息表”中找出所有的女同学的记录，如图 6-9 所示，所进行的操作就属于选择运算，可以认为选择操作是对二维表中行的筛选。

学生信息表

学号	姓名	性别	出生日期	民族	籍贯
01	李霞	女	1990-9-05	汉	江苏南京
02	章静	女	1990-12-26	汉	陕西西安
03	李强	男	1991-02-19	汉	江苏苏州
04	孙钧	男	1990-03-20	汉	江苏盐城

选择

学号	姓名	性别	出生日期	民族	籍贯
01	李霞	女	1990-9-05	汉	江苏南京
02	章静	女	1990-12-26	汉	陕西西安

图 6-9　选择操作

（2）投影

投影也是单目运算，是从关系中选出指定的属性，由这些属性形成一个新的关系。它所包含的属性个数通常比原有关系少，或者属性的排列顺序不同。例如，从“学生信息表”中查询输出所有学生的学号和姓名，如图 6-10 所示，所进行的操作就属于投影操作，可以认为投影操作是对二维表中列的筛选。

学生信息表

学号	姓名	性别	出生日期	民族	籍贯
01	李霞	女	1990-9-05	汉	江苏南京
02	章静	女	1990-12-26	汉	陕西西安
03	李强	男	1991-02-19	汉	江苏苏州
04	孙钧	男	1990-03-20	汉	江苏盐城

投影

学号	姓名
01	李霞
02	章静
03	李强
04	孙钧

图 6-10 投影操作

(3) 连接

连接是双目运算，也称二元操作。连接运算将两个关系拼接成一个更宽的关系模式，生成的新关系中包含满足连接条件的元组，如图 6-11 所示。连接的过程是通过连接条件来控制的，连接条件中将出现两个关系中的公共属性名，或者具有相同语义的属性。

学生信息表

学号	姓名	性别	出生日期	民族	籍贯
01	李霞	女	1990-9-05	汉	江苏南京
02	章静	女	1990-12-26	汉	陕西西安
03	李强	男	1991-02-19	汉	江苏苏州
04	孙钧	男	1990-03-20	汉	江苏盐城

成绩表

学号	课程号	成绩
01	A01	90
01	B01	85
02	A01	76
03	B01	88

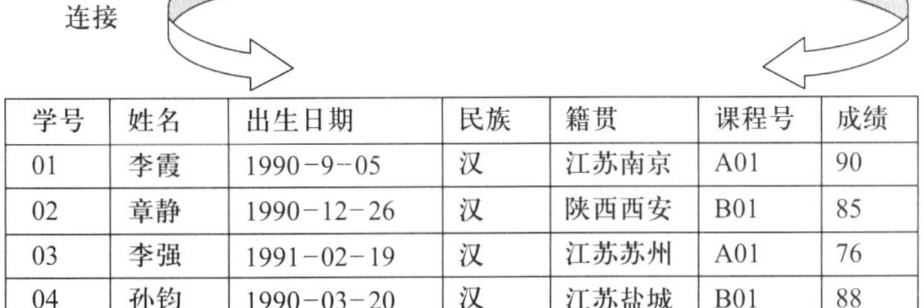

学号	姓名	出生日期	民族	籍贯	课程号	成绩
01	李霞	1990-9-05	汉	江苏南京	A01	90
02	章静	1990-12-26	汉	陕西西安	B01	85
03	李强	1991-02-19	汉	江苏苏州	A01	76
04	孙钧	1990-03-20	汉	江苏盐城	B01	88

图 6-11 连接操作

6.2.3 SQL 语言简介

SQL（Structured Query Language，结构化查询语言）是 1974 年由 Boyce 和 Chamberlin 提出的，它功能丰富，使用方式灵活，语言简洁易学。1986 年 10 月，美国国家标准局的数据库委员会批准了 SQL 作为关系数据库语言的美国标准。不久，国际标准组织也批准其作为数据库语言的标准。SQL 语言自推出以来得到了广泛的应用，无论 Oracle、Sybase、DB2、Informix 和

SQL Server 这些大型的数据库管理系统，还是 Visual FoxPro 和 PowerBuilder 这些 PC 上常用的数据库开发系统，都支持 SQL 语言作为查询语言。

1. SQL 特点

SQL 具有以下几个突出的优点：

1）一体化。SQL 语言含有定义、查询、操纵和控制的功能，关于数据库的各种操作，查询是基础。SQL 相当于将非关系数据库系统的数据定义语言（DDL）、数据操纵语言（DML）和数据控制语言（DCL）集为一体，统一在一个语言中。

2）高度非过程化。用 SQL 语言进行数据操作，用户不必了解存取路径，操作的执行由系统自动完成，在很大程度上减轻了用户的负担。

3）两种使用方式及统一的语法结构。SQL 语句既可嵌入在宿主语言中使用，SQL 用户也可在终端上以联机交互方式使用 SQL 语句。两种方式的 SQL 其语法结构基本上是一致的，这给用户带来了很大的方便。

2. SQL 体系结构

SQL 语言支持数据库的三级模式结构，如图 6-12 所示，用户可以用 SQL 语言对视图和基本表进行查询等操作。而所谓视图，是从一个或几个基本表导出的，它不独立存储在数据库中，也就是说在数据库中只存储视图的定义，而不存储相应的数据，即视图是一个“虚表”，而每个基本表对应于一个存储文件。

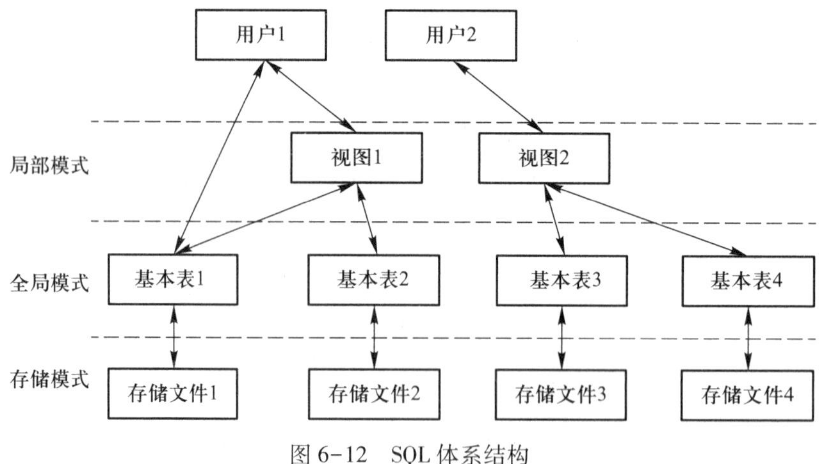

图 6-12　SQL 体系结构

3. SQL 查询语句

SQL 的数据操纵功能包含有 Select、Insert、Delete 和 Update 共 4 个语句，而 SQL 语言核心的是数据库查询语句，其基本格式为：

```
Select A1, A2, …, An
  From R1, R2, …, Rm
  [Where F]
```

在该基本格式中，Select 子句用以指定查询结果中的输出列，这是对列的指定，相当于对关系的投影操作；From 子句用以指定查询的数据源，也就是指定与输出列相关的关系；Where 子句是一个可选项，可根据查询的需要确定命令中是否具有该子句，Where 子句可用以实现对查询结果数据的筛选，相当于对关系的选择操作。

（1）单表查询

从一个关系中查询输出符合指定条件的元组的相关属性。

例如，基于“学生信息表”，查询输出所有女同学的学号和姓名。

```
Select 学号，姓名
  From 学生信息表
  Where 性别 = “女”
```

在查询中如果要输出对应关系的所有属性，则可在 Select 子句后使用“ * ”表示全部属性。

（2）多表查询

在查询过程中，可能涉及多个数据源，则需要将多个数据源进行连接。

例如，查询输出所有女同学的学号、姓名、课程号和成绩。

```
Select 学号，姓名，课程号，成绩
  From 学生信息表，成绩表
  Where 学生信息表 . 学号 = 成绩表 . 学号 and  性别 = “女”
```

在这个查询中，Where 子句不仅完成了对关系中元组的选择操作，还实现了数据源的连接。

4. SQL 视图

视图可以基于基本表或者其他视图导出，前面已经讲到视图是虚表，在数据库中并不存储相应的数据。SQL 中采用 Create View 语句建立视图，其一般格式为：

```
Create View 视图名
  As
  Select 查询
```

本章小结

本章节主要介绍了计算机信息系统的基本概念、数据模型的基本知识，以及数据库系统的相关概念和应用结构，并对关系数据库及其相关操作进行了简要的介绍，还对 SQL 语言的特点和基本格式做出了说明。通过本章的学习，要求读者掌握与数据库相关的基本知识，并能够利用 SQL 语句进行简单的查询。

例题解析

一、选择题

1. 以下所列各项中，________不是计算机信息系统所具有的特点。

A. 涉及的数据量很大，有时甚至是海量的

B. 除去具有基本数据处理的功能外，也可以进行分析和决策支持等服务

C. 系统中的数据可为多个应用程序和多个用户所共享

D. 数据都是临时的，随着运行程序结束而消失

分析：计算机信息系统的特点为涉及的数据量非常大，甚至是海量的，一般需要保存在外存中。数据具有持久性，或者说信息资源具有非消耗性，不会随着程序的执行结束而消失。原始数据来源具有分散性。这些持久的数据可被多个用户或多个应用程序共享。信息服务功能多样性，除具有数据存储、传输及管理等功能外，还可向用户提供信息检索、分析、预测和决策等多种不同的信息服务。

答案：D。

2. Access 数据库查询功能，不可实现________。

A. 任何字段的求和　　B. 任何字段的计数

C. 任何字段的输出　　D. 任何正确字段表达式的输出

分析：Access 数据库中创建查询时可以进行求和、计数、字段输出，以及表达式的输出等基本功能，但是其中对数据的求和处理只针对数值型数据才可进行。

答案：A。

3. 在对关系 R 和关系 S 进行“差”操作时，要求 R 和 S 满足下列要求________。

A. R 的元组个数多于 S 的元组个数

B. R 和 S 拥有相同的模式结构

C. R 和 S 不能为空关系

D. R 不能为空关系，但 S 可以为空关系

分析：关系 R 和关系 S 进行“差”操作是两个具有相同结构的关系经过运算后所得到的新关系由属于 R 而不属于 S 的元组构成的集合。

答案：B。

4. 数据库（DB）、数据库系统（DBS）和数据库管理系统（DBMS）三者之间的关系是________。

A. DBS 包括 DB 和 DBMS　　B. DBMS 包括 DB 和 DBS

C. DB 包括 DBS 和 DBMS　　D. DBS 就是 DB，也就是 DBMS

分析：数据库系统是指具有管理和控制数据库功能的计算机应用系统。其基本组成包括数据库、数据库管理系统、支持数据库运行的软硬件环境、应用程序和数据库管理员等。

答案：A。

5. 在以下所列的计算机信息系统抽象结构层次中，系统中为实现相关业务功能（包括流程、规则和策略等）所编制的程序代码________。

A. 属于业务逻辑层　　B. 属于资源管理层

C. 属于应用表现层　　D. 不在以上所列层次中

分析：计算机信息系统抽象结构层次分为业务逻辑层、资源管理层和应用表现层。其中应用表现层直接面向各类用户，提供人机交互，将业务逻辑和资源加以结合，并直观形象地向用户展现信息处理的结果。业务逻辑层用以实现各种业务功能、流程、规则及策略等应用业务的一组程序代码。资源管理层包括各类数据信息、资源管理系统等，主要有数据库、数据库管理系统和目录服务系统等。

答案：A。

6. 在信息系统的 C/S 模式数据库访问方式中，在客户机和数据库服务器之间在网络上传输的内容是________。

A. SQL 查询命令和所操作的二维表

B. SQL 查询命令和所有二维表

C. SQL 查询命令和查询结果表

D. 应用程序和所操作的二维表

分析：C/S 模式为客户/服务器工作模式，在这种模式中，服务器只负责各种数据的处理和维护，为各个客户机应用程序管理数据；客户机包含文档处理软件、决策支持工具和数据查询等应用逻辑程序，通过网络使用 SQL 语言发送、请求和分析从服务器中接收的数据。基于 C/S 结构的访问模式，客户机直接面向用户，在网络上只传输查询语句和结果。

答案：C。

7. 在 SQL 的三级体系结构中，描述全局关系模式的是________。

A. 用户模式　　B. 视图

C. 存储文件　　D. 基本表

分析：SQL 数据库具有三级体系结构。其中局部模式是面向用户使用的二维表模式，对应于视图；全局模式是应用部门整体性的二维表模式，对应于基本表；存储模式对应于存储文件。

答案：D。

8. 有下列 3 个关系模式：学生 S(学号 S#,姓名 SN,性别 SS,年龄 SA)，课程 C(课程号 C#,课程名 CN)，学生选课 SC(学号 S#,课程号 C#,成绩 G)，若用 Select 语句查找选修课程名为“信息技术”课程、年龄小于 22 岁的男学生姓名，必须进行关系________的连接。

A. S,C,SC　　B. SC

C. SC,C　　D. S,C

分析：根据查询要求，输出项为姓名，条件是课程名为“信息技术”且年龄小于 22 岁，性别为“男”，这 4 个相关属性分别来自数据源学生 S 和课程 C 关系，因此，这两个关系必须连接，而连接的过程是通过连接条件来控制的，连接条件中应该包含两个关系中的公共属性名，或者具有相同语义的属性。S 与 C 却没有公共属性，故此引入 SC 关系作为连接的纽带表。

答案：A。

9. 下列各项中，不属于关系数据库标准语言 SQL 特征的是________。

A. 过程语言　　B. 可嵌入宿主语言使用

C. 作为用户与数据库的接口　　D. 非过程语言

分析：SQL 具有几个突出的优点：一体化、高度非过程化、两种使用方式，以及统一的语法结构。SQL 语句既可嵌入在宿主语言中使用，SQL 用户也可在终端上以连机交互方式使用 SQL 语句，两种方式的 SQL 其语法结构基本上是一致的，这给用户带来了很大的方便。

答案：A。

10. 在关系系统中，对应关系二维表的主键必须是________。

A. 第一个属性或属性组　　B. 不能为空值的一组属性

C. 能唯一确定元组的一组属性　　D. 具有字符值的属性组

分析：主键是表中可以用以唯一确定一个元组的属性或属性组合。

答案：C。

二、判断题

1. 关系数据库中的“连接操作”是一个二元操作。它基于非共有属性把多个关系组合起来。

分析：连接的过程是通过连接条件来控制的，连接条件中将出现两个关系中的公共属性名，或者具有相同语义的属性。

答案：错。

2. 描述关系模型的三大要素是：关系结构、完整性和关系操作。

分析：关系模型一般由 3 部分组成：数据结构、数据操作和完整性规则。

答案：对。

3. 数据库是按一定的数据模式组织并长期存放在主存储器的一组可共享数据的集合。

分析：数据库是长期保存于计算机中的一组相互联系的若干文件的集合。涉及的数据量非常大，甚至是海量的，一般需要保存在外存中。

答案：错。

4. 在数据库中降低数据存储冗余度，可以节省存储空间，保证数据的一致性，但实际上数据库的数据不能做到零冗余。

分析：数据库系统的特点之一是数据的共享性高，冗余度低，易扩充。数据库系统从整体角度看待描述数据，数据不再面向某个应用而面向整个系统，因此可以被多个用户、多个应用共享，数据共享可以大大减少数据冗余，节省存储空间。

答案：对。

5. 信息系统采用 B/S 模式，实质上是中间增加了 Web 服务器的 C/S 模式。

分析：C/S 模式是客户/服务器模式，而目前最流行的浏览器/服务器结构（B/S）结构是三层模式，在三层结构中，应用逻辑程序已从客户机上分离出来，不但作为一个应用服务器，而且又成为一个浏览的 Web 服务器。

答案：对。

三、填空题

1. 著名的 Oracle 数据库管理系统采用的是________数据模型。

分析：目前数据库管理系统较多，具有代表性的关系数据管理系统有美国甲骨文公司的 Oracle，微软公司的 SQL Sever、Visual FoxPro 和 Access，IBM 公司的 DB2，以及 Sybase 和

MySQL 等。

答案：关系。

2. 在关系模式 D(DEPTNO,DEPT)中，关系名是________。

分析：在数据库中每个二维表的结构各不相同，它们是用“关系数据模式”来进行说明，其表示形式为：$R(A_1,A_2,A_3,\cdots,A_i,\cdots,A_n)$。其中，R 是关系模式名，也就是二维表的名，$A_n$ 是属性名。

答案：D。

3. 视图是 DBMS 提供的一种以用户模式观察数据库中数据的重要机制，在 SQL 中可用 Create________语句建立视图（填语句标识符）。

分析：视图可以基于基本表或者其他视图导出，前面已经介绍了视图是虚表，在数据库中并不存储相应的数据。SQL 中采用 Create View 语句建立视图。

答案：View。

4. ________是数据库系统的核心软件，具有对数据定义、操纵和管理的功能。

分析：数据库管理系统是为数据库的建立、使用和维护而配置的软件，是专门用于数据管理的软件。数据库管理系统是数据库系统的核心。它建立在操作系统基础上，对数据库进行统一的管理控制。数据库管理系统还必须提供以下几个方面的数据控制功能：① 数据定义，DBMS 提供数据定义语言；② 数据操作，DBMS 提供数据操作语言供用户实现对数据的追加、删除、更新和查询等操作；③ 数据库的运行管理；④ 数据组织、存储与管理；⑤ 数据库的维护。

答案：DBMS。

5. 已知学生成绩关系表，其模式为 STUDENT(学号,姓名,数学,物理,英语)，完成下列查找 3 门课成绩都在 90 分以上的学生名单的 SQL 语句为：Select 学号,姓名 From Student Where 数学>=90 ________ 物理>=90 ________ 英语>=90

分析：该查询创建过程中输出内容必须同时满足数学、物理、英语 3 门课程成绩在 90 分以上，这是一个“与”运算，因而各表达式之间用逻辑运算符 and 连接。

答案：and、and。

课后习题

一、判断题

1. DBMS 提供多种功能，可使多个应用程序和用户用不同的方法在同一时刻或不同时刻建立、修改和查询数据库。 (　　)

2. DBMS 一般都具有数据安全性、完整性、并发控制和故障恢复功能，由此实现对于数据的统一管理和控制。 (　　)

3. 从用户的观点看，用关系数据模型描述的数据其逻辑结构具有二维表的形式，它由表名、行和列组成。 (　　)

4. 关系数据库中的“连接操作”是一个二元操作。它基于共有记录把两个关系组合起来。 (　　)

5. 关系数据库中的“投影操作”是一种一元操作。它作用于一个关系并产生另一个新关系。新关系中的属性（列）是原关系中属性的子集。（　　）

6. 计算机信息系统的特征之一是处理的数据量大，因此必须在内存中设置缓冲区，用以长期保存这些数据。（　　）

7. 数据库是按一定的数据模式组织并长期存放在主存储器的一组可共享数据的集合。（　　）

8. 数据库是长期存储在计算机主存内、有组织、可共享的数据集合。（　　）

9. 为了方便用户进行数据库访问，关系型数据库系统一般都配置有 SQL（Structured Query Language，结构化查询语言），供用户使用。（　　）

10. 信息系统采用的 B/S 模式，实质上是中间增加了 Web 服务器的 C/S 模式。（　　）

11. 一个关系数据库由许多张二维表组成，二维表之间可以存在相应的关联。（　　）

12. 应用程序对数据库进行数据查询必须要求用户与数据库在同一计算机上，且被查询的数据存储同一个数据库中。（　　）

13. 在关系代数中，二维表的每一行称为一个属性，每一列称为一个元组。（　　）

14. 在关系数据库中，关系数据模式 R 仅说明关系结构的语法，但并不是每个符合语法的元组都能成为 R 的元组，它还要受到语义的限制。（　　）

15. 在信息系统的 B/S 模式中，ODBC/JDBC 是中间层与数据库服务器层的标准接口。通过它可以向数据库服务器提出访问要求，并进行互相对话。（　　）

16. 在信息系统的 C/S 模式数据库访问方式中，在网络上只传输查询语句和查询结果，而不必将所需要使用的二维表全部传输到客户机中。（　　）

17. 关系数据库采用二维表结构来表示各类实体及其间的联系，二维表由行和列组成。一个关系数据库由许多张二维表组成。（　　）

18. 关系数据库中的“选择操作”是一种一元操作。它应用于一个关系并产生另一个新关系。新关系中的元组（行）是原关系中元组的子集。（　　）

19. 关系数据库中的二维表是元组（记录）的集合，因此集合运算可适用于关系二维表操作。（　　）

20. 描述关系模型的三大要素是：关系结构、完整性和关系操作。（　　）

21. 数据库一般的应用情况可能是：① 用户与数据库不在同一计算机上，必须通过网络访问数据库；② 被查询的数据存储在多台计算机的多个不同数据库中。（　　）

22. 在一个关系数据库中存在多张二维表，这些二维表的“主键”标识，可能相同，也可能不同。（　　）

23. 由于 DBMS 提供模式转换机制，可以做到应用程序与数据相互独立。当数据库中的数据结构发生变化时，不会影响应用程序。（　　）

24. 在关系数据库中，关系模式“主键”不允许由该模式中的所有属性组成。（　　）

25. 在数据库中降低数据存储冗余度，可以节省存储空间，保证数据的一致性，但实际上数据库的数据不能做到零冗余。（　　）

二、填空题

1. ________是数据库系统的核心软件，具有对数据定义、操纵和管理的功能。

2. 所谓数据独立性是指数据的逻辑和物理结构与________之间不存在相互依赖关系。

3. 英文缩写“DBMS”的中文含义是数据库管理系统，其基本功能有________、数据操作和数据库管理等。

4. 由于数据库应用的特殊性，使得对数据库设计的评价、调整和修改等维护工作成为一个长期的任务，这些任务应由________来完成。

5. 在信息系统中，以一定的结构存放在计算机存储介质上的，相互关联的数据的集合称为________。

6. 对应 SQL 查询语句“Select…From…Where…”，若要指出目标表中列的内容，应将其写在________子句中 。

7. 关系数据库设计的基本任务是按需求和系统支持环境，设计出________以及相应的应用程序。

8. 在用 Select 语句进行数据库查询时，可使用________子句给出查询选择的条件。

9. 目前为关系数据库配备非过程关系语言最成功且应用最广的语言是________。

10. 已知图书管理系统包含 1 张图书关系表，其模式为：图书表（书号，书名，出版社，作者，馆藏册数）。要查找书号为“B002”的图书的书名、出版社、作者和馆藏册数，可用 SQL 语句：Select 书名，出版社，作者，馆藏册数 From 图书表 Where________。

三、选择题

1. 在信息系统的 B/S 模式中，ODBC/JDBC 是________之间的标准接口。

A. Web 服务器与数据库服务器　　B. 浏览器与数据库服务器

C. 浏览器与 Web 服务器　　D. 客户机与 Web 服务器

2. 在信息系统的 C/S 模式数据库访问方式中，在客户机和数据库服务器之间在网络上传输的内容是________。

A. SQL 查询命令和所操作的二维表　　B. SQL 查询命令和所有二维表

C. SQL 查询命令和查询结果表　　D. 应用程序和所操作的二维表

3. ODBC 是________，它可以连接一个或多个不同的数据库服务器。

A. 中间层与数据库服务器层的标准接口

B. 数据库查询语言标准

C. 数据库应用开发工具标准

D. 数据库安全标准

4. SQL 语言的 Select 语句中，说明连接操作的子句是________。

A. Select　　B. From　　C. Where　　D. Group by

5. SQL 语言的 Select 语句中，说明选择操作的子句是________。

A. Select　　B. From　　C. Where　　D. Group by

6. SQL 语言的查询语句中，说明投影操作的子句是________。

A. Select　　B. From　　C. Where　　D. Group by

7. SQL 语言提供了 Select 语句进行数据库查询，其查询结果总是一个________。

A. 关系　　B. 记录　　C. 元组　　D. 属性

8. 常用的关系数据库管理系统产品 Microsoft SQL Server 属于________模型。

A. 关系　　B. 层次　　C. 网状　　D. E-R

9. 从关系数据库二维表中取出所需属性生成新的二维表的操作称为________。

A. 交　　B. 连接　　C. 选择　　D. 投影

10. 关系模型中把实体之间的联系用________来表示。

A. 二维表　　B. 树　　C. 图　　D. E-R 图

11. 在下列关系数据库二维表操作中，________操作的结果二维表模式与原二维表模式相同。

A. 投影　　B. 连接　　C. 选择　　D. 自然连接

12. 关系数据库的 SQL 查询操作由 3 个基本运算组合而成，其中不包括________。

A. 连接　　B. 选择　　C. 投影　　D. 比较

13. 关系数据库中的“选择操作”和“连接操作”所要求的操作二维表的个数不同，前者和后者分别要求的操作二维表的个数为________。

A. 1，2　　B. 2，1　　C. 1，不限　　D. 不限，2

14. 在数据库系统中，用户通过________访问数据库中的数据，数据库管理员也通过它进行数据库的维护工作。

A. DBA　　B. OS　　C. BIOS　　D. DBMS

15. 计算机信息系统是一类数据密集型的应用系统，下列关于其特点的叙述中，错误的是________。

A. 大部分数据需要长期保存　　B. 计算机系统用主存储器保留数据

C. 数据可为多个应用程序共享　　D. 数据模式面向部门全局应用

16. 计算机信息系统中的绝大部分数据是持久的，它们不会随着程序运行结束而消失，而需要长期保留在________中。

A. 外存储器　　B. 内存储器　　C. Cache 存储器　　D. 主存储器

17. 某信用卡客户管理系统中，客户模式为：

credit_in（C_no 客户号，C_name 客户姓名，limit 信用额度，Credit_balance 累计消费额），

若查询累计消费额大于 4500 的客户姓名以及剩余消费额，其 SQL 语句应为：

Select　C_name，limit-Credit_balance

From　credit_in Where________；

A. limit>4500　　B. Credit_balance>4500

C. limit-Credit_balance>4500　　D. Credit_balance-limit>4500

18. 某信用卡客户管理系统中，有客户模式：

credit_in（C_no 客户号，C_name 客户姓名，limit 信用额度，Credit_balance 累计消费额），该模式的________属性可以作为主键。

A. C_no　　B. C_name　　C. limit　　D. Credit_balance

19. 在关系系统中，对应关系二维表的主键必须是________。

A. 第一个属性或属性组　　B. 不能为空值的一组属性

C. 能唯一确定元组的一组属性　　D. 具有字符值的属性组

20. 如果说明一个二维表是一个六元关系，则表示该二维表有 6 个________。

A. 元组　　B. 属性（列）　　C. 记录　　D. 文件

21. 若“教务管理系统”数据库有3张二维表，其模式分别为：

学生(学号*,姓名,性别,年龄),

成绩(学号*,课程号*,成绩),

课程(课程号*,课程名,任课教师)

如果要查找学号为“Y2010566”学生的“高等数学”课程的成绩（显示学生名和成绩），将使用二维表________。

A. 学生和成绩　　B. 成绩和课程

C. 学生和课程　　D. 学生、成绩和课程

22. 若R为关系模式名，A1、A2、A3、A4是其属性名，下列正确的关系模式表示形式是________。

A. R(A1×A2×A3×A4)　　B. R(A1,A2,(A3,A4))

C. R(A1、A2、A3、A4)　　D. R(A1,A2,A3,A4)

23. 若对关系二维表R进行“投影”操作，得到新的二维表S，则S________形成的表。

A. 仅是选择了R中若干记录

B. 仅是选择了R中若干属性

C. 是取消了R某些记录和某些属性

D. 是改变了R某些记录行数

24. 若对关系二维表R进行“选择”操作，得到新的二维表S，则S________形成的表。

A. 仅是选择了R中若干记录

B. 仅是选择了R中若干属性

C. 是取消了R某些记录和某些属性

D. 是改变了R某些记录的属性

25. 若关系数据库的二维表R中有10个元组，按一定条件对其进行“选择”操作，得到的结果为二维表S，则S中的元组个数为________。

A. 10　　B. 小于等于10　　C. 大于等于10　　D. 任意

26. 若关系数据库的二维表R中有m个元组，每个元组有n列，按一定要求对其进行“投影”操作，得到的结果为二维表S，则S中的每个元组列的个数________。

A. 等于n　　B. 小于n　　C. 大于等于n　　D. 任意

27. 若关系数据库二维表A和B的模式不同，其查询数据需要从这两个二维表中获得，则必须使用________操作。

A. 交　　B. 连接　　C. 选择　　D. 投影

28. 若有SQL编写（已编译）的某校学生成绩管理程序A、数据库管理系统DBMS和Windows操作系统，当计算机运行程序A时，这些软件之间的支撑关系为（用-->表示）________。

A. Windows-->DBMS-->A　　B. DBMS-->A-->Windows

C. A-->Windows-->DBMS　　D. Windows-->A-->DBMS

29. 数据库（DB）、数据库系统（DBS）和数据库管理系统（DBMS）三者之间的关系是________。

A. DBS包括DB和DBMS　　B. DBMS包括DB和DBS

C. DB包括DBS和DBMS　　D. DBS就是DB，也就是DBMS

30. 数据库管理系统（DBMS）属于________。

A. 专用软件　　B. 操作系统　　C. 系统软件　　D. 编译系统

31. 数据库系统中的SQL语言是________。

A. 高级程序设计语言　　B. 结构化查询语言

C. 第四代语言　　D. 宿主语言

32. 所谓“数据库访问”，就是用户根据使用要求对存储在数据库中的数据进行操作。它要求________。

A. 用户与数据库可以不在同一计算机上而通过网络访问数据库，但被查询的数据必须存储同一台计算机的多个不同数据库中

B. 用户与数据库必须在同一计算机上，被查询的数据存储在同一台计算机的指定数据库中

C. 用户与数据库可以不在同一计算机上而通过网络访问数据库，被查询的数据可以存储在多台计算机的多个不同数据库中

D. 用户与数据库必须在同一计算机上，被查询的数据存储在计算机的多个不同数据库中

33. 网上银行、电子商务等交易过程中，确保数据的完整性是指________。

A. 控制不同用户对信息资源的访问权限

B. 数据不被非法窃取

C. 数据不被非法篡改，保证在传输（存储）前后保持完全相同

D. 保证数据在任何情况下不丢失

34. 在关系数据模型中必须满足每一属性都是________。

A. 可以再分的组合项

B. 不可再分的独立项（原子项）

C. 长度可变的字符项

D. 类型不同的独立项（原子项）

35. 下列关于计算机信息系统的叙述中，错误的是________。

A. 信息系统属于数据密集型应用，数据具有持久性

B. 信息系统的数据可为多个应用程序所共享

C. 信息系统是以提供信息服务为主要目的的应用系统

D. 信息系统涉及的数据量大，必须存放在内存中

36. 下列关于数据库技术主要特点的叙述中，错误的是________。

A. 可以完全避免数据存储的冗余

B. 能实现数据的快速查询

C. 可以提高数据的安全性

D. 数据为多个应用程序和多个用户所共享

37. 在关系数据库中，SQL语言提供的SELECT查询语句基本形式为：

Select $A_1, A_2, \cdots, A_n$

From $R_1, R_2, \cdots, R_m$

[Where F]

其中 A、R 和 F 分别对应于________。

A. 基本表或视图的列名，查询结果表，条件表达式

B. 条件表达式，基本表或视图的列名，查询结果表的列名

C. 查询结果表的列名，基本表或视图，条件表达式

D. 查询结果表的列名，条件表达式，基本表或视图

38. 信息系统采用 B/S 模式时，其“查询 SQL 请求”和“查询结果”的“应答”发生在________之间。

A. 浏览器和 Web 服务器

B. 浏览器和数据库服务器

C. Web 服务器和数据库服务器

D. 任意两层

39. 信息系统采用 B/S 模式时，其“页面请求”和“页面响应”的“应答”发生在________之间。

A. 浏览器和 Web 服务器

B. 浏览器和数据库服务器

C. Web 服务器和数据库服务器

D. 任意两层

40. 信息系统采用的 B/S 模式，实质上是中间增加了________的 C/S 模式。

A. Web 服务器　　B. 浏览器　　C. 数据库服务器　　D. 文件服务器

41. 信息系统中数据库的数据模型有________。

A. 网状模型、层次模型和关系模型

B. 数字型、字母型和日期型

C. 数学模型、概念模型和逻辑模型

D. 用户模型、概念模型和存储模型

42. 以下关于 SQL 语言的说法中，错误的是________。

A. SQL 的一个基本表就是一个数据库

B. SQL 语言支持三级体系结构

C. 一个基本表可以跨多个存储文件存放

D. SQL 的一个二维表可以是基本表，也可以是视图

43. 以下关于关系二维表的叙述中，错误的是________。

A. 二维表是元组的集合

B. 关系模式反映了二维表静态结构

C. 对二维表操作的结果仍然是二维表

D. 关系模式确定后，二维表的内容是不变的

44. 以下关于数据库系统的说法中，错误的是________。

A. 用户使用 SQL 实现对数据库的基本操作

B. 物理数据库指长期存放在硬盘上的可共享的相关数据的集合

C. 数据库系统的支持环境不包括操作系统

D. 数据库中存放数据和“元数据”（表示数据之间的联系）

45. 以下列出了计算机信息系统抽象结构层次，在系统中可实现分类查询的表单和展示查询结果的表格窗口________。

A. 属于业务逻辑层　　B. 属于资源管理层

C. 属于应用表现层　　D. 不在以上所列层次中

46. 以下所列各项中，________不是基于数据库的信息系统所具有的特点。

A. 数据结构化，使用一定的模型定义数据

B. 数据共享性高，冗余度低

C. 实时管理和控制数据

D. 系统中的数据可为多个应用程序和多个用户所共享

47. 以下所列各项中，________不是计算机信息系统所具有的特点。

A. 涉及的数据量很大，有时甚至是海量的

B. 除去具有基本数据处理的功能，也可以进行分析和决策支持等服务

C. 系统中的数据可为多个应用程序和多个用户所共享

D. 数据都是临时的，随着运行程序结束而消失

48. 在 C/S 模式的网络数据库体系结构中，应用程序都放在________上。

A. Web 浏览器　　B. 数据库服务器　　C. Web 服务器　　D. 客户机

49. 以下所列项的组合中，________是数据库管理系统具有的功能。① 定义数据库的结构；② 提供交互式的查询；③ 组织与存取数据库中的数据；④ 为运行程序分配软硬件资源；⑤ 为开发各种应用程序提供平台；⑥ 为维护数据库提供工具。

A. ①、②、③、⑥　　B. ①、③、④、⑥

C. ②、③、④、⑤　　D. ③、④、⑤、⑥

50. 以下所列软件中，________不是数据库管理系统软件。

A. Oracle　　B. SQL Server　　C. Excel　　D. Access

附录　课后习题答案

第1章　信息技术基础

一、判断题

1. 对	2. 对	3. 错	4. 错	5. 错
6. 对	7. 对	8. 对	9. 对	10. 对
11. 错	12. 对	13. 错	14. 错	15. 对
16. 对	17. 错	18. 错	19. 错	20. 对

二、填空题

1. 巨型	2. 嵌入式	3. 最高位	4. 1011	5. 1000
6. 20	7. 或	8. 255	9. −127	10. 11111111.01
11. 11111111	12. 127	13. 补	14. 比特	15. 1000
16. 便携式计算机	17. 10010100	18. 逻辑乘	19. 电子管	20. 高

三、选择题

1. C	2. A	3. C	4. B	5. D
6. D	7. D	8. A	9. C	10. B
11. B	12. D	13. A	14. C	15. B
16. A	17. C	18. D	19. D	20. D
21. D	22. A	23. A	24. C	25. B
26. A	27. D	28. B	29. A	30. D
31. D	32. B	33. D	34. C	35. C
36. D	37. D	38. A	39. D	40. A
41. C	42. B	43. C	44. C	45. D
46. A	47. B	48. A	49. B	50. C
51. D	52. A	53. D	54. B	55. B

第2章　计算机硬件

一、判断题

1. 对	2. 错	3. 对	4. 对	5. 错
6. 对	7. 错	8. 错	9. 对	10. 对
11. 错	12. 错	13. 对	14. 错	15. 错
16. 对	17. 错	18. 错	19. 错	20. 对

21. 错	22. 对	23. 错	24. 错	25. 对

二、填空题

1. 巨型	2. BIOS	3. MB	4. 主板电池	5. 小
6. 电容	7. 高速缓存	8. 主板	9. I/O	10. 5
11. CMOS	12. SRAM	13. 蓝	14. Print Screen	15. 绘图（GPU）
16. 激光	17. 二进制	18. 驱动程序	19. 指令	20. 主频
21. dpi	22. 2	23. 1	24. 256	25. 成像芯片

三、选择题

1. B	2. B	3. D	4. A	5. B
6. D	7. A	8. D	9. A	10. A
11. B	12. C	13. D	14. B	15. D
16. D	17. C	18. B	19. A	20. A
21. D	22. A	23. B	24. B	25. B
26. B	27. B	28. A	29. B	30. B
31. B	32. B	33. B	34. D	35. C
36. B	37. C	38. C	39. B	40. A
41. C	42. B	43. A	44. D	45. C
46. A	47. C	48. A	49. B	50. A

第 3 章　计算机软件

一、判断题

1. 错	2. 对	3. 对	4. 错	5. 对
6. 对	7. 错	8. 对	9. 错	10. 对
11. 错	12. 错	13. 对	14. 错	15. 错
16. 错	17. 对	18. 对	19. 对	20. 错
21. 对	22. 对	23. 对	24. 对	25. 错
26. 错	27. 错	28. 对	29. 对	30. 对
31. 错	32. 错	33. 错	34. 对	35. 对

二、填空题

1. 对象	2. 机器语言	3. 后台	4. 活动	5. 图标
6. CMOS	7. CPU	8. 文件	9. 程序	10. 自检
11. 程序	12. 软件	13. 文档	14. 内存	15. 共享
16. 商品	17. 知识产权	18. 多任务	19. 所见即所得	20. 存储
21. 高级	22. 汇编	23. 图形交互	24. 任务管理器	25. Adobe Reader

三、选择题

1. C	2. D	3. C	4. A	5. A
6. B	7. A	8. A	9. B	10. B
11. D	12. D	13. C	14. A	15. D
16. A	17. B	18. A	19. C	20. B
21. B	22. D	23. C	24. D	25. A
26. C	27. A	28. D	29. A	30. C
31. C	32. C	33. C	34. C	35. B
36. A	37. D	38. A	39. A	40. D

第 4 章 计算机网络

一、判断题

1. 对	2. 对	3. 对	4. 错	5. 错
6. 错	7. 错	8. 对	9. 错	10. 错
11. 对	12. 错	13. 错	14. 错	15. 错
16. 对	17. 对	18. 错	19. 对	20. 错
21. 错	22. 错	23. 错	24. 对	25. 对

二、填空题

1. 网络	2. IP 数据报	3. 传输介质	4. ADSL Modem	5. 5
6. 插入式应用	7. anonymous	8. 星形	9. 路由器	10. DNS
11. Google	12. NOS	13. 客户机/服务器	14. MSN	15. 数据报
16. 多用复用	17. 无线电	18. 无线	19. 电波	20. 254
21. 双绞	22. B/S	23. IP 数据报	24. 2	25. 同步通信
26. 搜索引擎	27. 网络协议	28. POP3	29. 目的计算机 MAC 地址	30. 时分

三、选择题

1. A	2. A	3. B	4. D	5. B
6. D	7. D	8. C	9. A	10. C
11. D	12. D	13. A	14. B	15. C
16. C	17. D	18. B	19. A	20. A
21. B	22. B	23. A	24. D	25. C
26. A	27. D	28. B	29. D	30. B
31. B	32. A	33. A	34. C	35. C
36. C	37. C	38. C	39. B	40. B
41. C	42. D	43. C	44. B	45. B

第5章　多媒体技术

一、判断题

1. 对	2. 错	3. 对	4. 对	5. 对
6. 错	7. 对	8. 对	9. 错	10. 对
11. 错	12. 对	13. 对	14. 对	15. 错
16. 对	17. 对	18. 错	19. 对	20. 错
21. 对	22. 错	23. 对	24. 对	25. 对
26. 错	27. 对	28. 错	29. 对	30. 对

二、填空题

1. 512	2. 格式	3. 字形	4. GB 18030	5. 印刷体识别
6. D	7. 7	8. Media Player	9. GB 18030	10. 全文
11. 丰富格式	12. PDF	13. 超文本	14. 显	15. 图像
16. AutoCAD	17. 80	18. 压缩倍数	19. 1	20. 2048
21. WAV	22. 模数	23. 1	24. 3	25. MPEG-1
26. 线性	27. MPEG-2	28. 流	29. 视频点播	30. 4：3

三、选择题

1. B	2. B	3. B	4. C	5. A
6. A	7. C	8. B	9. A	10. B
11. D	12. C	13. B	14. C	15. C
16. C	17. D	18. B	19. D	20. C
21. A	22. D	23. B	24. A	25. A
26. C	27. B	28. B	29. C	30. A
31. A	32. A	33. C	34. A	35. B
36. D	37. B	38. B	39. B	40. B

第6章　数据库技术

一、判断题

1. 对	2. 对	3. 对	4. 错	5. 对
6. 错	7. 错	8. 错	9. 对	10. 对
11. 对	12. 错	13. 错	14. 对	15. 对
16. 对	17. 对	18. 对	19. 对	20. 对
21. 对	22. 对	23. 对	24. 错	25. 对

二、填空题

1. DBMS	2. 应用程序	3. 数据定义	4. DBA	5. 数据库

6. Select　　7. 关系数据模式　　8. Where　　9. SQL 语言　　10. 书号= "B002"

三、选择题

1. A	2. C	3. A	4. B	5. C
6. A	7. A	8. A	9. D	10. A
11. C	12. D	13. A	14. D	15. B
16. A	17. B	18. A	19. C	20. B
21. D	22. D	23. B	24. A	25. B
26. B	27. B	28. A	29. A	30. C
31. B	32. C	33. C	34. B	35. D
36. A	37. C	38. C	39. A	40. A
41. A	42. A	43. D	44. C	45. C
46. C	47. D	48. D	49. A	50. C

参考文献

[1] 王津．计算机应用基础（Windows 7+Office 2010）[M]．4版．北京：高等教育出版社，2017.

[2] 杨晔，等．计算机应用基础[M]．天津：天津科学技术出版社，2008.

[3] 张金秋，等．大学计算机基础教程[M]．上海：上海大学出版社，2012.

[4] 张晓景，等．计算机应用基础（Windows 7+Office 2010中文版）[M]．北京：清华大学出版社，2011.

[5] 马秀麟，等．计算机应用教程（Windows 7环境）[M]．北京：北京师范大学出版社，2012.

[6] 张福炎，等．大学计算机信息技术教程（2018版）[M]．南京：南京大学出版社，2017.

[7] 孙华峰，等．信息技术基础[M]．北京：高等教育出版社，2013.

[8] 陈永强，等．多媒体技术应用教程[M]．北京：电子工业出版社，2011.

[9] 李宛洲．计算机软件技术基础[M]．北京：机械工业出版社，2010.

[10] 黄刚．操作系统教程[M]．北京：人民邮电出版社，2009.

[11] 王珊．数据库系统概论[M]．5版．北京：高等教育出版社，2014.

[12] 钱雪忠，等．数据库原理及应用[M]．4版．北京：北京邮电大学出版社，2015.